KB250292

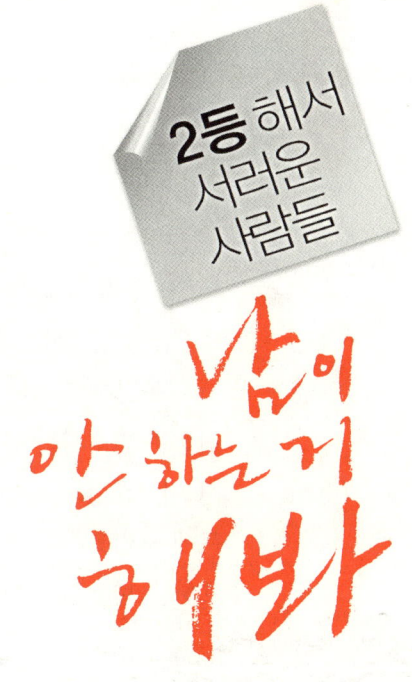

2등 해서
서러운
사람들

남이
안 하는 거
해봐

| 전종준 지음 |

Q 쿰란출판사

"이등해서 서러운 사람들"

"남이 안 하는 거 해봐!"

제목만 봐도 아주 재미있고 설득력 있는 책이다. 이 책을 쓴 전종준 변호사는 인권 변호사로서, 그리고 이민 전문 변호사로서 미국뿐만 아니라 한국에서도 널리 알려진 분이다. 영어 때문에 사법고시를 낙방한 사람이 어떻게 미국에서 미국 말로 변호하는 변호사가 되었을까?

전종준 변호사의 라이프 스토리는 이등해서 서러운 사람들에게 희망과 꿈을 주고, 젊은이들뿐만 아니라 모든 이에게 삶의 대안을 제시해 주고 있다고도 할 수 있다.

누구에게나 가까이 주어진 기회를 이등밖에 못했다는 이유로 자신을 미리 포기하고 마는 사람들, 쉽게 포기하고 마는 사람들에게 큰 도전을 줄 수 있는 매력이 물씬 담긴 책이다.

전 변호사가 어려운 역경을 극복하면서 소외된 자와 약자들의 목소리가 되어주는 삶의 드라마는 우리 모두에게 큰 감동을 주고도 남음이 있다. 같은 법조인으로서 불의를 보고 참지 않고 인권을 위해 수고하며, 끝까지 투쟁하여 좋은 결과를 얻어내는 것은 참으로 바람직한 법조인의 상이 아닌가 싶다.

대학입시 예비고사부터 떨어져 철저하게 아래로 내려온 전 변호사가 지방대학을 거쳐 미국에서 법학 박사를 받기까지, 그리고 남이 안 하는 그 무엇인가를 찾아 해 보려는 의지와 열정에 박수를 보낸다.

　'이등' 은 가장 평범한 사람이며, '노력을 따를 천재는 없다' 는 것을 보여주는 이 책을 오늘날 어떻게 공부해야 하는지, 그리고 어떻게 꿈을 이루어야 하는지 고민하는 많은 사람들에게 꼭 추천해 주고 싶다.

2010년 10월 1일

국회의원

나 경 원

착각이었다. 난, 적어도 그를 잘 안다고 생각했다. 그의 수많은 저술과 활동들. 나는 많은 경우 사건의 현장에 그와 함께했다. 그런데 그게 아니었다. 책의 초고를 읽다 말고 웃다 울다 난, 회개했다. 아는 게 아는 것이 아니었다. 나는 한 남자의 비망록 같은 글을 읽고 그를 다시 사랑하게 되었다. 그가 전 변호사다.

그의 글을 보면서 한 인간 승리의 다큐멘터리를 보는 듯 스릴과 감동으로 뭉클했다. 예비고사 낙방, 미국행, 백인 여성과의 결혼, 변호사 시험 낙방, 변호사 합격, 워싱턴 입성, 위암? 혼혈인 아이……요셉의 생애를 보고 에스더의 일대기를 보듯 역전의 삶에 박수치고 환호했다.

타고르는 이런 시(詩)를 쓴다.

나는 나무에게 물었다(I asked the tree).
하나님에 대해 말해 주겠니?(speak to me about God)
그러자(and)
나무는 꽃을 피웠다(It blossomed).

전 변호사에게 다가가 '하나님에 대해 말해 달라' 했을 때 그가 내민 꽃이 있다면 바로 이 책일 것만 같다. 활자로 피어난 그 향기가 진하다. 그가 피워낸 꽃을 오래오래 곁에 두고 싶다. 그래서 출판도 되기 전에 그의 초고를 여러 사람에게 돌려 읽혔다. 그들에게서 나온 말은 한결같았다. "우리 아이들에게 읽혀 줘야겠어요." 그렇다. 자라나는 자녀들에게는 워너비(want to be: 닮고 싶은 사람)가 그리고 꿈을 좇는 이들에게는 롤 모델(roll model)이 되고도 남음이 있겠다.

인문서의 신데렐라라 불리는 《행복의 조건》이 있다. 인생 성장 보고서라는 부제가 붙은 책은 세계 최고 명문대 하버드 졸업생들의 생애를 70년간 추적한 것이다. 본서는 바로 그 책의 주인공의 일대기를 이야기한 것과 같다. 《행복의 조건》이 설파하는 '고난을 이겨내는 방어 시스템'이 고스란히 그의 고백 속에 담겨 있기 때문이다.

먼저 책을 읽은 독자이자 친구의 입장에서 한마디 남기고 싶다.

"(전종준처럼) 새우잠을 자되 고래 꿈을 꾸자."

책을 손에 드는 이들에게 이 꿈이 널리널리 번져가기를 기도해 본다.

2010년 10월 1일

가족생태학자 **송 길 원** 목사

(행복발전소 하이패밀리 대표)

"혹시 용두동에서 살던 전종준 변호사이십니까?"

그 말을 듣는 순간 온몸에서 전율이 느껴졌다. 용두동, 그렇다. 그곳은 내가 자라던 동네 이름이다. 주로 그렇게 물어 올 때는 나를 아주 어릴 적부터 잘 아는 사람이라는 것을 다른 친구에게서 배웠기에 조심스레 대답했다.

"그런데요."

"나, 박시형이야" 하며 이름을 대고는 다짜고짜 이렇게 묻는 것이다.

"돌대가리가 어떻게 변호사가 됐니?"

40년 만에 전화 통화를 했던 옛 친구의 입에서 나온 말이다. 애틀란타에서 투자 비자(E-2)를 받고 사업체를 운영하고 있는데 영주권 문제를 알아보려고 인터넷 검색을 하다가 우연히 나의 웹사이트를 찾았다고 한다.

참 반가운 그 친구 말에 의하면, 어렸을 때 내가 동네에서 '박치기왕'으로 통했다고 한다. 옆 동네로 원정까지 가서 친구들이 만들어 주는 손가마를 타고 링 위에서 내가 박치기를 하면 전부 나가 떨어졌다고 한다. 그때만 해도 김일 레슬링 선수가 우상이었고 인기가 대단했던 시절이었다. 그 말을 듣고 나니 어렴풋이 내가 박치기를 했던 기억이 새록새록 되살아났다. 얼마나 돌대가리였으면 나는 박치기왕이었던 것조차 까맣게 잊어버리고 지금까지 지냈던가.

옛 친구에게는 박치기 잘하던 돌대가리가 변호사가 된 것이 예상치 못한 일이었으리라.

"Expect the unexpected" (예상하지 못한 것을 예상하라).

이 말은 나의 변호사 생활의 모토이기도 하다.

잘 아는 작가 한 분이 불현듯 나에게 "전 변호사님도 이제는 자서전을 한번 내보시지요?" 하는 것이 아닌가. "내가 뭐 그런 자서전을 낼 만한 사람인가요?" 하면서 거절했지만, 예상치 못한 그 한마디가 내 가슴을 파고 들어와 이 책을 집필하기 시작하게 된 동기가 되었다. 더욱이, 2주일 동안 계속해서 주말마다 내리는 폭설로 인해 책을 쓸 수 있는 시간을 벌 수 있었다.

미국의 수도 워싱턴 D.C. 일원에 내린 예상하지 못한 폭설로 집안에 갇혀서 원고의 50% 이상을 쓸 수가 있었다. 우리가 예상하지 못한 일들을 나중에 뒤돌아보면, 모두가 하나님의 계획 안에 있었음을 깨닫게 된다.

나는 내 인생의 하프 타임(half time)에 서 있다. 인생의 전반부를 열심히 뛰고 이제 잠시 타임 아웃(time out)하여 나의 지난 과거를 뒤돌아보면서 현재의 삶을 재정비해 본다. 그리고 앞으로 더 열심히 뛰어야 하는 인생의 후반부를 위한 재충전을 해본다.

사람들은 변호사를 은수저를 입에 물고 태어난 사람으로 생각하고 인생을 평탄하게 살았을 것이라는 생각으로 나를 부러워하기도 한다. 하지만 난 사람들이 생각하는 것처럼 일등만 한 사람이 아니다. 더구나 시험마다 다 통과하여 어려움을 모르는 사람은 더더욱 아니다. 내가 여기까지 온 길은 수많은 실패의 연속이었고 또한 실패의 열매이기도 하다.

나는 감히 말할 수 있다.

오늘이 있기까지 모든 것은 내가 한 것이 아니라 철저히 하나님이 하셨음을 고백한다. 하나님의 사랑하심과 간섭하심이 부족한 나를 숨기시고 이끌어 주신 것이다.

이 자서전은 아주 열악한 환경에서 일류 대학을 나와 성공한 극적인 변신의 주인공 이야기가 아니라, 나처럼 평범하게 이등만 하던 사람도 열심히 도전하면 누구든 "할 수 있다"는 희망의 메시지다.

또한, 다른 자서전과는 조금 다르게 나의 이야기 속에서 공부로 승부를 내지 못하는 학생들, 미국 유학을 하고 싶어하는 젊은이들, 로스쿨을 꿈꾸는 사람들, 그리고 한국의 글로벌 시대를 위한 대안과 방법을 보여주려고 애썼다.

별다른 지침이 없었던 나의 지난 시절과는 달리, 하고 싶은 열망만 있다면 이렇게 도전하라고 알려주고 싶었던 것이다.

지난날, 지방 대학에 입학하고 아무런 기대 없이 서 있던 입학식 날, 백발의 노총장님이 쩌렁거리는 목소리로 "남이 안 하는 거 해봐"라고 소리쳤을 때, 난 갑자기 감전당한 사람처럼 온몸이 뜨거워지는 것을 느낄 수 있었다. 가슴속 깊은 곳에서 뜨겁게 올라오는 감동, 주체할 수 없는 감격……

그래, 남이 안 하는 거 해보자.

최초가 최고는 아니다.

최고는 아무나 할 수 없으나, 최선은 누구나 할 수 있다. 최선을 다할 때 남이 하지 않은 최초도 할 수 있는 것이다.

나는 참으로 엉뚱한 꿈을 쉴 새 없이 꾸어 왔던 사람이다.

어린 나이에 공부를 접고 사시 준비를 하였으며, 영어가 안 된다고 미국으로 간 나이다.

생각은 꿈을 낳는다. 꿈은 간혹 엉뚱하다. 즉, 현실적이 아니다.

그러나 생각이 깨어 있는 한 꿈은 성취될 수 있다. 우리 모두는 다 할 수 있다. 다만 자신을 얼마만큼 믿어 주느냐에 따라서 성공도 할 수 있고 실패도 할 수 있다. 자기 스스로를 믿어 주는 만큼 성공할 수 있다는 이야기이다.

사법고시에서 영어 때문에 낙방하고, 미국 유학길에 오를 때 "집에서 새는 바가지, 밖에 나가서도 샌다"는 말을 뒤로 하고 비행기에 몸을 실었다. 그랬던 내가 지금은 영어가 모국어인 나라에서 영어로 변호하는 미국 변호사가 되었다. 영어가 나의 저주가 아니라, 나의 축복인 것을 깨달았을 때, 비로소 영어가 보이기 시작했다. 영어 때문에 실패하기도 하고 성공하기도 하는데 결국 "영어를 어떻게 받아들이냐"에 달려 있는 것 같다.

영어에 잡혀 있느냐, 아니면 영어를 딛고 일어서서 나만의 새로운 시작을 하느냐에 따라 영어가 저주가 되기도 하고 축복이 되기도 한다. 즉 문제는 영어가 아니라 바로 나 자신이 문제인 것이다.

잘 풀리지 않는 영어처럼 인생의 모든 문제가 지금 당장은 어둡고 힘든 것 같지만, 지나고 보면 어려웠던 그 자리가 바로 새로운 시작의 출발점이다.

미국에서 정치학 석사와 국제법 석사, 그리고 로스쿨(Law School)에서의 법학박사 과정을 통한 이론 공부를 하며 겪었던 나의 젊은 시절을 고백하며 젊은이들에게 동기 부여를 할 수 있는 계기가 되었으면 하는 마음이다.

또한 워싱턴에서 20년 동안 변호사 생활을 통한 실제 경험, 그리고 미국인 아내와 살면서 피부로 느낀 미국 사회를 소개하면서 우리의 삶 속에 예상하지 못한 성장과 성숙을 함께 찾고자 감히 펜을 들었다.

나에게는 "한국 최초 이민법 저자" "최초 미 혼혈인 법안 제출" "최초 탈북자 미 영주권 획득" 등 많은 '최초'라는 수

식어가 따라다니지만 그것 또한 나에게는 예상치 못한 하나님의 계획
이었다.

세계 정치의 일번지, 각국의 대사관들이 밀집해 있는 이곳, 세계 언
론들이 집중해 있는 워싱턴 D.C.로 내가 온 것은 전혀 예상치 못한 일
이었다. 모든 것이 나의 계획대로 되었다면 난 지금 이곳에 있지 않았
을 것이다.

나의 실패와 좌절이 하나님의 계획이었으며, 포기하지 않고 달려온
내 발길 또한 하나님의 계획 안에 있었으리라.

변호사가 되어 편하게 정착하고 싶어하는 나에게 하나님은 오늘도
"받은 은혜를 나눠 주라"며 내 등을 떠미신다. 오늘도 내 등을 떠미시
는 하나님께 모든 것을 맡기고 내게 주어진 일들에 최선을 다하리
라…….

끝으로, 이 책을 출간할 수 있도록 사랑과 격려를 아끼지 않았던 나
의 아내와 두 아들, 그리고 진정 어린 조언을 아끼지 않았던 주위 분들
과 출판사 직원들께 진심으로 감사를 드린다.

2010년 가을에
워싱턴 근교 로펌 사무실에서
전 종 준

제1부 변호사를 꿈꾸던 시절

변호사를
꿈꾸던 시절

하 루 를
보 내 며

창문 너머로 따뜻한 햇살이 들어오는 늦은 오후,

"오늘 약속은 끝났습니다"라는 리셉셔니스트의 목소리가 인터폰을 통해 들려온다.

벌써 6시가 넘었다. 예약 스케줄에 가득 적힌 클라이언트(의뢰인)와 상담자의 이름들, 파일 캐비닛에 수북이 쌓인 서류들.

이 순간이 오기를 난 얼마나 갈망하고 질주해 왔던가? 끊임없이 나를 압박하던 수많은 일들, 살아남기 위해 부단히도 노력했던 그 많은 시간들…….

내일이라는 단어는 나에게 희망을 안겨 주기도 했지만 불안을 안겨 주기도 했다.

변호사가 되겠다는 하나의 목표를 가지고 수없이 도전하고 수없이 좌절했던 지난 날들……. 해냈다는 마음보다는 해내야 할 일들이 더 많다는 걸 생각하니 다시 한 번 마음이 무거워진다.

난 미국의 수도 워싱턴 근교에서 워싱턴 로펌의 대표 변호사로 오늘도 열심히 살아가고 있다. 오늘의 나를 보는 많은 사람들이 나에게 "변호사님은 공부도 많이 하고 실패를 모르고 사신 분이니 우리를 이해하겠느냐?"고 간혹 물어보기도 한다.

하지만 나는 사람들이 생각하는 것처럼 일등만 하지 않았다. 아니, 일등은 평생 다섯 손가락 안에 꼽는다.

일류 명문 대학을 졸업하지도 않았다. 일류 명문은커녕 서울에 있는 대학에 갈 점수가 안 되어 지방 대학까지 갔다 왔다.

시험마다 다 통과하여 장원급제의 행진만 했던 사람은 더더욱 아니다. 지금 여기까지 오는 동안 나의 과거는 수많은 실패의 연속이었고, 또한 실패의 열매이기도 하다. 나는 앞으로도 수많은 실패를 통해 더 많은 열매를 맺을 것임을 잘 안다.

실패는 내게 도전을 알게 했고, 그 도전은 내게 희망을 배우게 했으며, 그 희망은 내게 좌절로 혹은 기적으로 응답되어 왔다.

정확한 공식이 없는 인생길에서 내가 할 수 있는 일은 끊임없이 꿈을 꾸고 그 꿈을 키워 나가는 일뿐이었다.

나는 내가 하는 일을 즐기며 하나님께 늘 감사드리며 살아가고 있다. 오늘의 내가 있기까지는 나의 실력 때문도 아니요, 유능함 때문은 더더욱 아니다. 모든 일에 하나님의 보호하심이 있어서였다. 하나의 목표를 정해 놓고 그 길을 가는 데는 많은 인내와 노력이 필요하다.

뒤돌아보건대, 내가 하나 잘한 것이 있다면 그것은 내 목표를 포기하지 않고 끊임없이 노력했다는 것이다.

변호사가 되기 위해 어떤 길을 가야 하는 건지, 어떻게 공부해야 하는 건지 아무도 내게 가르쳐 주지 않았지만, 난 그저 앞만 보고 나아갔다. 목표에 이르기까지 샛길도 없었으며 요령도 몰랐다. 그저 묵묵히 앞만 보고 걸어가 목표지에 도달한 것뿐이다.

본래 소심한 성격을 가진 나는 지금도 변호하는 수많은 클라이언트의 사건들이 쉬지 않고 내 머릿속에서 돌아가고 있다. 진행중인 모든 클라이언트의 케이스 파일은 서랍 속에 저장되어 있지만, 나의 머릿속은 언제나 그 파일이 열려서 돌아가고 있다.

'아, 이렇게 하면 되겠구나.'

'아니, 이게 그 사람에게 더 유리하겠구나.'

하루의 일과가 다 끝나고 마무리해야 할 지금도 끝내지 못하고 계속되는 생각.

내가 생각했던 폼 나고 멋있고 돈 잘 버는 변호사보다는, 사건 하나하나 속에 나의 모든 정성이 들어가 그들이 좋은 결과를 갖는 것이 더 중요하다고 느끼는 이 자리에 오기까지 난 수많은 실수와 오판을 경험했다.

이 모든 경험이 나로 하여금 "유명한 변호사가 되기보다는 유익한 변호사가 되는 것"이 진정한 변호사라는 것을 깨닫게 했다.

나의 모든 정성이 다 들어간 사건마다 좋은 결과를 가져왔을 때 맛보는 그 뿌듯함이란, 이 세상 어떤 만족보다 값진 것임을 알았다.

내가 생각했던 폼 나고 멋있고 돈 잘 버는 변호사의 가치가 정말 별볼일 없는 것으로 느껴질 때 변호사로서의 가치가 어떤 것인지 진정으로 알 듯하다.

난 한 번도 내가 성공했다는 생각을 해본 적이 없다. 나는 아직도 가야 할 길이 멀기 때문이다. 신분이나 법적 문제로 힘들어하는 수많은 클라이언트들의 고통이 해결되기까지 난 묵묵히 일해야 하는 변호사이기 때문이다.

진정한 의미의 성공은 자기 스스로가 측정한다. 유명해져서 성공한 것이 아니요, 돈이 많아서 성공한 것도 아니며, 자기가 목표했던 것에 다다른 사람이야말로 진정으로 성공한 사람이다.

외적인 성공보다는 내적인 성공이 더 중요하다. 나는 내 사무실을 찾는 클라이언트들을 통해 많은 것을 배운다.

긍정적인 사고로 될 것이라고 믿는 사람, 난 정말 되는 일이 없다고 미리 안 되라고 고사 지내는 사람, 과정은 아랑곳없이 결과만 중시하는 사람, 변호사인 나에게조차 사실을 숨기는 사람, 작은 성공이었지만 감격하고 감사해 하는 사람, 정말 될 수 있을까 의심하다가 정열을 기울여 해결하고 나면 당연한 듯 "고맙다"는 말 한 마디 없이 휑하니 나가는 사람…….

이 숱한 케이스 속에서 난 인생을 배우고 있다.

"클라이언트들이 나의 선생이다."

난 과연 어떤 인생의 주인공이 되기를 원하는지…….

내 인생의 작가는 나 자신이지, 남이 대신 써줄 수 없다는 걸 클라이언트를 통해서 배우고 있다.

열등감이었던 나의 과거가 오늘의 나를 만들어 낸 자신감으로 변했고, 포기하지 않고 끊임없이 날 때 나의 날개는 더 강해진다는 걸 알았다. 내가 나 자신을 믿어 주고 포기하지 않는 것이 오늘의 나를 있게 한 가장 큰 힘이다.

주섬주섬 가방을 챙기는 내 손놀림 속에 오늘 하루도 어김없이 지나가고 있다.

집으로 돌아가는 자동차 안에서 내가 어떻게 여기까지 달려오게 되었는가 생각하니 나의 지난날이 주마등처럼 스쳐 지나간다.

 변호사를
꿈 꾸 다

집안 어른 중에 변호사이신 전정구 아저씨가 계신다.

온 집안의 자랑이었던 그 아저씨는 어린 내 눈에도 너무나 멋있고 닮고 싶은 선망의 대상이었다. 그 옛날 서울 상대를 다녔고, 어렵다는 사법고시와 행정고시 두 개를 패스했다.

박정희 대통령 시절, 전국구 국회의원을 두 번이나 지냈으며, 최고 원로 세법 변호사였다. 또한 그 아저씨는 한국 변호사들 가운데 가장 많은 세금을 낸 기록까지 있다.

집안에 무슨 일만 있으면 그 아저씨가 집안 식구라는 이유만으로도 든든해 하셨던 어른들의 태도를 보면서 나도 전정구 아저씨 같은 변호사가 되고 싶다는 생각을 막연히 했던 것 같다.

변호사가 무엇을 하는 사람인지, 어떻게 공부하고, 어떻게 준비해야 하는지 아무것도 모르면서, 그저 나도 그 아저씨처럼 집안의 자랑이 되고만 싶었다.

말도 그 아저씨처럼 하고 싶었고, 행동도 그 아저씨처럼 하고 싶었으며, 모든 걸 다 그 아저씨처럼 하고 싶었다.

난 내가 고등학교를 졸업하고 법대를 가서 공부하여 변호사가 되는 과정이 너무나 멀고 지루하게만 느껴졌다.

반드시 법대를 간 후에 변호사 시험을 볼 수 있다는 규정이 있는 것도 아니고, 누구보다도 빨리 변호사가 되고 싶었기 때문에 모든 과정을 다 무시하고 열심히 공부해서 사법고시를 보리라 마음먹었다.

고등학교 2학년 여름방학 때 아버지를 졸라 종로서점으로 갔다. 내가 법률 서적을 읽고 미리 공부하고 싶다고 책을 사달라고 하니까, 아버지는 공부하겠다는 그 말만 듣고도 기특하게 생각하시어 책을 사주셨다. 방학 동안 놀러 다니기보다는 꿈을 가지고 법 공부를 한다고 생각한 것은 기특한 일이라고 하시며 서점까지 같이 가 주신 것이다.

서점에 가서는 무슨 법률 서적을 사야 할지 몰라 육법전서 중에서 우선 헌법, 민법, 형법에 관한 책을 샀다. 그 책을 사던 날, 나는 벌써 변호사가 된 기분이 들었다.

반드시 사법고시에 패스하리라는 마음으로 헌법책 첫 장을 여니 그 안에는 온통 한자투성이의 문장이 나열되어 있었다. 내가 읽을 수도, 이해할 수도 없는 내용이었다.

법률 서적이 한자로 되어 있으리라는 생각을 미처 하지 못한 나는 난감했다. 한자라는 공부가 첫 번째로 넘어야 할 산이었던 것이다. 한자 옥편을 구입해 한 달 동안 방 안에 처박혀 독파하다시피 했다.

찌는 듯한 더위로 방은 한증막이었으나 계속 선풍기를 돌려대며 방구석에 처박혀서 나오지도 않고 한자를 깨우쳐야만 법전을 읽을 수 있다는 집념으로 한 달 만에 한자를 어느 정도 깨우치게 되었다.

밥을 먹거나 정말 꼭 방을 나가야 하는 일이 아니면 바깥 출입을 하지 않았다. 시간이 너무 아까웠던 것이다. 한시라도 더 열심히 깨우쳐 한자 공부를 빨리 끝내고 싶었다. 한자로 된 법전을 읽을 수 있게 된 나는 학교 공부가 시시해지고 친구들과는 '다르다'는 건방진 생각이 들기 시작했다.

시시한 학교 공부에 시간을 빼앗기기보다는 한 줄이라도 더 빨리 읽어서 어서 변호사가 되고 싶은 마음뿐이었다.

육법전서만 다 읽으면 그냥 변호사가 저절로 되는 줄 알았다. 학교 가는 시간까지 아까워 부모님께 아프다고 거짓말을 하고 학교에 가지 않은 날도 종종 있었다.

당시 고등학교는 처음으로 추첨 입학제도를 시행했는데, 내가 사는 용두동에는 제법 명문 고등학교가 많았다. 두루 살펴보니 한 학교만 빼고는 다 좋은 학교인 것 같았다.

그 학교만 아니라면 다른 학교는 다 마음에 들었다. 주위 친구들로 부터 그 학교는 좋지 않은 학교이고 노는 애들이 많아서 학교 분위기 가 험하다는 소문을 들었던 것이다.

추첨 발표가 담긴 우편물을 받아 보고는 나는 망연자실해질 수밖에 없었다. 그 학교만 안 되면 된다는 그 학교가 된 것이다. 어떻게 이런 일이 있을 수 있단 말인가?

그 우편물을 받던 날 나는 밖으로 뛰어나가 무작정 버스를 타고 종 점까지 갔다 다시 돌아왔다. 한창 사춘기 시기에 있던 나는 원하는 고 등학교에 가지 못한 것이 자존심에 큰 상처를 입은 것이다.

그런 마음으로 학교에 입학한 내게 모든 것이 좋아 보일 리 없었다.

나처럼 다들 추첨을 하고 들어와 다 같은 처지였는데도 한 반 친구 들이 실력이 없어 보이고 시시해 보였으며 같이 어울리고 싶은 생각이 들지 않았다.

나는 외부와 차단한다는 의미에서 모든 창문을 검은색 도화지로 가리고 방 안을 컴컴하게 만들었다. 개량 한옥이었던 우리 집은 창문뿐 아니라 문도 유리로 되어 있어, 방문도 검은 도화지로 덮어 대낮에도 불을 켜지 않으면 보이지 않았다.

창문 한가운데 검은 도화지 위에 "法我"(법은 나다)라고 하얀 물감으로 써 붙이고, 밥 먹고 화장실 가는 일 외에는 거의 외출하지 않았다.

당연 학교 공부는 거의 손을 놓았다.

형법을 읽는 동안 '집행 유예' 부분을 읽다가 새로운 법률 이론이 생각났다. 즉 판사가 형을 유예하기 전에 검사가 미리 집행 유예를 하는 제도를 만들면 더욱 효과적인 제도라는 생각이 들었다.

그리하여 아버지께 부탁하여 전정구 아저씨를 만나게 해 달라고 졸라댔다. 바쁘신 분이었지만 집안의 어린 조카가 만나고 싶다고 하니 아저씨는 즉각 만나 주셨다.

내가 원고지에 적은 새로운(?) 법률 이론을 아저씨에게 보여 드렸더니 아저씨는 빙그레 웃으시며 더 공부하면 그 대답이 나올 것이라며 격려해 주시고 기특해 하셨다.

나중에 더 공부한 뒤 알게 되었는데, 그것이 바로 '기소 유예' 라는 것이었다. 즉 이미 있는 제도를 처음 아이디어를 낸 것처럼 아저씨에게 뛰어갔던 것이 은근히 부끄러웠다. 난 항상 그랬다.

무엇이든 생각나면 바로 적어서 그 일의 결과를 보고 싶어했고 작은 일도 참지를 못한다. 그래서 늘 후회하고, 아주 가끔은 덕도 본다. 할 일이 있으면 내일로 미루지 못하고 그날 다 해야 하는 성격 때문에 내 주위의 사람들은 나를 피곤한 성격이라고들 한다.

변호사가 되겠다는 생각으로 다른 일들은 다 제쳐놓았다. 변호사가 되려면 이론을 전개하고 'Why?'와 'Because'를 항상 준비해야 된다고 생각하여 무슨 일이든 그렇게 대입시키기 시작했다.

나는 내가 변호사가 되기 위해 이렇게 생각해야 한다고 믿었고 나의 모든 행동은 이미 변호사 같았다.

무식하면 용감하다고 했나? 나는 가르쳐 주는 선생도 없이 육법전서를 읽으며 혼자 해독하고 혼자 이해하는 아주 위험한 공부를 했다. 무엇이든 혼자 이해하고 혼자 한다는 것은 아주 위험한 생각이다. 만일 그것이 최선이었다면 학교도 필요없고, 선생도 필요없었을 것이다

나의 오만한 생각과 행동이 다시 제자리로 돌아오기까지 나는 많은 것을 잃어야만 했다. 10대는 10대에 맞는 삶이 있고, 20대는 20대에 맞는 삶이 있는 법인데, 나는 그만 내가 살아야 할 시간들을 놓쳐 다시는 그 시간을 가질 수 없는 실수를 범했던 것이다.

아무리 좋은 꿈을 가지고 있다 해도 그 꿈을 실현하기 위해서는 계획이 있어야 하는데, 나에게는 가이드가 없었던 것이다.

순서와 절차를 무시한 내 행동이 얼마나 큰 수업료를 치르게 했는지…….

꽃을 피우기 위해 꽃씨를 심지 않고 꽃줄기를 심고, 꿈의 씨앗을 뿌리지도 않고 꿈을 꾼 것과 같았다.

먼저 해야 할 일이 있고 나중에 해야 할 일이 있는 법인데, 어린 나이에 난 그 우선순위를 몰랐고 무시했던 것이다. 어제가 없는 오늘이 없고 오늘이 없는 내일이 없다는 것을 몰랐던 것이다. 이 계획 없는 행동들은 내 실패의 서곡에 불과했다.

예비고사
낙방하다

고등학교 3학년이 되고도 나는 내가 대학 입시 수험생이라는 사실을 망각하고 있었다. 그깟 대학 입시나 예비고사는 막판에 가서 조금만 공부하면 될 것 같았다.

학교 친구들은 과외다 학원이다 바쁘게 다녔지만, 나는 친구들이 다 우스워 보였다. 법전을 공부하고 있는 내게는 대학 예비고사 공부며 대학 입시 준비하느라 바쁜 친구들이 조금은 한심해 보이기도 했다.

나는 초치기에 강하니까 그저 두어 달 전부터 열심히 준비하면 된다고 생각했다. 학교 공부 실력이 뛰어난 것도 아니고 겨우 턱걸이로 학년을 지나고 있으면서도 자신만만했다. 집에 와서도 교과서는 뒷전이고 계속 법률 공부만 했다.

예비고사 시험 날이 얼마 남지 않자, 그제야 고등학교 전 과정 요약집을 사서 보기 시작했다. 그 책은 공부를 다 한 학생들이 총정리를 할 수 있게 도와주는 얇은 종합 입시책이었다.

책은 대충 보고 문제집이나 전과만 읽어 보면 될 거라고 생각했었다. 하지만 웬걸? 교과서나 문제집 어느 것도 내가 아는 것은 없었다. 무엇이든 기본이 있어야 하는데 기본이 없는 나는 이리저리 책장만 넘겼지 공부를 하는 것이 아니었다.

기초와 기본을 생략한 상태에서 총정리 책만 본 것은 마치 책의 차례만 보고 책 한 권을 다 읽었다고 말하는 것과 같았다.

마음이 급해졌다. 누구에게 도움을 받아야 하는지, 무엇부터 해야 하는지 갈팡질팡 흔들리기 시작했다.

공부를 제대로 하지 않아 아는 것이 적은 나는 내가 아는 문제만 나와 주길 바라는 요행을 기대했다. 친구들을 비웃었던 내 오만이, 내가 법전을 공부한다고 학교 공부를 제쳐놓았던 방종이 가슴 떨리게 후회되기 시작했다.

예비고사 시험을 보는 날, 나는 문제지에 나와 있는 영어 문제를 제대로 풀 수 없었다. 아니, 영어뿐 아니라 수학도 제2외국어처럼 어려워 보였다.

그때 나는 내가 그동안 어떤 짓을 했는지 정신이 들기 시작했다. 학교 공부를 우선으로 하고 틈틈이 법률 공부를 했어야 했는데, 법률 공부를 한답시고 학교 공부를 등한시한 것이다. 순서가 바뀐 학습으로 인해 아무리 열심히 문제지를 보아도 아는 문제가 그리 많지 않았다.

예비고사를 치르고 나오는데 두 어깨는 처지고 모든 것이 뒤죽박죽된 기분이었다. 고등학교 때는 입시 공부만 해도 시간이 부족하여 법률 공부까지는 엄두도 낼 수 없는 일이었고, 내가 먼저 치러야 했던 시험은 사법고시가 아닌 대학 예비고사였는데, 엉뚱한 시험 준비를 하느라 바빴던 것이다. 앞뒤가 바뀌었으니 인생사가 꼬일 수밖에…….

혹시나 하고 시험 결과를 보러 갔으나 예상대로 보기 좋게 떨어지고 말았다. 허망한 마음으로 집으로 향하는데, 오만했던 내 자존심이 처참하게 짓밟히는 것을 느꼈다.

부모님은 내가 상처받을까 봐 아무 말도 하지 않았고, 그저 다시 하면 된다고 격려를 해주셨다. 공부는 내가 안 해 놓고 며칠 동안 밥도 먹지 않고 방에만 처박혀 있으니 부모님이 더 걱정이 되어 내 눈치만 보는 듯했다.

예비고사에 떨어진 나는 명문 대학은 고사하고 삼류 대학조차도 입학 원서를 낼 자격이 없었다. 대학 입학의 문이 닫혔던 것이다.

공부는 때가 있는 것인데, 난 그만 그 때를 놓치고 먼저 해야 할 것을 나중에 하고 나중에 할 것을 앞서 한 한심한 겉치레가 보기 좋게 무너진 것이다.

예비고사에 떨어진 나는 이제 법전은 뒤로 하고 일단 입시 공부를 하여 내년에는 대학에 꼭 가야 할 텐데 하는 생각으로 모든 것이 머릿속에서 우왕좌왕, 갈피를 잡지 못하고 있었다. 갑자기 사막에 던져진 기분이라고 할까? 아니면 우주 밖으로 던져진 기분이라고 할까?

다들 낯설어 보이고 혼자 울분에 쌓여 보내는 나날이었다. 방 안에 처박혀 혼자 씨름하고 있는데 어린 시절 어머니의 성화로 억지로 다녔던 주일학교가 생각났다. 유치부 교사 선생님이 "너희들 문제가 있으면 하나님께 기도해라", 그리고 "어렸을 때 교회 다닌 사람은 반드시 다시 교회로 돌아오는 법이다"라고 했던 말이 갑자기 생각났다.

그동안 "하나님은 없다"며 '유아독존'에 빠져 기댈 사람은 나 혼자뿐이라고 잘난 척하고 큰소리쳤던 나는 너무나도 허탈하고 힘이 드는데, 갈 곳이 없었던 것이다.

나 자신이 무너지는 순간이었다. 하나님께 매달려 보고 싶은 생각이 들었으나 교회를 가기에는 너무 창피하다는 생각이 들었다. 대학예비고사도 떨어진 주제에 교회에 간다는 것이 왠지 마음이 허락지 않았다.

　우선 예수님 사진을 골방에 걸어 놓고 기도를 하기 시작했다. '신 앞에 단독자'라는 마음으로 공부하기 전에 기도하고 성경을 읽었다. 매일 밤 무릎을 꿇고 하나님께 간절히 기도했다. 그리고 하나님께 의지하려고 부단히 노력했고 도움을 요청했다.

　법전을 공부하면 다른 것은 다 제쳐놓아도 된다고 생각했던 나의 오만이 하나님 앞에 나아가 기도할 수밖에 없는 애절함으로 변했다.

　어려운 사법고시 공부를 하자고 마음먹은 사람이 가장 기본 학문인 고등학교 과정을 무시하고 소홀했던 나의 학창 시절의 허황된 꿈이, 기도하면서 부끄러움으로 변해 갔다.

　간절하게 드리는 나의 기도는 말할 수 없는 힘을 주었으며, 외로웠던 나의 골방의 친구가 되어 주었다. 기도를 하면서 '하나님이 나를 도와주신다면 나는 해낼 수도 있겠다'는 작은 희망이 싹텄으며 나를 들뜨게 했다.

　그리고 '하나님은 아직도 나를 포기하지 않으셨다'는 믿음이 싹트기 시작했다. 법이라는 표어를 뜯어내고 예수님의 초상화를 걸었다. 그리고는 매일 기도를 하기 시작했다.

　"하나님, 나 대학 가고 싶습니다. 나를 도와주세요."

　맹목적인 나의 기도는 매일 반복되었고, 나는 다시 힘을 얻었다. 재수를 하기로 했다. 재수생들은 보통 학원에 등록하여 고등학교 학과 시간과 똑같이 생활한다. 명문 학원의 경우, 시험을 보아 학원생들을 뽑았는데, 나는 그 시험을 볼 용기조차 나지 않았다.

나는 다시 나의 골방으로 돌아와 혼자 공부하기로 마음을 먹었다. 골방이 답답하게 느껴질 때는 동네 독서실에 가기도 했다.

공부를 하는 기본이 없는 나에게 독학은 너무 어려운 일이었다. 고등학교 과정을 제치고 법전만 보던 내가 이제는 법전을 제치고 뒤늦은 고등학교 공부를 하려니 도통 머릿속에 들어오지 않았다.

고등학교 전 과정 책을 다시 펴놓고 하나씩 차근차근 공부하기 시작했다. 그러나 관심이 많은 사회 과목이나 인문 계통은 열중했으나, 영어와 이과 계통의 과목에는 별 관심이 없어 자꾸 뒤로 미루었다.

창피하기도 했지만 오만과 독선으로 가득 찼던 나는 그 누구에게도 도움을 요청하지 않고 혼자 끙끙 앓으며 공부를 했다.

엎드려 기도할 때는 힘이 나고 다 할 것 같은데, 막상 공부를 하면 이해하지 못했고 머리만 지끈지끈 아파 올 뿐이었다. 이해하는 것보다 외우는 과목에 치중하기로 했다. 영어와 수학은 기본이 있어야 이해하고 공부하지만, 나머지 과목은 그저 무식하게 외우면 된다고 생각하고 다른 과목들에 치중하기 시작했다.

다시 본 대학 예비고사, 작년과 별 차이가 없다고 느끼면서도 인문 계통의 과목은 조금 자신이 있었다. 시험 결과 발표장으로 가는 동안 나는 몹시 초조했다.

이번에도 또 낙방일까? 제발 예비고사 시험이라도 통과하여 대학 시험을 한번 볼 수 있다면 얼마나 좋을까 하는 마음이었다. 떨리는 심정으로 결과를 보니 1차 지망인 서울 커트라인에는 미달되었고, 제2 지망인 지방 커트라인에 간신히 통과되었다.

웃어야 할지 울어야 할지 정말 난감했다. 이과에 약했던 내가 그나마 문과에서 받은 점수로 겨우 문턱만 넘은 것이다. 집에 돌아와 삼수를 할 것인지, 아니면 지방 대학이라도 가야 할 것인지 고민하다가 부모님께 말씀을 드렸다.

부모님은 예비고사라도 붙어 지방 대학이라도 가게 된 내가 다행스러웠는지 내가 원하는 대로 하라고 조언을 하셨다.

나는 내가 삼수를 해서 좋은 성적을 내어 서울에 있는 대학에 가는 것은 힘들 것 같은 생각이 들었다. 차라리 지방 대학이라도 가서 내가 하고 싶은 법률 공부를 해야겠다는 결심을 했다.

가족들에게 지방 대학이라도 가겠다고 말하고 버스에 몸을 싣고 한참을 돌아다니다 집에 들어갔다. 대학을 간다는데 하나도 좋지 않았다. 누가 "어느 대학에 가느냐"고 물어보면 대답은커녕 물어보는 사람이 밉기까지 했다.

그래도 내가 싫어하는 과목을 더 이상 공부하지 않아도 된다는 안도감으로 짐을 싸기 시작했다.

나는 전정구 아저씨처럼 멋진 변호사가 되고 싶었다. 아저씨는 서울 상대에 입학했는데, 나는 서울에서 상당히 멀리 떨어진 대학(서울 상대)에 가게 되었다.

1978년 2월 고모가 사는 대구에 위치한 한국사회사업대학(현, 대구대학교) 복지행정학과에 가기로 결정하고 부모님 곁을 떠나 대구로 향했다.

다시 시작된
청운의 캠퍼스

　나는 친구들에게도 내가 어느 대학에 가는지 일절 말하지 않았다. 마치 유배지로 떠나는 선비처럼 꼭 다시 서울로 돌아오겠다는 각오로 대충 짐을 챙겨 집을 나섰다. 대학 생활에 대한 기대감도 전혀 없었다.

　갑자기 몰아닥친 대학 입시 공부 때문에 사법고시 한 번 치러 보지 못하고 결국 지방으로 오고 만 것이다. 얼마나 바보 같은 짓인지. 해야 할 공부를 제쳐 두고 뒤늦게 새로 시작하자니 공부도 따라가지 못하고 법 공부도 뒤로 제쳐놓고 말았으니, 순서를 바꿈으로써 어떤 대가를 치러야 하는지 똑똑히 본 것이다.

　대구에 내려가 고모 댁에 들어갔는데, 조금은 기가 죽어 있었다. 대학 교수인 고모부 보기도 조금 미안하였고, 집을 떠나 나와 있는 것이 어색하기도 했다. 보통은 시골에서 서울로 유학을 가는데 나는 반대로 서울에서 시골로 유학을 갔으니 눈치를 보는 게 당연한 것이었는지 모르겠다.

　고모부는 조용한 학자 타입이었는데, 말씀이 별로 없고 온유한 분

이었다. 고모는 내가 아침밥을 잘 먹지 않자 밥 속에 몰래 날계란을 넣어 간장에 비벼 먹게 하실 정도로 자상했고 말 없이 나를 챙겨주셨는데 아주 꼼꼼하고 정이 깊은 분이었다.

열심히 공부해서 부모님이 계시는 서울의 대학에 편입을 하겠다는 마음으로 지방 대학 생활을 시작했다.

대학 입학식 날, 의례적인 행사로 여기고 자리를 채우러 간다는 생각으로 행사장에 갔다. 기대도 흥분도 없이 참석한 입학식 날 무료하게 서 있던 나에게 어디선가 카랑카랑하고도 우렁찬 목소리가 내 머리를 뒤흔들었다.

단상을 바라보니 키가 자그마하고 백발의 노총장님이 쩌렁쩌렁한 목소리로 반은 연설이고 반은 야단을 치듯 말씀을 하고 계셨다.

"남이 안 하는 거 해봐!"

갑자기 머리에 벼락을 맞은 듯, "남이 안 하는 거 해봐"가 계속 울려퍼지더니, 가슴이 뜨거워지기 시작했다.

지금도 난 그 목소리를 잊을 수 없고, 그 말씀은 내 인생의 이정표가 되었다. 그분이 바로 대구대학교 최초의 설립자 이영식 목사님이셨다.

"그래, 남이 안 하는 걸 해보자."

내가 들어간 대학은 사회사업과 장애인 봉사가 설립 목적이었다. 학교 캠퍼스에는 늘 장애인들이 있었고, 기독교 중심의 학교였으며, 장애인들을 위한 사회사업가를 키우는 것이 목표였다.

행정학과에 입학하여 1학년 첫 학기에 법 과목을 접할 수 있게 되었다. 강의에 들어가 보니 내가 이미 고등학교 때 혼자 공부하여 어느 정도 알고 있던 내용이 꽤 있었다. 미리 혼자 공부했던 법 공부가 이렇게 효자 노릇을 할 줄이야.

공부에 재미를 붙이고 내가 좋아하는 법 과목과 행정 등 사회 과목 분야라 열심을 내어 공부할 수 있었다. 내가 관심 있는 문과 과목들만 하다 보니 논리적인 이해력도 빨랐고 집중력을 가지고 외울 수 있었다.

어느 날 문화사 강의 시간에 '소크라테스에 관한 리포트'를 제출하라고 교수님이 말씀했다. 대부분의 학생들은 리포트 제출에 심한 불평을 하고 성의 없는 준비를 했다. 나는 소크라테스에 관한 자료를 많이 수집하고 리포트를 완성했으며, 결론을 이렇게 맺었다.

"소크라테스의 제자들이 감옥에 갇힌 소크라테스에게 도망갈 것을 권유하였다. 그러나 소크라테스는 제자들의 권유를 거절하면서 '악법도 법이다'라고 말하고 감옥에서 독을 마시고 죽었다. 소크라테스는 자기 생명을 포기하면서까지 '법의 강제성'을 스스로 보여주었다. 우리가 원하지 않는 리포트 작성이라 할지라도 교수님이 뜻이 있어 시키면 그 뜻을 따라가는 것이 우리의 바른 자세라는 것을 소크라테스는 가르치고 있다."

담당 교수는 나의 리포트를 학생들 앞에서 읽어 주면서 우리에게 이런 자세가 필요하다며 나에게 A⁺ 학점을 주었다.

대학에 와서 난 날개를 펼 수 있었다. 오랫동안 움츠리기만 했던 나의 날개가 드디어 활짝 펴지고 있다고 믿었다. 학교를 다니는 것이 행복했고, 캠퍼스에 있을 때는 얼굴에 웃음이 가득했다.

별 기대 없이 온 대학이었는데, 총장님의 열정과 교수님들의 성의 있는 강의는 일류 대학 못지않았다.

봄 학기 축제 기간 중에 학과 대항 탁구대회가 있었다. 내가 중·고등학교 시절 공부 외에 유일하게 즐겼던 운동은 탁구였다. 누구에게 배운 것은 아니고 탁구 선수들이 치는 것을 보고 혼자 연습하여, 프로는 아니지만 아마추어 수준으로는 꽤 실력이 있었다.

과대표로 단식 결승에 올라갔을 때 내 탁구 실력보다는 내 목에서 반짝이는 십자가 목걸이 때문에 많은 사람들이 더욱 힘차게 나를 응원했던 것을 기억한다. 나는 우승 메달을 받았다. 공부도, 운동도 다 승승장구였다.

고등학교를 다닐 때 내가 다니는 학교가 별로여서 친구들과도 거리를 두는 바보짓을 한 나였지만, 남이 들어 본 적도 없는 대학에서는 친구도 사귀었다. 학교를 사랑하게 되니 친구들도 괜찮아 보였고, 친구들과 어울려 먹는 떡볶이와 자장면은 내 대학 생활의 조미료가 되었다.

술을 마시지 못했던 나는 친구들의 안주를 축내는 별 도움 안 되는 사람이었지만, 토론만큼은 술을 마시는 친구 못지않게 열변을 토했던 걸로 기억한다.

더욱이 서울 집에서는 창피해서 나가지 않던 교회에 나가게 되었다. 대구에서 고모와 함께 다시 가게 된 교회에서의 생활은 지금의 나를 만들어 준 바탕이라고 해도 과언이 아닐 것이다.

그동안 방 안에서 혼자 예수님 초상화 앞에서 기도하고 예배드리다가 성인이 되어 처음 교회에 나가니 가슴이 뭉클했다.

찬송가를 부르고 기도를 하고 설교를 듣고, 내가 하나님께로 돌아와 첫 번째 드린 예배 의식이 갖추어진 예배였다. 찬송가의 모든 곡이 나를 위한 곡이었으며 말씀이 너무 은혜로웠다. 나는 주일이 빨리 돌아오기를 학수고대했다. 당시 담임목사로 계셨던 대구제일교회의 이상근 목사님은 정말 대단한 분이었다. 미국에서 신학 박사 과정을 공부한 분으로 말씀이 너무 훌륭했다.

이상근 목사님은 나의 신앙에 커다한 영향을 주셨고, 나는 서울에 올라와서도 오랫동안 이 목사님의 설교집을 구해 읽었다. 내가 나중에 미국 유학을 올 때는 그 목사님의 신약과 구약 강해집을 구입해 가져왔다.

나는 공부하기 전 항상 기도를 했다. 이제는 내 힘으로는 아무것도 할 수 없다는 것을 알았기에 공부할 수 있는 집중력을 달라고 기도하고, 피곤치 않게 해달라고 기도하고 공부를 시작했다.

학기말 고사를 앞두고 나는 미친 듯이 공부를 했다. 전 과목을 이해했고 거의 외다시피 했다. 밤이 늦도록 공부를 해도 피곤치 않았고, 공부를 하는 즐거움을 터득하기 시작했다. 반복해서 복습을 하니 전 과정이 눈에 다 들어오는 것 같았다.

드디어 기말 고사를 치렀는데, 전부 내가 아는 문제였다. 가슴이 두근거리고 흥분이 되며 너무 기뻤다. 난 막힘 없이 자신 있게 답안지를 작성했다. '드디어 해냈다'는 기쁨으로 시험이 끝난 해방감을 맛볼 수 있었다.

여름방학 때 서울로 올라와 부모님과 같이 지내다가, 가을 학기를 위해 다시 대구로 내려갔다. 수강 신청을 하려고 학교에 갔더니, 내가 첫 학기 과 수석을 했다는 것이 아닌가. 그리고 장학금까지 받게 되었다.

열심을 다했으나 과 수석까지는 예상하지 못했다. 공부를 열심히 하면 그 대가를 받을 수 있다는 것을 처음 경험해 본 것이다.

사람에게 필요한 것은 '할 수 있다'는 생각과 '너 참 잘한다'는 칭찬인 것 같다. 바닥을 기던 내가 교수님의 칭찬과 '해보니 나도 할 수 있다'라는 생각으로 예상하지 못한 과 수석까지 하게 된 것이다.

장학금 받은 이야기를 집안 친척들에게 했더니 "대학 떨어지고 지방 대학 다니는 녀석이 무슨 장학금이냐"며 처음에는 나를 믿지 못했다.

난 장학금 받은 돈으로 집안 어른들에게 드리려고 감사의 선물을 샀다. 집안 어른들 한 분도 빠짐없이 선물을 사다 보니 돈이 부족하여 아버지께 돈을 더 타서 선물을 준비했던 기억이 난다.

결국 장학금을 받고도 손해를 본 장사였다. 그러나 그 장사는 내가 지금까지 한 장사 중에 최고로 기분 좋은 장사였고, 그런 손해는 언제든 또다시 보아도 괜찮을 것 같은 손해였다. 가을 학기에도 나는 공부를 열심히 했다.

그때 깨달은 것은 '공부도 습관이어서 한 번 잘하면 계속 열심히 하게 된다'는 것이었다. 나쁜 것도 좋은 것도 자주 하다 보면 내 몸에 배고, 그것은 습관으로 자리잡는다. 가끔은 공부가 힘들다는 아들에게 "힘들수록 책상에 앉아 책을 읽고, 강의 시간에는 앞자리를 절대 양보하지 말라"는 이야기를 해주곤 한다.

오늘 힘들다고 내일로 미루거나 앞자리는 교수와 너무 가까워 싫다고 생각하면 그 교수와는 친해지기 힘들고, 그러면 그 과목은 더 어려워진다고 말해 주었다.

한 번 장학금을 타니 가을 학기에도 또 장학금을 타고 싶은 욕심이 생겼다. 그러나 결과는 2등이었다. 비록 수석은 놓쳤지만 그 2등은 과수석 못지않은 자긍심을 주었다. 최선을 다했을 때 오는 결과는 1등이든 2등이든 만족스러운 것이다.

부족하고 아무것도 아닌 나를 다시 세워 '할 수 있다'고 가르쳐 준 학교가 너무 감사했다. 하지만 그 대학에는 법학과가 없어서 서울로 올라가 법학을 전공하기로 했다. 편입을 결정하고 단국대학교에 원서를 넣었다.

편입 허가서를 받아 들고 난 하나님께 감사의 기도를 드렸다. 하나님의 도움이 아니었으면 내가 할 수 없었던 공부였다. 난 이제부터 하나님과 동업(?)을 해야 한다는 생각이 들었다.

공부가 잘되고 성공하면 반드시 주의 영광을 위해 일하고 많은 것을 나누겠다고 다짐했다. 나에게 할 수 있다는 자신감을 불어넣어 주었고, 진정한 목적을 깨닫게 해준 학교와 친구를 떠나는 것, 특히 교회를 떠나는 것이 몹시 아쉬웠지만 또 다른 세계로의 행보도 기대되었다.

1학년 과정을 마치고 나는 서울로 편입하여 드디어 기대하고 원하던 법과 대학을 다닐 수 있게 되었다. 지방 대학에서 생활하다 서울에 있는 대학에 다니다 보니 학교가 대단히 크다는 느낌이 들었다. 가뜩이나 수줍음 많고 남들과 어울리는 일에 능숙하지 못한 나는 모든 것이 서먹서먹하기만 했다.

나이가 좀 들어 보였던 나는 과 친구들에게서 "군대를 다녀왔냐?"는 질문을 꽤 많이 받았다. 더욱이 1학년 과정을 함께 공부한 적이 없었기에 더 그랬던 것 같다.

나는 모든 과목에 충실한 학생이 아니라 내가 좋아하는 과목에만 열정을 쏟은 학생이어서, 내가 좋아하는 법률 공부만 하게 되었다는 사실이 너무 좋았다.

"대학의 낭만은 도서실에 있다"라고 늘 말하면서 나는 1년 내내 마치 형사 콜롬보처럼 검은색 버버리를 걸치고 도서실에서 살다시피 했다.

한여름 찌는 더위에도 주위에 신경쓰지 않고 검은색 버버리를 입고 다니다가, 한때는 같은 과 친구들에게 데모를 감시하는 정보부원으로 오해를 받기도 했다.

열심히 노력해서 교수님들에게 인정받고 법대 성적도 우수한 편이었다. 영어, 수학을 하지 않고 법률 공부만 하게 된 나는 마치 물 만난 물고기처럼 신이 났다.

아침 일찍 도서관에 가서 자리를 잡아 놓고 제일 먼저 공부하기 전 항상 기도하고 말씀을 먼저 읽었다.

내가 성경을 볼 때면 박 교수가 나타나 내가 공부를 하나 안 하나 감시하러 몰래 내 뒤로 오셨다가 꾸중을 하기도 하셨다.

"법대생이 무슨 시간이 있어 성경을 보는 거야?" 야단을 치며 "그 시간에 책 한 줄이라도 더 보는 게 좋을걸" 하시며 조언을 아끼지 않으셨다.

그러나 나는 아랑곳하지 않았다. 성경 읽기와 기도를 해야만 책을 보는 습관을 절대 고치려 하지 않았다. 한번은 로버트 슐러(Robert Schuller) 목사님의 《불가능은 없다》라는 책을 너무 감동 깊게 읽고는 그 책 100권을 사서 친구들에게 나누어 주었다.

그 뒤로 친구들은 나를 '전 전도사'라 부르며 놀려 대기도 했다. 박종성 박사님을 '박 박사'라고 부르는 것과 일맥상통했다.

나에게 하나님과의 시간은 참으로 안식이었으며, 공부로 힘든 내 몸과 영혼을 치유하는 가장 강력한 청량제였다.

대학 시절 나에게 아주 귀한 은사 한 분이 계시다. 바로 박종성 박사이시다. 뉴욕대학에서 국제법으로 박사 학위를 받은 박 교수는 당시 몇 명 안 되는 미국 박사 학위 소지자였다. 특히 해양법에 있어서는 세계적인 권위자였으며, 박정희 대통령 시절 법률 고문으로 일했던 적도 있다.

한번은 야외에서 국제법 강의를 했는데 박 교수님은 우리에게 돌아가면서 하고 싶은 말을 한 마디씩 하라고 했다. 그때 부산 출신의 한 학생이 "바다에서 제일 큰 고래 고기를 맛보았는데, 법학계의 대가이신 박 교수님의 맛을 보고 싶다"고 말했을 정도로 그분은 국제법의 거물이었다.

박 교수는 키가 작고 눈이 아주 매섭고 반짝거렸으며, 중풍을 앓았는지 말이 조금 어눌하셨다.

우리 학생들 사이에서는 박 교수가 직언을 서슴지 않아 정보기관으로부터 고문을 당해 중풍을 맞은 게 아니냐는 추측 소문도 있었다.

그러나 박 교수는 한 번도 그에 대한 언급이 없었고 언제나 박정희 전 대통령의 지도력을 칭찬하였다.

지도 교수실에서 개인적으로 박 교수를 만났을 때는 나에게 숨은 비화를 많이 들려주었다. 예를 들면 해양법을 전공한 박 교수가 일본과 독도 문제로 국제법상 힘겨루기를 했던 일화와, 북한과 가장 가까운 백령도 문제도 들을 수 있었다.

당시가 1970년대 후반이었지만 그 전부터 독도 문제는 물 속에서 한일 간에 힘겨루기를 한 모양이다. 지금도 기억나는 것은, 안보상 중요한 위치에 있는 백령도에 천연 비행장이 있는데, 이는 이탈리아의 나폴리와 함께 세계에서 두 곳밖에 없는 곳이라고 했다.

또한 대통령 자문을 하면서 한미 행정 협정을 미국과 협상 체결하는 과정에서 있었던 비화도 들려주며 "너희가 크면 국가를 위해 최선을 다하라"고 권면하기도 했다. 본인이 다 이루지 못한 아쉬움이 컸던 것 같다.

존경하는 박 교수가 중풍으로 고생하는 모습이 너무 안쓰러워 한의

사인 아버지를 소개해 주었다. 박 교수는 그때부터 아버지에게 침을 맞으며 중풍을 치료받았다. 한번은 아버지가 침을 놓기 전에 "이 침이 많이 아픕니다" 했더니, 박 교수가 하는 말이 "아파야 좋은 것이죠, 안 아프면 죽은 것이 아니겠습니까?"라고 말해 아버지가 감동하신 적이 있었다.

이제 사법고시를 준비하느라 남들 하는 식으로 절에 들어가 공부해 보기로 했다. 교회에 다니는 사람이 절을 찾는 것이 이상하다 싶어 그동안 주로 도서실을 이용했었다.

그러나 친구들이 "너더러 염불 외라든?" 하며 이죽거리고, 절에서 운영하는 암자일 뿐이라며 공부할 수 있는 분위기를 찾아가는 것이라고 설득하는 바람에 성경을 챙겨서 절로 떠났다.

겨울방학을 이용해서 전주에 있는 작은 암자로 갔다. 산기슭에 있는 그 암자는 고시생을 위해 공부방을 운영했는데, 잠자는 방이 몹시 추웠다. 온몸을 다 이불로 덮고 코만 내밀어도 코가 시려 이불을 뒤집어쓰고 자야 할 정도였다.

아마도 따뜻하면 깊은 잠에 빠져 쉽게 일어나지 않을까 배려하는 마음이 있었던 것 같다.

절에서 운영하는 암자라지만 절 모양은 볼 수 없었고, 목탁 소리도 들리지 않았다. 절에서 공부하면 조용한 곳에서 집중하여 공부하는 데만 신경쓸 수 있는 장점이 있으나, 새로운 환경에 적응하는 데 시간이 걸리는 나로서는 좋은 공부 방법이 아닌 것 같다는 생각이 들었다.

눈이 많이 내리던 어느 날 밤, 잠을 자는데 밖에서 '뚝뚝' 하는 소리가 나 잠에서 깨었다.

'저게 무슨 소리일까?' 아무리 귀 기울여 들어 봐도 도통 감이 잡히지 않았다.

'저게 무슨 소리일까?' 아무리 생각해도 알 수가 없었다.

그 다음날 아침 밖에 나가 보니, 나뭇가지 위에 눈이 쌓여 나뭇가지가 부러지는 소리였다. 비바람이 몰아쳐도 부러지지 않던 나무가 그 부드러운 눈에 의해 부러진 것이다. '부드러운 것이 강한 것'이라는 것을 깨닫고 며칠 뒤 하산을 했다.

사람은 누구나 살면서 많이 깨닫고 그렇게 살아 보려고 노력을 한다. 하지만 사람에 따라서 그 노력이 어느 정도 가느냐가 문제이다.

나는 성격이 꽤 급한 편이다. 무엇이든 생각나면 바로 해야 하고, 밥을 먹을 때도 시간을 가지고 여유롭게 먹는 일이 드물다. 그래서 이야기를 전개할 때도 조목조목 차근차근 해야 하는데, 그만 내 감정에 충실하다 보니 본의 아니게 남의 마음을 상하게 하는 적도 있다.

더욱이 구부러지는 편은 더더욱 아니라 부러지는 게 나와는 맞다고 생각하는 편이다. 그 부드러운 눈도 나뭇가지를 부러뜨릴 수 있다는 사실이 나로 하여금 새로운 것을 깨닫게 했다.

그 부드러움을 배우고 싶어 지금도 노력하지만 안 될 때가 더 많다.

집으로 돌아온 나는 다시 도서실에 다니면서 고시 공부에 바빴다. 학교를 편입해 오는 바람에 친한 친구를 만들지 못하고 그저 공부에만 시간을 보내는 나에게 교회는 언제나 휴식처요 피난처였다.

공부 때문에 항상 시간에 쫓겨도 틈틈이 새벽 기도에 나갔으며, 금요 철야도 참석했다.

"너희는 먼저 그의 나라와 그의 의를 구하라 그리하면 이 모든 것을 너희에게 더하시리라"(마 6:33)는 성경 말씀은 나를 교회 일에 열심을 내게 해주는 원동력이 되었다.

성경 말씀은 언제나 나에게 위로가 되었고, 공부 외에 하는 모든 일이 시간이 모자랐던 나는 교회 일만큼은 언제나 시간을 내어 할 수 있었다. 박 교수도 나의 이런 신앙생활을 염려하고 친구들도 걱정했지만, 나는 교회 생활이 정말 재미있었다.

이제 사법고시를 볼 때가 되었다고 생각하고 나름대로 하나씩 짚어가기 시작했다. 법 쪽은 어느 정도 자신이 있었는데, 영어가 잘 되지않았다.

1970년대 말과 1980년대 초만 해도 사법고시 1차 시험에 합격하려면 반드시 외국어를 선택해야 했는데, 외국어에 소질이 없는 나는 그래도 중학교 때부터 낯익은 영어를 하기로 하고 집중 노력을 했지만어려웠다.

그 당시 나는 기도를 방언으로 했는데, 영어 방언을 받으면 얼마나좋을까 기도했던 적이 한두 번이 아니었다.

영어 때문에 사법고시 1차 떨어지다

대학교 3학년 때 첫 사법고시 1차 시험에 응시했다. 1차 시험은 법 과목 외에 외국어와 교양 과목을 보게 되어 있었다. 그때만 해도 사법 고시 합격자수가 100여 명 내외였다. 정말 사법고시에 합격하면 장원 급제했다고 하던 시절이었다.

사법고시 지원자도 많고 또한 합격자수도 제한되어 있었으므로 1 차 시험에서 많은 지원자를 떨어뜨려야 했던 것 같다.

시험 보는 과목 중에 하나라도 과락이 있으면 1차 시험에서 떨어진 다. 그런데 거기서 난 영어를 과락하고 만 것이다.

같이 응시했던 친구들 중에 1차에 떨어진 몇몇 친구들은 삭발을 하 고 다시 절에 들어갔다. 시험을 본 경험이 다음 시험에 크게 도움이 될 것이라는 말들만 주고받은 채, 다시 한 번 도전해 보기로 했다.

나는 대학 시절을 주로 도서실에서 보냈다. 공부 외에 다른 것은 할 줄 아는 게 별로 없었다. 시간이 나면 탁구를 치는 것이 유일한 나의 취미생활이었다.

사법고시 1차에 떨어진 나를 보고 몇몇 사람들은 "그럼 그렇지. 영어 단어 하나라도 더 공부해야 하는 시기에 그렇게 성경이나 읽고 앉아 있었으니 될 리가 만무하지" 하며 나의 실패를 당연하게 받아들였다.

　시험에 함께 응시했던 친구들이 낙방했다는 소식은 나에게 큰 위로가 되기도 했던 것 같다. "그래, 이번에는 혼자가 아니야. 다시 한 번 도전해 보자" 며 마음을 달랬다.

　그동안 주로 혼자 떨어지고 실패하는 데 이골이 나 있던 나는 나 말고도 다른 낙오자가 있다는 것이, 더욱이 그 낙오자가 내 친구 중에 있다는 것이 힘이 되기까지 했다.

　나의 가장 큰 문제는 영어였다. 고등학교 때부터 기본이 부족한 영어를 법대 시절에도 소홀히 했고, 내가 좋아하는 법률 공부에만 열중하다 보니 또다시 영어가 내 발목을 잡았다.

　영어 때문에 사시에 떨어진 뒤 영어는 나와 인연이 없는 것 같아 독어를 선택하여 다음 시험에 도전하려는 생각까지 했다. 그러나 원래 외국어는 하루아침에 터득되는 것이 아니기에 독어는 영어보다 더 힘들었다. 법대 1년 후배와 함께 독어 학원 새벽반에 등록하여 강의를 듣기도 했으나 전혀 감이 오지 않았다.

　우왕좌왕 내가 무엇을 해야 하는지 헤매다가 그나마 조금이라도 익숙했던 영어가 나은 것 같아 결국 시간만 낭비하고 다시 영어를 하기로 했다. 그런데 나와 함께 독어 학원에 다녔던 그 후배는 나중에 독일로 유학 가서 법학박사 학위를 받은 뒤 지금은 법대 교수로 활약하고 있다. 영어와 나는 과연 어떤 인연일까?

　어떻게 영어를 잡을 수 있을까? 내가 아무리 열심히 공부해도 영어시험을 통과하기 위해 필요한 어휘력, 독해력, 문장력, 그리고 문장 구조의 이해 부족이 문제였다. 영어는 아무리 공부해도 힘들었다. 한국에서 변호사를 하려는 나에게 왜 영어가 필요한지 이해가 되지 않아 하소연해 보기도 했다.

고등학교 때 영어 공부에 소홀했던 내가 사법고시 1차 시험에 통과하기 위해서는 반드시 영어의 관문을 통과해야만 했다. 사법고시 1차 시험을 보는데 대학 예비고사의 악몽이 다시 되살아날 정도였다.

사법고시 2차 시험은 법 과목만 주관식으로 묻는 시험이기에 자신 있었으나 영어는 나의 장애물이 되어 더 이상 앞으로 나아갈 수 없게 만들었다.

영어가 그렇게 원망스럽고 원수처럼 느껴질 수 없었다. 4학년 때 사법고시 1차 시험에 다시 도전했으나 또 영어가 실패의 원인이었다. 이번에는 졸업 전에 사시를 통과한 친구들이 셋이나 나왔다. 온몸에 기운이 다 빠지는 것 같았다.

나는 정녕 할 수 없는 것일까? 마음속에 많은 생각들이 나를 괴롭히고 나는 향방을 모르는 길 잃은 나그네의 심정이 되었다. 다시 기도하기 시작했다.

"하나님, 나의 앞길을 책임지신다고 하신 하나님, 이제 내가 갈 길은 어디입니까? 그토록 하고 싶었던 법 공부지만 영어 때문에 실패를 계속하니 나는 어찌해야 합니까?"

아무리 절규해도 난 하나님의 음성을 듣지 못했다. 내 친구들은 졸업과 동시에 사법고시에 패스하여 사법 연수원생이 되었다.

친구들은 과거에 급제했는데, 나는 계속되는 실패에 이른바 쪽팔렸다. 그래도 계속 사법고시에 도전하려고 연세대학교 행정대학원에 진학했다.

친구들은 사법 연수원생으로서 법조인 훈련을 받을 동안 나는 대학원생이 되어 다시 사법고시 시험을 준비하는 고시생이 되었다. 당시 대학은 데모가 빈번하여 사복 경찰들이 교내에 상주하였고, 도서실에서 공부하는 것도 어수선하여 마음대로 공부를 할 수 없었다.

대학원 재학중 전두환 전 대통령 시절 이른바 '대학원 특례법'이란 새로운 제도가 생겼다. 대학원 재학생은 군대를 연기하고 해외 유학을 허용하는 법률이었다.

영어의 관문을 넘지 못하면 내가 변호사가 될 수 없다는 생각에 이 새로운 법을 기회로 믿고 미국 유학을 가면 어떨까 하는 생각이 들기 시작했다.

같은 교회를 다녔던 연대 선배 형의 삼촌이 미국 유학을 다녀왔는데, 내가 원하면 도와줄 수 있다고 했다. 선배 삼촌을 만나 미국 유학에 대해 이야기를 듣고 온 나는 내가 살 길은 유학뿐이라는 생각을 굳히게 되었다.

영어가 안 되는 나로서는 수업료가 싼 주립대학이 좋다는 안내와, 유학 가서 영어로 공부하다 보면 영어를 극복할 수 있다는 것이었다. 영어로 수업을 듣다 보면 영어를 극복할 수 있다는 말이 나에게 큰 희망으로 다가왔다.

그렇다. 호랑이를 잡으려면 호랑이굴로 간다고 하지 않았던가? 난 해내고 싶었다. 박 교수님도 만류했고 대학원 졸업이라는 과제도 있었으나, 난 나에게 주어진 기회를 놓치고 싶지 않았다.

"미국에 간다고 그렇게 안 되는 영어가 되겠니? 차라리 그 시간에 여기서 영어 공부를 더 하라"는 친구들의 조언이 있었지만 나는 마음을 바꾸지 않았다.

'죽을 병에는 독약밖에 없다'고 했듯이, 미국 유학은 내가 살아남기 위한 일종의 극약 처방과도 같이 생각되었다.

가자! 미국으로…….

아직 정해진 것이 아무것도 없었지만, 막연하게 어떤 확신이 생겼다. 내 꿈을 이루는 데, 그리고 그 꿈을 이루는 과정에 가로놓인 장애물을 해결하는 데 더없이 좋은 기회였다. 마치 누군가 나를 위해 미래로 가는 길목에 보물지도(혹은 열쇠?)를 준비해 놓은 것 같았다. 하지만 역시 쉬운 결정은 아니었다. 힘든 상황을 벗어나기 위해 찾은 살 길에는 그만큼의 걸림돌이 있었다. 첫째는 마음의 갈등이었고, 둘째는 주변의 만류였다.

20여 년 동안 함께해 왔던 소중한 것들과 생이별을 해야 한다는 것부터, 과연 많은 것을 잃은 만큼 얻을 것이 있을까 하는 생각까지 수많은 고민들이 마음을 약하게 만들었다. 지금처럼 유학이 흔했던 시기도 아니었고, 모든 것이 갖추어져 나만 잘하면 되는 상황도 아니었다.

나의 결심을 들은 주변 사람들이 던지는 말 한 마디 한 마디, 여기저기서 들려오는 실패한 유학생들의 경험담에 하루에도 수십 번씩 마음이 흔들렸다. 하지만 그렇게 고생을 하더라도, 실패할지 모른다 하여도 나를 움직이게 한 것은 스스로 꿈꾸는 나의 미래였다.

서울로 올라온 이후 나는 줄곧 용두동 감리교회에 다녔다. 나는 대학원을 다니면서 교회 청년부 회장 직을 맡고 있었다. 청년부와 성가대의 여름 수련회를 가기로 했는데 그만 담임목사님이 돌아가셨다. 예정대로 수련회를 가느냐 마느냐 하는 혼란 속에 있었는데, 수련회는 교회 행사 예정에 잡혀 있던 것이라 가는 것을 돌아가신 목사님도 찬성하실 거라는 의견이 압도적이어서 수련회를 가게 되었다.

수련회의 모든 행사 일정은 준비 부서에서 알아서 하기로 했고, 나는 마지막 날 마지막 프로그램인 촛불 예배가 끝난 뒤 30분 기도 시간만 달라고 부탁했다. 나는 곧 떠나지만 이 청년들이 성령의 충만함을 받아 변화 받고 나라의 기둥이 되게 해달라고 매달리며 기도했다.

"하나님, 우리 청년들이 말씀으로 변화 받아야 이 나라가 변합니다. 교회의 미래가, 나라의 미래가 우리 청년들에게 달려 있습니다. 성령의 충만함으로 우리를 채우시고 변화 받게 해주시옵소서!"

수련회 마지막 날, 나는 회원들에게 우리가 이곳에 온 목적은 성령의 충만함을 받아 주의 일을 하는 것이니, 각자 흩어져서 30분 동안 기도하고 그 후에는 계획대로 캠프파이어도 하고 놀기도 하라고 지시했다.

그리고는 가까운 소나무 옆으로 가 소리를 지르며 방언으로 기도하기 시작했다. 기도를 하면서 주먹으로 바닷가 모래사장을 쳤는데, 기도가 끝난 뒤 살펴보니 얼마나 모랫바닥을 힘차게 쳤던지 깊은 구멍이 파여 있었다.

처음에는 아무 소리도 들리지 않더니 시간이 점점 흐르자 여기저기서 눈물로 기도하는 소리가 들려왔다. 시간이 한참 흐른 뒤, 기도를 멈추고 다시 단상으로 와 이제부터 자유 시간이니 마음껏 즐기라고 했는데 아무도 자리를 떠나지 않는 것이다.

한 대학교 여학생 후배는 "오빠, 처음으로 울면서 기도해 봤어요" 하는 것이 아닌가. 모두들 찬송을 하고 간증하는 모습이 눈에 띄었다.

그날 밤 우리는 서로를 위해 기도하고 찬송하는 아름다운 밤을 체험했다. 안면도 여름 수련회를 은혜로이 마치고 나는 유학 준비로 바빴다.

비자를 받으러 대사관에 가서 새벽부터 줄을 서서 인터뷰를 기다렸는데, 내가 만난 영사는 내가 정치학을 공부하러 간다니까 자기는 정치학 박사라며 열심히 공부하고 돌아오라고 도장을 찍어 주었다.

얼마나 시간에 쫓기고 바빴던지 미국으로 떠나기 이틀 전 나는 과로로 쓰러지고 말았다. 과연 그 몸으로 미국에 갈 수 있겠느냐고 어른들의 걱정이 대단했다. 동네 병원에서 링거를 맞고 겨우 몸을 추스를 수 있었다.

이제 내일이면 미국에 가는 거다…….

미국행, 탁월한 나의 선택

1982년 12월 하순, 김포공항은 비행기를 타고 가는 사람보다 전송하는 사람이 훨씬 많던 시절이었다.

전송 나온 많은 교회 사람들, 기도해 주셨던 김한옥 목사님, 그리고 우리 가족들로 북적거렸다. 다가올 미래의 걱정보다는 전송받고 있는 내가 마치 금의환향을 미리 맛보듯 손을 흔들며 비행기에 몸을 실었다. 어찌나 설레고 좋던지 지금도 잊혀지지 않는 시간이다.

영어 때문에 넘지 못했던 사법고시의 실패도, 그날 하루만은 말끔히 잊을 수 있었다. 내가 유학을 결심하고 주위 사람들에게 말했을 때 부러워하고 격려해 주는 사람도 있었지만, 걱정해 주는 친구들도 있었다.

그 가운데 박종성 교수님은 아주 못마땅해 하셨다. 자신이 미국에서 학위를 받고 왔는데도 나의 미국 유학은 몹시 반대했다. 박 교수는 "한국에서도 공부할 수 있는데 왜 구태여 비싼 돈을 들여 미국까지 가겠다는 거야?"라며 그리 찬성하지 않았다. 나는 아무런 대답을 할 수 없었다.

당시 유학은 정말 드물었고, 사법고시에 떨어진 내 자존심을 조금은 회복시켜 주는 기회이기도 했다.

집채만한 점보 비행기가 활주로를 이륙할 때 천천히 움직이다가 갑자기 전속력을 내면서 하늘로 치솟는 힘을 보고, 비록 천천히 시작할지라도 가속을 이용하면 결국 높이 날 수 있다는 것을 실감했다.

당시 서울에서 LA까지 9시간밖에 걸리지 않았는데, 식사가 네 번이나 제공되었다. 그러나 지금 워싱턴에서 서울까지는 14시간이나 걸리는데 식사를 두 번밖에 주지 않는 것을 보면, 당시 미국으로 가는 승객이 많지 않아 서비스가 아주 후했던 것 같다.

삼촌이 살고 있는 LA 공항에 도착하자 추운 겨울이었는데도 그곳은 따뜻했다. 얼마나 큰 나라이면 한겨울에도 이토록 따뜻할 수 있단 말인가?

생각했던 대로 미국은 과연 큰 나라였다. 큰 도로, 질주하는 수많은 자동차들, 대형 수퍼마켓, 그리고 각양각색의 유색 인종들…….

삼촌이 나를 공항에서 픽업하여 삼촌 집으로 가는 도중 세븐일레븐을 보고 삼촌에게 음료수를 마시고 싶다고 들렀다 가자고 했다. 그 상점 안에 들어가 빨간 딸기 드링크를 사 마셨는데, 처음 맛본 그 맛이 어찌나 시원하고 맛있었던지 그 뒤로도 가끔 세븐일레븐 앞을 지날 때면 음료수를 마시고 싶은 충동이 일곤 했다.

그 당시 삼촌은 미국에 온 지 1-2년밖에 안 되어 미국에 정착하는 단계였다. 주중에는 정원 관리사로, 주말에는 야외 노천 극장터에서 노점상을 했다.

삼촌을 따라 주말에 노점상도 구경하고, 차 안에서 영화를 보는 드라이브인 영화관(Drive-in Theatre)을 보고 신기함을 금치 못했다.

한번은 삼촌과 뉴포트 해수욕장(New Port Beach)으로 낚시를 하러 갔는데, 한번 집어넣은 낚싯대에 세 마리의 고등어가 올라오는 것을 보고 미국은 참 자원도 풍부한 나라라는 것을 실감할 수 있었다.

어려운 형편에도 불구하고 삼촌은 나에게 잘해 주었고, 나를 오마하까지 데려다 주었다.

당시 한국에서 온 지 오래 되지 않은 삼촌이 나를 데려다 준다는 것은 참으로 어려운 일이었다는 사실을 미국 생활을 하면서 깨닫게 되었다. 데려다 주는 데 드는 비용도 비용이지만, 그동안 일을 하지 않으면 당장 힘들다는 것을 당시에는 전혀 몰랐다.

삼촌과 LA에서 비행기를 타고 오마하까지 갔다. 내가 혼자 헤쳐나가지 못할 것 같으니까 걱정이 되어 따라온 것이다.

이틀 동안 함께 지내면서 은행 구좌도 개설해 주고 학교까지 버스 타는 법도 가르쳐 주었다. LA로 돌아갈 때는 과연 내가 혼자 할 수 있을까 싶어 안쓰러워 하며 떠나갔다.

LA에서의 짧은 열흘 동안의 생활은 너무나도 편하고 달콤했기에 앞으로의 나의 미국 생활도 풍요롭고 안락할 것이라는 착각을 불러일으켰다.

미국 한가운데 위치한 네브래스카 주에 있는 오마하는 겨울에는 아주 춥고 여름에는 아주 더운 극과 극의 날씨를 보이는 주였다.

1월 첫 주 한겨울에 도착한 나는 얼마 전에 내가 LA에 있었다는 사실이 실감나지 않았다. 어찌나 춥던지 온몸이 오그라드는 것 같았다.

아직 학생 아파트가 준비되지 않아 임시로 학교에서 알선해 준 다운타운에 있는 YMCA 모텔에서 일주일 동안 지내게 되었다.

드디어 내가 미국에 온 것이다. 짧은 기간이었지만 그동안은 삼촌이 앞장서 주었는데 이제부터는 내가 모든 것을 알아서 처리하고 결정해야 하는 것이다.

새로운 곳에서 시작하는 나의 모든 것이 불안하고 걱정스러웠다. 날마다 학교에 나가 등록도 하고 도서실도 찾아 놓았다. 식당은 어디에 있는지, 화장실은 어느 곳에 있는지 꼼꼼히 검토하고 마음에 새겨 두었다.

학생 아파트가 정해질 때까지 다운타운에서 버스를 타고 학교에 다녀야 했다. 미국은 대부분의 사람들이 자기 차를 가지고 있으므로 버스 운행 시간 간격이 유난히 길었다. 나는 지나가는 수많은 자동차들을 보며 언젠가 나도 저런 차를 몰고 다니겠지 하고 부러운 눈으로 그들을 바라보았다.

나는 버스를 타고 학교를 오갔으며, 아침과 점심은 학교 카페테리아에서 해결했다. 그러나 저녁은 모텔 근처의 식당을 이용할 줄 몰라 점심 때 학교에서 햄버거를 한 개 사와서 저녁에 모텔 방에서 해결했다. 구석에 있는 히터 위에 햄버거를 올려놓고 따뜻하게 데웠는데, 그저 미지근하기만 한 햄버거로 저녁을 때웠다. 맛도 없고 내가 좋아하지도 않는 햄버거였지만 허기를 달래기 위해 할 수 없이 먹어 두었다.

나는 입이 짧아 잘 먹지 않았고, 특히 고기는 싫어서 미국 음식이 도대체 입에 맞지 않았다. 이런 나의 식성이 유학 시절 중에 만성 위장병의 원인이 되었고 결국 몸의 가시가 되었다.

마침내 학교에서 학생 아파트가 준비되었다는 연락이 와 이사를 했다. 일본 학생, 중국 학생, 동남아시아 학생, 그리고 중동 지역 학생이 대부분인 외국인 학생 아파트였다. 학생 아파트는 원룸으로 침대와 책상, 그리고 작은 냉장고가 하나 있었고, 샤워 시설이 딸린 화장실이 있었다.

방 안에서는 음식을 해먹을 수 없었고, 지하실의 공동 취사장에서 요리를 하게 되어 있었다.

학생 아파트의 대부분의 학생들은 남학생들이었는데, 취사장은 언제나 지저분하고 바퀴벌레가 들끓었다.

아파트에 들어온 첫날, 한 유학생의 도움으로 동양 식품점에 가서 전기밥솥과 냄비, 쌀, 김치, 그리고 꽁치 통조림을 샀다. 캠핑 갔을 때의 실력으로 손수 밥을 하고 냄비에다 김치를 깔고 그 위에 꽁치 통조림을 쏟아 부었다.

드디어 기다리던 밥이 다 되어 커피 테이블을 밥상 삼아 저녁상을 차렸다. 근 10일 만에 처음 대하는 밥이었다. 그것도 어머니가 해주신 밥이 아니라 내가 직접 만든 미국에서의 첫 밥이었다.

배가 너무 고파서 밥 한 숟가락을 떠서 입에 막 넣으려는 순간 눈물이 와락 쏟아졌다. 누군가가 "눈물로 젖은 빵을 먹어 보지 않은 자와는 대화를 할 수 없다"고 했듯이, 나의 미국 생활도 눈물 속에서 밥을 떠 넣으며 시작되었다.

"귀한 자식 여행 보내라"는 말이 있듯이, 이렇게 객지에 혼자 나와 보니 어머니의 밥상이 당연한 것이 아니고 얼마나 감사한 것인지 깨닫게 되었다.

한 교포에게 물어 제일 가까운 한인 교회를 알아냈다. 미국에 도착한 첫 번째 주일 한인 교회에 나갔다. 교민이 많지 않은 오마하는 교회도 무척이나 작았다. 예배를 드리며 찬송을 부르는데 나도 모르게 눈물이 주르륵 흘러내렸다. 한국을 떠난 지 얼마 되지 않았는데, 마치 집으로 돌아온 편안한 느낌이라고 할까, 이 넓은 미국 땅에 와서 한국말로 예배를 드릴 수 있다는 사실이 너무나 감동적이었다.

한국에서 신앙생활을 하다 온 걸 아시고 목사님이 아이들에게 한국의 구정에 대해 이야기해 달라고 해서 알겠다고 선뜻 대답을 해놓았다.

아이들이 미국에서 태어나 영어권이라는 사실을 몰랐던 나는 안 되는 영어로 세배를 설명하고 설날 풍습에 대해 설명하는데, 아이들이 내 말을 하나도 알아듣지 못하고 웃느라고 야단들이었다.

다 큰 사람이 알아듣지도 못하는 말을 해대는 폼이 너무도 웃기는 모양이었다. 내가 저 아이들만큼만 영어를 하면 얼마나 좋을까 하는 생각이 들었다. 아무도 도와줄 사람이 없는 이곳에서 내 영어는 드디어 빛을 발하기 시작했다. 안 되는 콩글리쉬에 손짓, 몸짓으로 학교 등록도 하게 되었고, 각종 증명서를 발급받을 수 있었다.

'무식하면 용감하다' 더니 내가 바로 그 짝이었다. 날 알아보는 사람이 없는 곳이라는 편안함 때문인지 뻔뻔할 수 있었고, 말 못하는 나보다는 못 알아듣는 그들이 더 답답할 것이라는 배짱까지 생겼다.

조각조각 단어만 이야기해도 미국 사람들은 퍼즐을 맞추듯이 내 영어를 알아듣고 일을 해결해 주었다. 드디어 영어가 처음으로 가까운 친구로 보이기 시작했다.

한번은 은행에서 돈을 찾을 수 있는 카드를 만들어 주었는데, 사용 방법이 서툴렀던 나는 그만 비밀 번호를 계속 잘못 눌러 카드가 현금 인출기 속으로 들어가 버렸다.

당시만 해도 한국에는 그런 현금 인출 카드가 없었다. 반복된 실수로 혹시나 분실된 카드로 다른 사람이 사용하는 것은 아닌지 확인이 안 되니까 그냥 기계가 삼켜 버린 것이다.

잃어버린 카드를 찾으러 은행에 가서 "Machine ate my card"(기계가 내 카드를 먹었어요)라고 말했더니, 은행 직원이 빙그레 웃으며 새 카드를 발급해 주었다.

학생 아파트 앞에 타코벨(Taco Bell)이라는 멕시칸 패스트푸드 음식점이 있었는데, 나는 그곳이 전화 회사인 줄 알고 한 번도 가지 않았다. 음식점에 붙어 있는 광고 간판에 전화벨 그림이 있어 전화 회사로 착각했던 것이다.

오마하에 도착해 바로 박 교수님께 안부 편지를 드렸다. 얼마 있다 답장이 왔는데, 요약하자면 "집에서 새는 바가지 밖에 나가서도 샌다"는 내용에다 "기왕에 아버지 덕분에 미국 유학을 갔으니 아버지께 감사하고 공부 열심히 하라"는 것이었다. 나는 커다란 충격을 받았다.

박 교수님이 야속하고 밉기까지 했다. 유학 간 제자를 격려해 주기는커녕 어떻게 이런 모욕적인 글을 보낼 수 있을까 정말 한동안 망연자실했다. 나는 반드시 학위를 받아서 이 모욕을 꼭 갚아야겠다고 다짐에 다짐을 했다.

영어를 효율적으로 배울 수 있는 방법을 고민하던 중 학생 아파트 내에 기독학생회에서 운영하는 성경 공부 클래스가 있다는 말을 들었다. 성경은 내가 많이 알고 있었고 그것을 영어로 들으면 성경 공부도 되고, 영어도 배울 수 있는 일석이조의 기회가 될 것 같았다.

성경 공부반에 등록하고 모임에 참석하였다. 학생들은 주로 기독교에 관심이 있거나 혹은 영어 공부를 하기 위해 모였는데, 유색 인종 유학생들이 대부분이었다. 성경 공부의 리더는 켄트(Kent)라는 미국 학생이었다. 보기에도 아주 유순해 보이고 믿음이 좋아 보이는 학생이었다.

여러 사람 중에 외국 유학생이 한두 명만 끼어도 쉽지 않을 판에 미국인은 혼자인 켄트가 성경 공부반을 이끌어간다는 것은 여간 어려운 일이 아닐 것 같았다.

신약성서부터 시작하는 성경 공부에 켄트는 말을 천천히 하면서 아주 열심히 가르쳐 주었다. 하루는 켄트가 예수님이 이 땅에 오신 목적에 대해 열심히 이야기하는데, 한 일본 여학생이 전혀 알아듣지를 못하자 눈물을 흘리며 안타깝게 설명하는 것을 보았다.

나 같으면 답답해서 가슴을 칠 일인데, 켄트는 그 일본 여학생의 영혼이 불쌍하다는 생각으로 눈물을 흘린 것이다. 그 광경을 본 나는 충격을 금치 못했다.

나는 내가 저렇게 외국에서 온 여학생의 영혼이 불쌍해서 울 수 있을까 생각해 보았다. 정말 예수님을 영접하고 나름대로 열심히 믿는다고 생각했지만, 켄트만큼의 믿음은 아닌 것 같았다. 나 자신과 가족, 친구들을 위해서 울 수는 있지만 외국 여학생의 영혼을 보고 저리도 슬프게 울 수 있다는 것은 나로서는 어려울 것 같았다. 부끄러운 생각마저 들었다.

대학 시절 한국전쟁은 미국의 의도적인 실수(intentional mistake)라는 설을 한 번 듣고 난 뒤, 나는 막연히 미국을 동경하면서도 미국은 좋지 않은 나라라는 반미 감정이 꽤 컸었다. 미국에 대한 두 가지 상반된 생각이 내 마음에 공존하고 있었던 것이다.

그런데 키가 무척이나 크고 덩치가 컸던 금발의 켄트가 눈물을 펑펑 쏟으며 한 영혼을 위해 울 수 있음을 보고 '아, 사람마다 다 다른 것이구나!' 하는 것을 깨달았다. 즉 'It depends!' (사람 나름이다)라는 것을 배우게 된 것이다.

국가를 보고 사람을 도매금으로 평가하는 것이 아니라, 각 사람에 따라 다를 수도 있다는 것을 배웠다. 그 뒤로도 켄트는 열심히 우리에게 성경을 가르쳐 주었다.

우리가 사는 학생 아파트 매니저 갤러웨이(Mr. Galloway)는 젊었을 때 선교사로 사역했는데, 일주일에 한 번씩 자기 방에서 성경을 가르쳐 주었다.

성경 공부 시간에는 방마다 돌면서 성경 공부 시간이라는 것을 알려주었고, 작은 책자로 된 알기 쉬운 영어 성경을 중심으로 공부하고 기도하는 모임이었다.

그렇게 인자하게 보이는 그 선교사도 매니저라는 일을 수행할 때는 꼭 규칙대로 시행했으므로, 가끔 방에서 라면을 끓여먹던 나로서는 갤러웨이가 방 앞을 지나갈 때면 움찔하곤 했다.

취사는 절대적으로 지하실에 있는 부엌에서 해야 하는데 시간도 많이 걸리고 라면은 뜨거울 때 방에서 먹는 게 제격이라 가끔 실례를 했던 것이다.

일요일 아침 교회에 가려고 버스 정류장에 서 있는데, 학교에서 만난 미국 여학생도 버스를 기다리고 서 있었다. 아는 여학생이어서 한국식으로 "아침 먹었습니까?" 하는 식으로 영어로 직역해서 물었다. "Did you eat breakfast?" 그러자 그 여학생이 무슨 말인지 못 알아듣겠다는 듯이 고개를 갸우뚱했다.

미국식으로 그냥 "Good Morning!"이라고 한마디 했으면 아무 탈이 없었을 텐데 어설픈 발음으로 한국식으로 인사한 것이 문제였다. 한국 발음에는 R과 F 발음이 없어서 내가 말한 'breakfast'를 알아듣지 못한 것이다.

이 경험을 통해 영어 대화 정복의 열쇠는 바로 발음에 있다는 것을 깨달았다. bad와 bed, fool과 pool, leave와 live, world와 word, base와 vase를 구별하여 발음할 수 있으면 어느 정도 영어 회화가 가능한 사람이다.

학교 공부의 시작을 ESL(English as Second Language) 반에서 영어 기초부터 하였다. 미국 선생님들이 직접 가르치는데 그 말도 내 귀에는 들어오지 않았다.

누군가 "TV가 선생이다!"라는 말을 하면서 TV 뉴스나 드라마를 보라고 권해 주었다. 아이들도 귀가 먼저 뚫려야 말을 하게 되듯, 처음에는 무슨 말인지 알아듣지 못해도 자꾸 듣다 보면 말문이 열린다는 것이었다.

TV를 구입해 시간 나는 대로 시청을 하면서 귀가 열리기를 바랐다. ESL 선생님은 우리에게 서로 질문을 많이 하고 이야기를 해보라고 권해 주었다. 어설픈 영어로 서로 이야기를 하고 발표하는 과정에 영어가 조금씩 나아져 갔다. 미국에서 말과 문화를 처음 배우니 마치 내가 유치원생이 된 기분이었다.

시간만 나면 도서실에 가던 나에게 천사가 찾아와 주었다. 바로 지금의 내 아내 크리스이다. 당시 대학원에서 행정학을 공부하던 그녀는 도서실에서 터키에서 온 같은 행정과 친구와 함께 공부하고 있었다. 외국 학생들은 거의 다 알고 지냈기에 터키 친구에게 인사를 하다가 크리스를 소개받게 되었다.

그녀는 갈색 눈을 가진 미국 여학생이었는데, 수줍음이 많았던 나는 더 이상 아무 말도 못했다. 그 이후로 가끔 도서실에서 그녀를 만났다. 영어도 부족한데다 숫기까지 없던 나는 그녀와 눈만 마주쳐도 부끄러워 어쩔 줄을 몰라 했다.

학교 시절 나의 별명은 '토끼'였다. 여자들만 보면 도망다니고 흔한 미팅 한 번 해보지 않아서 붙은 별명이었다.

그러던 어느 날 크리스가 여자 친구가 이사를 하는데 짐 옮기는 것을 도와 달라고 했다. 도움을 청하는데 남자로서 거절할 수가 없어 같이 가서 이삿짐을 날라 주었다.

이삿짐을 다 나르고 처음으로 단둘이 저녁을 먹게 되었다. 그 후 크리스는 내 친구가 되어 학교 리포트 타이핑과 발음 교정을 도와주었다. 그때만 해도 나는 타자기에 익숙지 않아 10페이지짜리 리포트를 타이핑하려면 두 손가락으로 밤새 쳤어야 했다.

그러나 크리스는 타이핑에 능숙하여 내가 밤새 쳐야 하는 리포트를 불과 30분 만에 끝내 주었다. 그리고 대화하던 중 내 발음이 잘못되어 알아듣지 못하면 곧 알아차리고 내 발음을 교정해 주었다.

미국 사람들은 악센트가 있는 외국인의 말을 들어 주는 데 인내가 부족하다. 그러나 크리스는 베트남 난민들에게 영어를 가르친 경험이 있어 나에게 말을 할 때는 천천히 발음해 주고, 내 말을 어떤 미국 사람들보다 더 잘 이해했다.

크리스는 자동차가 없는 나에게 교통편도 제공해 주었고, 미국 문화에 무지한 나에게 길잡이가 되어 주었다. 그녀는 미국에서 일어나는 큰 사건이나 학교 소식을 나에게 알려주곤 했는데, TV를 보면서도 잘 이해하지 못했던 나는 그녀를 통해 세상 돌아가는 이야기를 들을 수 있었다.

크리스는 정말 잘 웃고 명랑한 성격의 소유자인데, 나는 쑥스러움을 많이 타고 여자 앞에서는 말도 잘 하지 못하는 사람이었다. 그녀와 이야기하다 보면 나도 모르게 마음이 밝아지고 공부로 받은 스트레스가 서서히 없어지는 기분이 들었다.

학교에서 돌아오면 전화를 바라보며 그녀의 전화를 기다리는 것이 나의 일과가 되었다. 처음 미국 유학을 올 때 미국 여자와는 절대 사귀지도 않고 결혼은 더더욱 생각하지 않겠다고 다짐했는데, 그녀의 따뜻한 배려와 사랑이 나의 마음의 문을 서서히 열게 했다.

좌 절 과
실패의 연속

　미국에 왔지만 곧바로 대학원 과정에 들어갈 수는 없었다. 부족한 영어를 한 학기 동안 ESL(English as Second Language) 과정을 하면서 보충해야 했다. 1983년도 당시 미국의 대학원에서 요구하는 토플 점수는 550이 넘어야 했다.

　나는 ESL 과정 중에 토플 시험을 통과해야만 가을 학기에 대학원을 갈 수 있었다. 토플은 영어 실력을 묻는 시험이지만 또한 그 나름대로의 요령을 터득하여야 통과할 수 있는 시험이었다.

　ESL 과정을 하는 봄 학기 중에 처음으로 토플 시험을 보았다. 그때까지만 해도 영어가 부족하여 점수가 500점 근처에서 맴돌고 있었다. 한 달 뒤에 또다시 응시했으나 점수가 제자리에 머물렀다. 토플 시험이라는 것이 점수가 갑자기 올라가지 않는다는 것을 알게 되었다.

　나는 점점 초조해지기 시작했다. ESL 공부는 끝나가고 가을 학기는 다가오는데, 난 아직도 대학원에서 요구하는 토플 점수를 받지 못해 고민에 빠지기 시작했다. 토플 성적이 모자라 대학원 정규 과정을 등

록할 수 없는 상황이 되었다. 그때 학교 측은 나에게 특별한 배려로 대학원 한 학기가 끝날 때까지 토플을 통과하기로 하고 강의를 듣게 허락해 주었다. 조건부 입학이었던 것이다.

나는 정치학과에 입학하여 국제 정치학을 전공하려고 했다. 국제 정치학을 공부하면 내가 하고 싶은 국제법을 나름대로 공부할 수 있을 거라고 믿었기 때문이다. 세계적인 국제법 대가인 박 교수님의 영향을 받아 국제법을 공부하고 싶은 꿈이 늘 내게 있었다.

정치학을 공부해 보니 한국에서 공부했던 사회과학 및 법률 지식의 바탕으로 이해가 빨랐다. 공부하는 재미도 있었고, 도서실에서 밤 늦게까지 책을 읽고 시험 준비를 한 탓에 성적도 아주 우수하였다. 비록 토플 점수는 낮았어도 학과 공부하는 데는 지장이 없었다. 주중에는 학교 공부를 하면서 주말에는 토플 시험 준비도 병행하였다.

미국에서의 공부는 한국과 많이 다른 것을 발견했다. 한국에서는 교수들이 교과서의 중요한 부분만 강의하고, 나머지는 우리가 그 강의를 바탕으로 혼자 알아서 공부해야 했다. 그러나 미국식 방법은 첫 페이지에서 끝 페이지까지 다 읽어야만 했다. 한 과목을 공부하기 위해 여러 권의 책이 필요했으며, 대충 읽어서는 안 되는 공부 방법이었던 것이다.

주위 사람들이 "미국은 학교 들어가기는 쉬우나 졸업은 어렵다"고 한 말이 실감났다. 학교 공부를 따라가는 것이 급선무이므로 자연히 토플 준비는 주말로 밀려났다.

학생 아파트에서 학교까지 거리는 걸어서 20분 정도였다. 나는 걷는 시간도 아까워 늘 뛰다시피 했다. 걸으면서도 중얼중얼 외는 게 습관이 되었다. 남이 뭐라고 하든 시간을 아끼는 데는 눈치를 보지 않았다.

학생 아파트에서 계속하는 성경 공부는 그런 대로 재미있었다. 켄트와 갤러웨이는 가르치는 방법은 달랐으나 두 사람 다 너무 열심이어서 성경 공부 시간을 통해 마음의 위로를 받곤 했다.

가끔은 시간이 아까워 그만둘까도 생각했지만, 하나님과 거리가 멀어지는 것이 가장 두려운 것이라는 생각으로 빠지지 않고 꼭 참석했다.

부활절이 다가오니 새벽 6시에 지하실 취사장에서 부활절 예배를 드린다고 게시판에 붙어 있었다. 서울의 용두동교회가 생각났다.

청년부 친구들은 다 잘 있을까? 지금쯤 교회는 부활절 준비로 바쁘고 다들 열심히 기도하고 있겠지? 갑자기 외로워지며 교회가 그리웠다. 부활절 아침 새벽 6시에 기타를 들고 예배실로 가 기타 반주를 하며 몇몇이 모여 예배를 드렸다.

서울 교회 식구 얼굴들이 찬송가와 어우러져 하나씩 스쳐 지나갔다. 김 목사님, 청년부 친구들……. 그들도 나처럼 부활절 예배를 드리고 있겠지…….

예수님이 이 새벽에 다시 부활하신 것처럼 나도 새로워져 공부하는데 힘들지 않게 해 달라고 기도했다. 어서 공부가 끝나 서울로 돌아가 모두를 기쁨으로 만나게 해달라고 간절히 기도했다.

학기 중에 세 번째 토플 시험에 응시하였다. 그런데 이번에도 550이 나오지 않았다. 토플 점수가 550이 나오지 않으면 지금 잘하고 있는 공부도 아무 소용이 없게 될 판이었다. 반드시 가을 학기가 끝나기까지 해내야 하는 토플 시험은 내게 마치 저승사자같이 느껴졌다.

영어에 대한 어려움을 극복하기 위해 찾아온 길이 영어 때문에 또다시 막히게 될 줄은 몰랐다. 물론 쉬울 거란 생각은 하지 않았지만, 차근차근 배우고 적응해 나가면 될 줄 알았다.

이럴 줄 알았으면 차라리 그냥 한국에서 어떻게든 영어 공부를 했을 것이다. 다소 극단적이기는 하지만 더 확실한 길을 찾아온 것인데, 지금 상황만 놓고 보면 너무 무모한 짓을 했다는 생각이 들었다.

이번 시험에서도 550점을 넘지 못하면 모든 것을 포기하고 한국으로 돌아가는 수밖에 없었다. 그동안 미국에 와서 들인 시간과 돈을 생각하면, 세상에 이런 밑지는 장사는 없을 것이다.

말 그대로 발등에 불이 떨어진 것 같았다. 정신을 똑바로 차려도 모자랄 판에 눈앞이 더욱 캄캄해지는 것 같았다. 한국에서 영어 때문에 막막했을 때보다 훨씬 심각한 상황이었다.

그때는 조금 힘들고 오래 걸리기는 하지만 천천히, 부지런히 앞만 보고 노를 저으면 목적지에 이를 수 있는 정도였다면, 지금은 되돌아갈 수도, 그렇다고 계속 나아갈 수도 없는 상황이었다. 그냥 그 자리에서 빠져 죽을 수밖에 없을 것 같았다.

자존심 강한 한국 남자로 태어나, 영어 때문에 한국으로 다시 쫓겨갈 생각을 하니 끔찍했다. 고작 토플 550점 때문에 내 인생이 물 속으로 가라앉는 꼴은 차마 볼 수 없었다.

지금 이 시점에서는 공부를 더 해야 하나 말아야 하나 하는 문제도 중요하지만, 이러다가는 정말 내가 미치는 게 아닌가 하는 두려움도 컸다.

이게 안 되면 한국으로 돌아가야 한다고 생각하니 공항에 배웅 나왔던 수많은 사람들의 얼굴이 떠올랐다. "사법고시 떨어진 녀석이 유학 가더니 그러면 그렇지"라고 말할 것 같고, 박 교수님은 "내가 뭐랬냐? 집에서 새는 바가지 밖에서도 샌다고 그러지 않든?" 하실 것 같았다. 차마 그만 돌아가려 해도 쪽팔려서 갈 수 없는 상황이었다.

반드시 이 토플을 잡아야 할 것 같았다. 만사를 제치고 먼저 토플을 정복하기로 했다.

그 방편으로 지난 토플 기출 문제를 하나하나 풀어 나가면서 정답을 보고 내가 틀린 이유를 하나하나 분석하기 시작했다. 그렇게 5년치를 하다 보니 토플 시험 문제 속에 패턴이 있음을 발견할 수 있었다.

특히 토플 시험 중에서 가장 점수가 낮은 분야는 듣기(listening)였는데 이것도 정답을 보면서 질문에 패턴이 있다는 걸 알아냈다.

계속 반복해서 토플 문제를 풀어 보고 내가 전에 법전을 읽기 위해 혼자 한자 옥편을 마스터 해야 했던 기억을 되살려 하루 종일 매달렸다. 이제 문제가 어떤 방식으로 나올 거라는 예상이 되니까 조금씩 자신이 생겼다.

한 학기를 마치기 얼마 남지 않은 날, 난 마지막 네 번째 토플 시험을 준비하고 있었다. 학과 공부와 토플 공부로 지친 나는 '정말 마지막 벼랑 끝에 왔구나' 하는 생각이 들었다.

만약 이번에 토플을 통과하면 나는 가을 학기 성적을 인정받고 다음 학기 등록을 할 수 있지만, 그렇지 않으면 보따리를 싸서 다시 한국으로 돌아가야 할 처지였다. 군대를 연기하고 2년 만에 대학원 과정을 마쳐야 석사 장교를 지원할 수 있기에 나는 마지막 기로에 서 있었던 것이다.

전에는 공부에 실패하여 돌아가게 되면, '공항으로 전송 나온 사람들을 어떻게 다시 볼 수 있을까?' 하는 생각으로 한국에 돌아가는 것이 크게 부담이 되었다. 그런데 이번은 달랐다. 이번에 토플 성적이 안 되면 쪽팔린다는 생각은 들지 않고 '이젠 다 내려놓고 기꺼이 한국으로 돌아가리라'는 생각이 들기 시작했다. 더 이상 창피한 것도, 그리고 남의 눈치 보는 것도 다 잊을 수 있었다.

　'이번에 토플이 안 되면 난 한국으로 간다'는 심정으로 마지막 토플 시험에 응시했다.

　드디어 발표 통지를 담은 우편물을 여는데 가슴이 두근거렸다. 그 결과는 통과였다. 드디어 저승사자를 이긴 것이다. 그날의 기쁨은 '나도 할 수 있구나!' 였다.

　아슬아슬하게 마지막 순간에 극적으로 해결해 주시는 '지각하시는 하나님'을 원망하며 감사하기도 했다. 내가 모든 것을 다 내려놓을 때 다시 일으키시는 하나님을 통해 감사와 겸손을 배우게 되었다.

　무슨 일에든 완전하신 하나님이 내 일만큼은 언제나 지각을 하시는 것같이 보였다.

 또 한 번의
좌절을 넘어서

저번 학기에 성적도 좋았고 토플도 무난히 통과하였으니 이제부터는 정말 나의 전공 분야에 자신감이 붙는 듯했다.

새로운 봄 학기 대학원 과정에서 미국 헌법(Constitution)을 택했다. 이 헌법 과목의 교과서는 《연방주의자》(Federalist)라는 200년 전 고서였다.

미국 헌법 역사에 대한 백그라운드가 전혀 없는데 설상가상으로 교과서가 전부 옛날 영어로 되어 있어 이해하기가 몹시 힘들었다.

미국 역사는 곧 헌법 역사이므로 한국에서 가지고 온 미국 역사책으로 기초를 다지는 공부를 하였다. 일단 미국 역사의 이해가 우선이므로 《연방주의자》 헌법 교과서를 접고, 한국말로 된 미국 역사책을 읽고 또 읽어 미국 역사를 내 머릿속에 집어넣었다. 그런 뒤에 다시 《연방주의자》 교과서를 읽으니 훨씬 이해가 빨랐다.

이과 공부는 수학과 계산을 많이 하기 때문에 영어가 조금 부족해도 따라갈 수 있으나, 문과 공부는 영어의 이해가 부족하면 공부하기가 쉽지 않다.

토플을 통과했을 때의 자신감은 서서히 사라져 가고 또다시 높은 수준의 영어를 요구하는 인문계 학문의 깊이가 새로운 장벽으로 다가왔다.

미국 헌법 과목에 대한 중간고사를 보았는데 C학점을 받았다. 대학원에서의 C학점은 낙제를 뜻한다. 최소한 B학점은 맞아야 통과할 수 있다.

너무 큰 충격이었다. 그 정도까지는 아니라고 생각했는데 점수가 아주 낮게 나온 것이다. 성적을 받은 후 갑자기 우울증이 찾아왔다. 자신감이 없어지고 나에 대한 회의마저 느꼈다. 난 역시 안 되는가? 공부는 내 몫이 아닌가?

그리고 또한 몸도 말을 듣지 않았다. 거식증 증세까지 찾아왔다. 고민과 스트레스로 푹 절어 있는 내 몸은 설상가상으로 점점 말라가고 있었다. 안 그래도 음식이 맞지 않아 맛있는 식사를 한 게 언젠지 기억이 나지 않았는데, 이제는 식욕마저 사라졌다. 내 몸은 점점 말라갔다.

밥도 먹고 싶지 않았고 머릿속은 윙윙 소리가 나는 듯하고 무기력 증상이 나타나기 시작했다. 모든 것이 귀찮아졌다. 아무리 잠을 자려고 해도 깊은 잠은 오지 않았으며, 이러다가는 내가 미치는 게 아닌가 하는 생각이 들었다.

머릿속은 복잡하게 교과서가 펼쳐져 있는데 생각을 하고 싶지 않아도 다시 교과서 생각이 났다.

포기하고 싶은 생각이 들었다. 눈을 감고 누워 있으면 박 교수님이 "그러면 그렇지, 내가 뭐라고 하든? 집에서 새는 바가지 밖에서도 샌다고 하지 않더냐?"고 말씀하시며 웃고 있었고, 친척들이나 가족들도

"저 녀석은 안 된다니까"라고 말하는 소리가 들렸다. 아무리 귀를 막고 있어도 나는 다 들을 수 있었다.

얼마 전 한국 총각 유학생 하나가 공부 스트레스 때문에 심한 우울증에 걸려 정신 이상 증세까지 보이다가 결국 한국으로 돌아간 일이 있었다.

그 학생이 가면서 나에게 쓰던 물건을 물려주고 갔는데, 이번에는 내 차례가 아닌가 싶었다. 그 학생은 눈에 초점이 없이 고개를 숙인 채 항상 조그마한 목소리로 이야기하곤 했다. 우울증 증세는 항상 자신감이 사라질 때 오는 것 같았다.

'할 수 있다'라는 생각 대신 '할 수 없다'라는 생각이 나를 지배했다. 가야 할 길이 아직도 너무 먼 것 같으면 그냥 주저앉고 싶은 것이 사람 마음인 것 같다.

'공부를 계속할 것인가? 아니면 정말 포기해야 하나?' 고민하면서 하나님께 매달렸다.

"하나님, 난 정말 죽을 것 같습니다. 잠을 잘 수가 없고 귀에서는 박 교수님과 친지들의 비웃음소리로 한순간도 쉴 수가 없습니다. 나를 살려주십시오"라고 간절히 기도했다.

열심히 기도하는 중에 마음속에 누군가 가만히 "내게 능력 주시는 자 안에서 내가 모든 것을 다 할 수 있느니라"(빌 4:13)는 성경 구절을 읽어 주는 듯했다.

그렇다. 나의 힘으로는 하기 어렵지만 하나님이 나를 도우신다면 나는 다시 할 수 있다는 생각이 들기 시작했다. 모처럼 힘이 나기 시작하는 것 같고, 갑자기 가슴 속에서 뜨거운 무엇인가가 올라오는 듯했다. 갑자기 배가 고프다는 생각까지 들기 시작했다.

나의 우울증 증세를 눈치 챈 한 유학생 부부가 나를 집으로 데려가 밥을 먹이고 격려해 주었다. 오랜만에 김치를 먹는데 내 마음이 너무나도 기뻐하고 있음을 느꼈다. 그렇게 지옥 같고 밥맛이 없던 며칠 전과는 다르게 모든 음식이 맛있고, 유학생 부부가 전해 주는 한국 소식이 무척 반가웠다.

사람이란 이리도 간사한 동물인가 보다. 마음속에 '할 수 없을 것 같다'라는 생각을 했을 때는 죽고 싶고 모든 것이 다 의미 없어 보였는데, 이제 내 안에서 '할 수 있다'라는 생각이 드니 갑자기 힘이 나고 다 좋게만 보이는 것이다. "모든 것이 다 마음먹기 달렸다"는 말이 이런 것인가 보다.

그 뒤 우울증에서 서서히 벗어나면서 나에게 C학점을 준 교수에게 오기가 나기 시작했다. 강의 시간에 아무리 집중해도 이해가 잘 안 되어 수업이 끝나는 대로 옆에 앉은 학생에게 노트를 빌려 달라고 해서 카피하여 공부를 했다. 남학생보다는 여학생들이 잘 빌려 줄 것 같아 주로 여학생들에게 노트를 빌렸다. 체면이나 미안함도 뒤로하고 그저 내가 공부할 수 있는 길만 생각했다.

나는 카피한 노트뿐 아니라 헌법 교과서를 무조건 외기 시작했다. 반복해서 읽고 또 읽어 외는 길만이 내가 살아남는 길이었다. 그리고 수업 시간에 못하는 영어로 수많은 질문을 해댔다.

이것이 나의 공부 방법이었다. 자신감을 키우기 위해 속으로는 한없이 떨리지만 무조건 수많은 질문을 해댄 것이다. 교수가 알아듣든 못 알아듣든 그건 내 몫이 아니었다.

'당신이 어떻게 감히 나에게 C학점을 줄 수 있냐?'는 생각과 난 여기서 살아남아야 한다는 처절한 몸부림이었다.

C학점을 받고도 위축되기는커녕 도전적이고 적극적인 나의 자세를 보고 커윈 박사(Dr. Kirwan)는 조금은 놀라는 기색을 보이면서, 나를 기특하게 생각하는 듯하였다.

기말고사를 볼 때가 되었다. 원래 기말고사는 예상 문제를 주지 않고 시험을 치렀다. 그러나 교수님의 특별한 배려로 클래스 전원에게 예상 문제를 나누어 주었다.

그 예상 문제지를 가지고 완벽한 답을 작성한 후 처음부터 끝까지 다 외워 버렸다. 얼마나 완벽하게 외웠던지 시험을 제일 먼저 끝내고 나왔다.

드디어 나는 그 어렵다는 헌법 과목에서 B$^+$ 학점을 받을 수 있었다. 하마터면 우울증으로 공부를 포기하고 한국으로 갈 뻔했는데, 하나님의 도우심과 주위의 도움으로 잘 극복하여 또 한 번의 좌절을 넘은 것이다.

지옥과 천국을 수없이 왕래했던 나의 유학 시절은 승리나 패배 어느 한 쪽에 머무르지 않았다. 승리의 노래를 부르노라면 패배가 부르고 있었고, 패배로 절망하고 있는가 하면 승리가 손짓하고 있었다. 하나님은 그런 나를 즐기시며 훈련하셨다.

아파트에서 학교까지 걸어서 20분 거리였는데, 오고 가는 시간도 만만치 않았고 특히 밤 늦게 다닐 때는 위험하기도 했다. 자전거를 살까 했는데 학교 가는 길이 45도 경사라 자전거는 힘들 것 같은 생각이 들었다. 생각 끝에 조그만 스쿠터 하나를 사기로 했다.

800달러라는 거금을 들여 산 스쿠터로 나는 시간을 벌어 더욱 많은 시간 동안 공부할 수 있었다. 혹 스쿠터가 고장이라도 나면 친구 차 트렁크에 넣어 정비소에 맡기기도 했다. 한번은 비가 너무 많이 와서 도서실 처마 밑에 비를 피해 주차를 했는데, 공부가 끝나고 나와 보니 주차 위반 딱지가 붙어 있었다.

내 스쿠터는 원래 자전거를 세워 놓는 곳에 세우게 되어 있었던 것이다. 나는 너무도 화가 났다. 스쿠터는 비를 맞으면 브레이크가 미끄러질 위험이 있어 비상 방법으로 세워 놓은 것인데 딱지를 뗀 것이다.

학교 사무실에 찾아가 사람 목숨이 중요한지 교내 규정이 중요한지 따지고, 학교로부터 벌금을 물지 않아도 된다는 결정을 받아냈다.

한겨울에는 재산 목록 1호인 그 스쿠터를 방 안에 들여놓았다.

주위에 있는 친구 하나가 미국에서 살아남으려면 공부도 중요하지만 시간을 내어 일을 해보는 게 중요하다고 말해 주었다. 일을 함으로써 약간의 용돈도 벌 수 있지만, 머리도 식힐 수 있고 미국을 알 수 있는 아주 좋은 기회라고 말해 주었다.

가만히 생각해 보니 나도 시간을 잘 이용하면 파트타임 정도는 일을 할 수 있겠다는 생각이 들었다.

학생 아파트에서 걸어갈 수 있는 가장 가까운 중국 식당에 가서 일자리를 알아보니 '버스보이'(busboy) 자리는 있다고 한다. 처음에 버스보이라는 말을 들었을 때는 버스에서 일하는 어떤 직업인 줄 착각했다.

그러나 나중에 알고 보니, 버스보이란 식당에서 손님들이 식사가 끝난 후 더러운 접시를 치우고 새로운 테이블보를 깔아 주고, 새 손님이 오면 물을 따라 주는 일을 하는 종업원이었다. 아마 미국에서 제일 밑바닥 직업 중의 하나가 바로 버스보이가 아닌가 싶다.

쉽게 말해서 웨이터나 웨이트리스의 보조였다. 버스보이는 보통 웨이터 둘이나 셋을 맡아서 테이블을 정리해 준다. 그러면 웨이터가 받는 팁의 10% 정도를 웨이터로부터 받게 되는데, 웨이터의 비위를 잘

못 건드리면 팁이 줄어들기 일쑤다. 그깟 일쯤은 나도 할 수 있겠다는 마음으로 다음 주부터 일을 하기로 하고 콧노래를 부르며 좋아했다.

그러나 막상 버스보이로 일을 하게 되니 생각보다 아주 힘들었다. 처음에는 손님들이 음식을 남기고 가면 배가 고픈 김에 깨끗한 에그 롤 같은 것은 주인 모르게 얼른 입 안에 집어넣는 스릴도 있었지만 웨이터들의 텃세 또한 만만치 않아 나중엔 꼭 웨이터로 일해 보아야겠다는 생각도 했다. 버스보이는 맹목적인 노동만 필요로 해서 지루한 감이 들어 다른 일자리를 알아보았다.

마감 시간에
쫓기는 나의 삶

버스보이로 일한 경험도 있고 이제는 조금 나은 직장을 구해 보고 싶었다. 버스보이로 일할 때 제일 하고 싶었던 것이 바텐더와 웨이터였는데, 두 가지가 다 경험을 요구하는 일이라 일단 어디든 보조라도 일해야겠다고 생각했다.

학생 아파트에서 버스를 타고 약 20분 거리에 있는 일식집에서 바텐더 보조로 일하게 되었다. 식당은 일본식 철판구이 집인데, 손님 앞에서 요리를 하며 쇼를 보여주는 데판야끼 집이다. 주중에는 공부하고 주말(금, 토요일 저녁) 오후 4시부터 밤 10시까지 일했다.

나는 보조라도 들어가면 어떻게 칵테일을 만들고 술을 섞는지, 모양은 어떻게 내는지 등을 먼저 가르쳐 주고 곧바로 바텐더가 되는 줄 알았다. 그러나 내게 맡겨진 일은 언제나 시간 전에 나가서 얼음을 채우고, 체리, 파인애플 그리고 복숭아를 캔에서 꺼내어 준비하는 일이었다.

그러고는 더러운 컵이 나오는 대로 컵을 닦아야 했다. 얇은 유리잔

을 셋으로 나뉜 싱크대에서 세제로 닦고 씻고 마지막으로 헹구는 일이었다. 유리잔을 깨는 날이면 주인한테 야단맞는 건 기본이고, 자그마한 유리 조각이라도 손님 술잔에 들어갈까 봐 주위를 깨끗이 청소해야 했다.

열심히 쏟아 놓은 얼음과 물은 다 버려야 했으며, 또다시 채워 놓아야 하는 중노동이 기다리고 있었다. 수없이 밀려오는 유리잔을 신속하게 씻어서 바텐더에게 빨리 갖다 주어야 하므로 손이 마를 시간이 없었다.

한번은 복숭아 캔을 따다가 손을 깊이 베어 피가 나서 그 위에 반창고를 붙이고 지혈시키느라 쩔쩔맸는데, 바텐더 선배들은 그럴수록 물에다 담그고 열심히 유리잔을 닦으면 저절로 낫는다고 충고해 주었다.

아무리 생각해도 그러면 안 될 것 같았는데 주위의 눈들이 너무 많아 아무 말 못하고 그저 물에 담그고 얼음을 대고 일을 했더니, 신기하게 피가 멈추었다. 집에 가서 약도 바르고 밴드도 붙였지만 왼손에 깊이 파인 흉터는 지금도 선명하다.

이 흉터는 내가 그 어떤 학위보다 더 자랑스러워하는 나의 인생의 훈장이다. 내가 홀로 서 보려 했던 몸부림이었고 나의 자립심의 상징이기도 하다.

가끔 웨이터나 웨이트리스가 나오지 않으면 바텐더가 그 일을 겸해야 하는데, 보조인 나에게 나가서 일을 하라고 했다. 나는 내가 해보고 싶었던 일이라 너무 좋아서 칵테일 주문을 받고 갖다 주는데 도저히 한 손으로 받쳐 들 수가 없었다.

웨이터가 멋지게 쟁반 밑에 한 손을 넣고 음식을 서브하는 것을 예사롭게 봤던 나는 별것 아닌 줄 알았는데 너무 힘이 들어 쟁반을 떨어뜨리게 생겼다.

할 수 없이 쟁반을 두 손으로 들고 여자 손님 앞으로 갔는데, 두 손 중에 한 손을 놓으면서 균형을 잃어 그만 여자 손님 무릎에다 술잔이 든 쟁반을 다 엎지르고 만 것이다.

너무 당황해서 쩔쩔맸는데, 여자 손님이 마침 가죽 바지를 입고 있어서 술이 그냥 옷에서 흘러내렸다. 손님에게 미안하다고 정중히 사과하고 "그날 술값은 내가 내겠다"고 말한 후, 주인이 볼까봐 황급히 자리를 수습하고 카운터로 돌아갔다.

그 일로 인해 며칠 동안 번 돈을 다 쓰고 나니 웨이터가 되고 싶은 생각은 싹 사라지고 말았다. 손 밑에다 접착제라도 붙이는 건지 어떻게 그 무거운 음식을 쟁반에 받쳐 들고 사뿐사뿐 걷는지 도무지 이해가 되지 않았다.

그날이 나의 희망 직업인 웨이터의 첫날이자 마지막 날이었다.

몇 달 동안 바텐더 보조를 한 후 나는 드디어 칵테일 만드는 법을 배우게 되었다. 원샷을 표시한 라인이 그어져 있는 술잔으로 원샷 따르는 연습을 하였다. 술병에다 맹물을 넣고 연습하는데 술병을 따르면서 나는 속으로 '하나, 둘, 셋'을 세면서 원샷을 느끼기 시작했다.

일주일 동안 연습한 후 갖가지 칵테일을 만드는 법을 배우고 실습하기 시작했다. '마이타이'와 '쟘비'라는 칵테일을 가장 많이 주문하는 것을 보고 미국 사람들이 럼 종류의 알코올을 좋아하는 것을 알게 되었다.

미국인들은 밥 먹기 전에 칵테일이나 와인을 마시기 때문에 내 일은 항상 바빴다.

나는 술을 전혀 하지 않았기 때문에 손님들이 나를 보고 '처녀 바텐더'라고 불렀다. 내 별명 때문에 손님들은 처녀 바텐더가 만든 술이 더 맛있다고 조크를 했다.

이 일을 하면서 독립심을 배운 것 외에 두 가지 이득이 있었다. 하나는 주말에 식당에서 저녁을 때울 수 있는 것이었고, 또 하나는 주중에 공부하면서 운동 부족이었는데 주말에 서서 일을 함으로써 운동 효과도 보게 된 것이다.

일하기 전에 모든 종업원들에게 식사가 제공되었는데, 밥에다 고기나 야채 볶은 것을 올려 주는 덮밥이었다. 물론 반찬은 따로 없었다. 우리는 그것을 '개밥'이라고 불렀으며, 일 시작하기 전 창고 안으로 들어가서 2-3분 내에 후다닥 먹곤 했다.

다른 종업원들은 투덜거렸지만 혼자 사는 나로서는 내가 해먹는 밥보다 훨씬 맛있고 내가 밥을 하지 않아도 되어 '꿩 먹고 알 먹고'였다.

하루 6시간의 일이 끝나고 제일 즐거운 시간은 팁 통에 가득 쌓인 팁을 나누는 일이었다. 보통 하루 저녁에 10-20달러를 벌었는데 이틀을 일하고 나면 그 돈으로 일주일 생활을 할 수 있었다. 팁은 주로 1달러짜리였는데 지갑 안에 들어가면 두툼해진 지갑이 나를 뿌듯하게 만들었다.

식당에서 멀지 않은 곳에 경마장이 있어 가끔 돈이라도 딴 손님이 들어오면 팁을 아주 후하게 놓고 나가 우리가 환성을 지르곤 하였다. 몸이 아무리 피곤해도 돈을 세는 기쁨은 대단했다.

연말연시나 밸런타인데이 등 특별한 날에는 저녁에 손님이 많아서 그만큼 팁도 많았다. 그런데 매년 봄이 되면 약 한 달 동안 저녁에 손님이 뜸할 때가 있었다. 다름 아닌 부활절 전 약 40일간은 사순절 기간이라 미국 사람들은 그 기간 동안 고기 먹는 것을 삼가고 있었다.

미국에서는 기독교가 문화로 변하고 믿음도 식었다고 들었는데, 어떻게 모든 사람이 똑같이 고기를 먹지 않고 그렇게 절제할 수 있단 말인가. 나의 팁이 줄어든 만큼 기독교가 몸에 배어 있는 미국 사람들의 신앙이 놀라워 보이기도 했다.

일을 끝내고 학생 아파트로 돌아오면 피곤하여 잠을 청해 보지만, 너무 피곤하면 잠이 오지 않는다는 사실을 일하면서 처음 알게 되었다.

하루 종일 서 있느라 발에 몰린 피를 순환시키려 두 다리를 책상 위에 높이 올려놓고 피로를 풀려고 애썼지만, 잠이 오지 않아 올빼미처럼 눈을 뜨고 있다가 새벽녘에 잠이 들곤 했다.

1년 가까이 열심히 일했던 어느 날, 감기에 걸려서 동료 바텐더에게 나 대신 나가 달라고 부탁하고 그 다음 날 어느 정도 회복이 되어 하루 더 쉬고 싶었으나 책임감 때문에 참고 나갔다.

내 생각에 매니저가 나를 보면 "많이 아프냐? 하루 더 쉬지 그랬냐?"라고 위로해 줄 줄 알았다. 그런데 매니저 사또는 나를 보고 "괜찮냐? 오늘은 어떠냐?"고 물어보는 대신에 "어제 왜 안 나왔냐?"고 다그치기 시작했다.

"내가 아파서 못 나왔다"고 하니 대뜸 "Business is Business!"(**일은 일이다**) 하면서 질책하는 것이었다. 너무 기분이 상하고 모욕 당하는 느낌이었다.

아픈 몸을 이끌고 책임을 다하기 위해 그날도 일하러 나갔고, 1년을 한 번도 이런 일이 없이 성실하게 일했었다. 그런데 단 한 번 아파서 결근한 것을 가지고 그렇게 이야기하는 사또가 야속하기까지 했다.

그날 밤 식당 안에서 흘러나오는 엔카가 나훈아의 노래와 비슷하여 더욱 향수를 불러일으켰다.

처음에는 그만둬 버릴까 생각도 했지만, 사또가 나를 해고하기 전에는 내가 그만두지 않겠다는 오기가 발동했다. 일본인에게 모욕을 당하고 그만두고 싶지는 않았다. 그래서 그때부터 더 열심히 일했다.

어느덧 석사 공부가 끝나서 한국으로 돌아갈 때가 되었다. 이제 사또와도 작별의 시간이 왔다. 사또와 같이 일을 하면서 섭섭했던 감정이 시간이 흐르며 그가 맞다는 생각이 들었다. 일은 일이었고 석사 공부를 한다는 것 때문에 자칫 오만해지기 쉬운 나에게 그는 인생을 가르쳐 주었다.

일을 그만두는 마지막 날 사또에게 같이 저녁을 먹자고 했다. 저녁을 먹으면서 나는 일본말로 "당신은 내 인생의 선생입니다"라고 말하니, 그는 껄껄 웃었다. 그러면서 자신의 이야기를 털어놓기 시작했다.

사또는 일본 명문 와세다 대학교 정치학과를 졸업했다. 그는 내가 대학원 과정에서 정치학을 공부하는 것을 알았다고 했다.

그는 집안의 권유로 정치학을 공부했지만, 요리하는 것에 더 취미가 있어 요식업 경영에 더 관심이 있었다고 했다.

그는 일류 와세다 대학을 나왔음에도 불구하고 처음에는 무릎 꿇고 양파 써는 법부터 배웠다고 한다. 그러면서 그는 "사람은 체면을 잃어 보아야 한다"(lose face)고 말했다. 체면이 나를 먹여 살리지 못하고 체면이 나를 구하지 못한다는 진리를 배운 것이다.

어느덧 정치학 석사 과정이 끝나가고 있었다. 마지막 남은 것은 논문이었는데 보통 석사 학위 논문은 한 학기 안에 마치는 것이 쉽지 않다고들 했다. 그러나 난 꼭 해야만 했다. 왜냐하면 한국에 석사 장교로 가기 위해서는 마지막 봄 학기에 석사 학위 논문을 끝내야만 가을에 석사 장교로 갈 수 있었다.

그때 당시 석사 장교는 복무 기간이 6개월이었고 정상적으로 군대에 가면 거의 3년을 복무해야 했다. 나는 계속해서 공부를 해야 하기 때문에 반드시 석사 장교로 가야 했다. 그러나 논문을 쓰기에는 너무 촉박한 시간이었다.

교수들은 불가능하다고 했고, 주위 사람들도 말렸다. 그러나 난 포기할 수 없었다. 마지막 내린 결론으로 정치학의 새로운 이론을 만들어 논문을 쓰기로 했다.

중국과 대만의 통일 문제를 홍콩 케이스와 비교 분석하면서 '분리된 주권'(divided sovereignty)이라는 새로운 정치 이론을 통해 접근하였다. 원래 주권이란 분리될 수 없는 것인데, 나는 주권이 분리될 수 있다고 가정하고 분리된 주권으로 중국과 대만의 평화적 통일에 대한 대안을 제시하였다.

짧은 시간에 논문을 쓰려면 수많은 책들을 읽어야 하는데, 내 방은 100여 권의 책들로 가득 차 책을 밟고 다녀야 할 정도였다.

논문을 쓰는 마지막 학기에는 밤과 낮이 바뀐 생활을 했다. 보통 새벽까지 공부하다 너무 피곤해서 우연히 TV를 틀면 오랄 로버츠(Oral Roberts) 목사님의 설교가 화면에 비쳤다. "지금 이 시간 귀 아픈 사람이 낫고 있다", "지금 이 시간 다리 아픈 사람이 낫고 있다"라는 등 치유의 능력을 보여주었다.

처음에는 그 목사님이 쇼를 하는 것처럼 믿어지지 않았지만, 아마도 예수님께서 하셨을 거라고 생각하니 마음이 동요되었다. 그 TV 프로그램을 통해 지금도 예상하지 못한 축복을 우리에게 내려 주시는 하나님의 능력을 간접적으로 느낄 수 있었다.

힘들게 공부하는 시간, 잠깐 잠깐의 휴식 시간을 통해 들려오는 메시지는 나에게 새로운 힘을 주었다. 난 TV를 끄고 다시 아침 시간까지 잠도 안 자고 논문을 쓸 수 있었다.

논문을 마친 뒤 나는 로버츠 목사님 덕에 힘을 얻어 논문을 끝낼 수 있었기에 감사 헌금을 보냈더니, 여러 가지 책자를 나에게 보내 주었다.

밤새도록 책을 읽고 논문을 쓰고 아침이 되어야 잠이 들어 오후 2시경에 일어났다. 그때 일어나면 학생 아파트 앞에 걸어서 갈 수 있는 중국 음식점이 있었는데 3시면 점심 특별 할인 가격이 끝난다. 서둘러 3시가 되기 전에 도착하여 한 끼로 아침, 점심, 저녁을 때우는 일이 중요한 일과였다.

내가 점심 먹으러 가면 유학생 부인이 웨이트리스로 일하고 있기에 나를 위해 수프를 큰 그릇 가득 담아 가져다 주곤 했다.

점심을 먹고 나올 때면 나는 찻잔 밑에 쿼터 2개(50센트)를 몰래 숨겨 두어 팁으로 놓고 나왔다. 팁을 놓고 가면 야단을 맞고 절대 내가 팁을 못 놓게 했기 때문이다.

밤새도록 논문을 쓰다 보면 너무 피곤해서 알람시계로는 일어나지 못할 때가 많아, 크리스가 언제나 오후 2시에 전화를 걸어 내가 일어난 것을 확인해 주었다.

그런데 한번은 얼마나 피곤했던지 전화 소리에도 일어나지 못해 무슨 일인가 하고 크리스가 직장에서 내 아파트로 뛰어온 적도 있었다.

당시 먹는 것도 제대로 못 먹고, 시간에 쫓기며 강행군을 하다가 내 몸은 엉망이 되어 가고 있었다. 가끔 식은땀을 흘리며 배를 움켜쥐고 쉬어야 한다고 생각했지만, 데드라인에 쫓겨 속도를 늦출 수가 없었다.

한번은 대변을 보는데 대변이 시꺼멓게 나왔다. 처음에는 무슨 영문인 줄 몰랐는데, 나중에 알고 보니 위에 출혈이 있어 대변이 까맣게 된 것을 알았다. 오마하에서 공부하는 동안 생긴 위장병이 변호사 생활을 하는 얼마 전까지도 나를 괴롭혔다.

그때 내가 논문을 정리해서 쓰면 크리스는 검토하고 교정해서 타이핑을 해주었다. 타이핑한 것을 컴퓨터로 인쇄하는 곳에 맡겨서 한 장에 1달러를 주고 100장의 논문을 100달러를 주고 했는데, 꽤 비싼 가격이었다.

당시 컴퓨터는 흔하지 않았고 더구나 사용할 줄 아는 사람이 적은 시대였다. 크리스의 도움이 없었다면 난 제때 논문을 제출할 수 없었을 것이다.

드디어 논문이 완성되어 3인으로 구성된 논문 심사 위원의 구두 논문 방어를 하게 되어 3명의 교수로부터 나의 새로운 정치 이론에 대한 질문을 받았다.

너무 떨려서 물도 못 마실 정도였는데, 커원 박사가 "왜 그렇게 떠느냐?"고 물어보아 나는 "심장마비에 걸릴 것 같다"고 대답했더니 빙그레 웃었다.

한 교수는 내 이론이 "너무 꿈같지 않느냐?"고 물어봐서, "오늘의 현실은 어제의 꿈에 바탕을 두고 있기에 오늘의 꿈은 내일의 현실을 만들 것이다"라고 대답했다.

다른 한 교수는 내 논문에 "인용이 너무 많은데 그 이유가 무엇이냐?"고 물어, 주권에 관한 모든 정치 이론을 비교 분석해 주고 그 위에 나의 새로운 정치 이론을 소개하기 위해서 많은 참고 문헌이 필요했다고 설명했다.

나는 이 논문의 서두에 다음과 같이 감사의 인사(Acknowledgments)를 썼다.

> "이 논문은 한 그루의 나무입니다. 나의 지도 교수인 정중근 박사
> 는 이 나무에 햇빛과 공기(학구적 암시와 끊임없는 도움)를 공급해 주었습
> 니다. 커윈 박사는 이 나무에 물(건설적인 논평과 은혜로운 격려)을 주었습
> 니다.
> 커윈 박사와 정 박사는 정치학과에서 온 반면, 시몬스 박사의 전공
> 은 모든 학문의 뿌리인 역사입니다. 시몬스 박사는 이 나무에 뿌리(현
> 실적 안내와 객관적 비평) 역할을 하였습니다. 내 친구 크리스는 이 나무
> 에 가지를 쳐 주고 영양분(교정의 도움과 관심)을 공급해 주었습니다. 그
> 리고 다른 중국과 대만, 홍콩에서 온 친구들의 개인적인 의견에 감사
> 드립니다. 나는 이 나무를, 나에게 생명의 씨앗(희생과 축복)을 주신 부
> 모님께 바치고자 합니다.
> 내가 여기서 감사하고자 하는 것은 이 나무 때문에 다른 사람들이
> 존재한다는 것이 아니라 다른 사람들 때문에 이 나무가 존재한다는
> 것입니다."

이 논문 서두를 보고 교수들은 만족해 했고, 나는 무사히 논문 방어
를 통과할 수 있었다. 내가 논문을 쓰는 동안 한국에서 박 교수님이 돌
아가셨는데, 부모님은 내가 충격을 받을까 염려되어 말씀을 해주지 않
아 그 사실을 알지 못했다.

나중에 논문이 통과되어 전화를 드렸더니 박 교수님이 돌아가셨다
고 하면서, 돌아가시기 전 "종준이가 보고 싶다"고 말한 것을 전해 주
었다.

그 소식을 들으며 석사 논문 통과의 기쁨도 잊고 눈물이 핑 돌았다. 이 논문을 박 교수님에게 꼭 보여 드리고 싶었는데…….

나에게 "집에서 새는 바가지 밖에서도 샌다"고 이 못난 제자를 위해 거침없이 쓴말을 하시고 나에게 미움까지 받으셨던 박 교수님.

이제 교수님의 사랑을 깨닫고 이 학위를 바치고 싶었는데, 교수님은 나를 기다려 주지 못했던 것이다. 잠시나마 교수님을 오해하고 미워했던 나의 어리석음에 솟구쳐 나오는 오열을 참을 수가 없었다.

내가 박 교수님의 데드라인을 맞추지 못한 것이 아직도 내게는 아쉬움으로 남아 있다.

석사 학위에의 힘겨운 데드라인을 마치고 쉴 틈도 없이 다시 석사 장교 시험에 응시하였다. 다행히 내 석사 과정 성적이 우수하였기에 서류 심사는 무난했으나, 시카고 영사관으로 가서 인터뷰를 해야만 했다.

그 당시 석사 장교는 약 70%는 이과에서 뽑았고 나머지 30%만 문과 출신이었다. 전두환 전 대통령 시절에 내가 전씨였기 때문에 시카고에서 인터뷰할 때 한 정치학 교수로부터 호된 질문 공세를 받았다.

그 교수는 처음에 나에게 영어로 정치 이론에 대해 질문을 하여 영어로 정치 이론을 설명했다. 미국에서 제대로 공부를 하였는지 테스트해 본 것 같았다.

다음에는 한국말로 "석사 장교는 주로 이과에서 뽑아 한국 기술력을 신장시키는 일에 기여하는데, 정치학을 공부한 당신이 어떻게 국가에 기여할 수 있겠느냐?"고 물었다.

그래서 나는 정치인(politician)이 있고 정치가(statesman)가 있다고 말했다.

"정치인이란 권력을 추구하는 사람들이고, 정치가란 국가의 백년

대계를 위해 기도하고 연구하는 사람이다"라고 말했다. "정치학을 공부한 내가 정치가적 마음가짐을 가지고 국가에 이바지하고자 한다면 내가 정녕 국가에 기여할 수 있을 것이다"라고 당당히 말했다.

인터뷰가 끝난 뒤 영사 한 분이 나에게 아주 잘했다고 칭찬해 주었다. 그때 나는 "왜 다른 사람들에게는 질문을 별로 안 하고 나에게만 집중적으로 질문을 하는지 모르겠다"고 불평을 쏟아 낸 기억이 있다.

내 인생은 언제나 그랬다. 촉박한 시간에 쫓겼으며 한 번도 나에게 넉넉한 시간은 주어지지 않았다.

나는 석사 장교 인터뷰에 통과하여 한국으로 돌아가자마자 박 교수님 묘소를 참배하였다. 그리고 박 교수님 영전에 학위를 바쳤다.

"교수님, 교수님은 나의 인생에 커다란 도전을 주셨으며, 이 학위는 교수님께 바치고 싶습니다. 박 교수님, 감사합니다."

위야, 나 좀
살 려 다 오

미국에 와서 가장 힘들었던 것은 음식 먹는 것이었다. 1980년대 초, 한국에서 미국 음식을 접하기가 그리 쉽지 않았고 바깥 출입이 잦지 않았던 나는 그저 어머니가 차려 주는 밥상 외에는 특별한 음식을 알지 못했다. 위가 나쁘다거나 속이 안 좋아 고생해 본 경험이 없어 나는 내 위가 그런 대로 괜찮다고 믿고 있었다.

미국에 오기 전 한국 음식만 좋아하던 나에게 어머님이 "미국 가면 뭘 먹고 살겠냐?"고 걱정하셨던 적이 있었다. 나는 "급하면 다 먹는다"고 걱정 마시라고 했다. 사실 그때 내 마음속으로는 한국에서는 미국 음식을 안 먹었어도 미국 가면 할 수 없이 먹을 거라고 생각했었다.

그러나 막상 미국 한가운데인 오마하(Omaha)로 오니, 태평양과 멀어서 1980년대 초만 해도 한국 음식이나 동양 식품점이 그리 많지 않았다. 설사 한두 곳 있다 하더라도 운송비가 어마어마하게 붙어 가격이 몹시 비쌌다. 학생 신분인 내가 먹고 싶은 한국 음식이나 동양 음식을 사려 해도 가격이 너무 비싸 사먹을 엄두를 내지 못했다.

어쩔 수 없이 미국 음식을 먹어야 했으나, 미국에 오니 미국 음식조차 먹을 기회가 없었다. 학교 카페테리아에 가면 하루 중 먹을 수 있는 시간은 유일하게 아침뿐이었다. 그나마 익숙한 스크램블 에그와 해쉬브라운(튀긴 감자)으로 배를 채우고는 오후부터는 굶는 게 일이었다.

배가 고프면 간식거리인 과자를 조금 사다 놓고 먹거나, 그것도 안 맞으면 그냥 굶어 버리곤 했다. 먹는 거라고는 아침 조금이고 나머지는 과자를 먹거나 굶으니 바짝바짝 말라 갔다. 공부로 인해 받는 스트레스도 만만치 않은데, 거기다 음식까지 못 먹으니 내 몸은 말이 아니었다.

미국 음식이라고는 달걀이나 감자류나 겨우 먹을 수 있었고, 이탈리아 음식인 스파게티라도 먹을 수 있는 날은 행복한 날이었다. 그리고 가끔 금요일마다 조개 수프(clam chowder soup)가 나오면 기를 쓰고 한 그릇 사먹곤 했다.

난 너무도 외로웠다. 쓸데없이 교회 사람들에게 전화를 걸어 끊지도 않고 전화기를 들고 있어 상대방을 당황하게 한 적도 있었다. 한국 말이 그리웠고, 한국 음식이 그리웠으며, 한국 글씨가 그리웠다. 온통 다 영어로 된 모든 것들이 머리에 쥐가 날 정도였다.

나는 보기에는 강해 보이지만 참으로 외로움을 많이 탄다. 명절 때가 되면 부모님이 더 보고 싶었고 고국이 그리웠다. 처음으로 미국에서 추석을 맞았는데, 미국에서는 명절인지 아닌지도 모르고 지나치기 일쑤였지만 내 마음은 서울에 머물고 있었다.

허전한 마음에 새까만 하늘 위에 떠오른 보름달을 쳐다보는데 어찌나 달이 크고 밝던지 '미국 달은 참 크기도 하다'라고 혼자 속으로 중얼거렸다.

땅을 보면서 걷고 있는데 갑자기 부모님 생각에 눈물이 절로 나와 그 눈물을 감추려고 하늘을 쳐다보았다. 그런데 하늘 위로 나는 비행기가 보이는 것이 아닌가. '저 비행기를 타고 가면 태평양을 건너서 그리운 부모님과 식구들 그리고 친구들을 만날 수 있겠지' 생각하니 다시 눈물이 와락 쏟아지는 것이었다. 눈물을 감추려 하늘을 쳐다보았는데 눈물이 더 났다.

모든 외로움을 이겨야 공부를 할 수 있다고 생각하니 눈물이 멈추질 않았다. 총각 학생이 혼자 산다고 주위 사람들이 김치를 많이 주었는데, 시간도 없지만 밥과 반찬 만드는 게 어려워 김치가 냉장고에서 시어 가고 있었다.

어쩌다 시간이 나는 날에는 꽁치 통조림을 사다가 꽁치 김치찌개를 해먹는 게 유일한 요리였다.

학교를 다니는 내내 차가 없었던 나에게 교인들은 가끔 반찬도 해주고, 어떤 교수님은 한 시간이 넘는 거리에서 나를 학생 아파트로 데리러 와서 밥을 먹이고 다시 데려다 주곤 하셨다.

그런 날이면 굶주렸던 배에 얼마나 먹었는지 일주일을 배앓이로 고생해야 했다. 다시는 그러지 말아야지 하면서도 맛있는 반찬만 보면 난 그 유혹을 이기지 못하고 또다시 잔뜩 먹고는 또 일주일을 고생하는 어리석음을 되풀이했다. 그러는 사이 내 위는 늘어났다 줄어들었다 하면서 약해지기 시작했던 것이다.

한번은 국제 정치 세미나 수업을 교수님 댁에서 하게 되었다. 차가 없던 나는 겨우 차편을 얻어 교수님 댁에 도착했는데, 배가 너무 고팠다. 원래 알지 못하는 미국 음식은 굶을망정 먹지 않았는데, 그날 교수님은 혹시 저녁을 먹고 오지 못하는 학생이 있을까봐 피자를 시켜 놓았다.

너무 배가 고픈 나머지 한 조각이라도 먹어야겠다고 생각하고 먹었는데, 피자가 너무 맛있었다. 한 조각만 먹겠다던 내가 몇 조각을 더 먹었다.

음식에 대한 고정관념이 깨지는 순간이었다. 안 보던 음식은 무조건 거부하고 손도 대지 않았던 내가 결국 배가 너무 고프니 손이 음식으로 갔고, 그 음식이 맛있다는 것도 배우게 된 것이다. 사람은 배가 고파 봐야 음식 투정을 하지 않게 되는 것인가 보다.

유학 생활 내내 페토비즈몰(Pepto-Bismol)이라는 위장병 약을 끼고 살았는데, 내 방에는 그 빈 병으로 가득 찼었다.

어머니가 차려 주는 음식을 한 번도 감사하다는 생각 없이 먹던 내가 이제는 그 밥상이 제일 그리웠다.

당시 한국 학생들이 많지 않았던 오마하에서는 교회 성도가 집으로 불러 머리도 깎아 주었고 밥도 먹여 주었다. 아무 음식이나 잘 먹고 소화도 잘 시키면 정말 좋으련만, 내 위는 나의 가장 큰 가시였다.

공부에서 오는 스트레스도 만만치 않은데 음식까지 먹지를 못하니 내 위는 큰 수난을 겪은 것이다. 그때부터 내 위는 평탄치 못했다. 아침에 일어나면 속이 쓰렸고, 가끔 어지러운 증상까지 보였다.

먹고는 싶은데 아무리 찾아봐도 내가 먹을 음식은 없고, 학교 공부는 밀려 식사 시간을 놓치기 일쑤였다. 아버지께 말씀드려 꿀에다 인삼 가루를 타서 먹는 것으로 위로를 삼았다.

평소 군것질을 즐기지 않는 성격이었는데 나는 먹을 수 없는 미국 음식을 먹느니 차라리 땅콩버터가 들어간 과자를 먹는 게 편해, 그 과자를 잔뜩 사다 놓고 밥 대신 먹은 적도 있었다.

속이 너무 안 좋다는 내 투정에 운동을 해보라는 주위의 권유도 있었지만, 공부할 시간도 모자라는 내가 운동은 남의 이야기로만 들렸다.

가만히 앉아서 영어로 된 공부를 하고 먹지도 못하는 내 위가 당했을 고통을 생각하니 지금도 아찔하다. 이때부터 시작된 위와의 전쟁은 내 마음을 내려놓은 얼마 전까지만 해도 내 몸의 큰 가시로 자리잡았다.

부 모 의   사 랑,
그리고 내 사랑은……

　나의 아버지와 할아버지는 한의사이다. 같은 지붕 밑에서 3대가 함께 살았다. 아버지는 참으로 확 트인 분이다.

　그 옛날 할아버지의 침법을 전수받으시고도 늘 연구하시고 새로운 침법을 시도하기를 주저하지 않았다. 아버지는 오행에 의한 체질 의학을 공부하셨다. 우리 식구들은 늘 시험 대상이었는데, 아버지의 정성 때문이었는지 아버지가 하는 한약방은 늘 손님으로 가득 찼다.

　나는 한약방 집 아이라 내 몸에서는 늘 한약 냄새가 났다. 밖에 나갈 때는 내 몸에서 한약 냄새가 많이 나 친구들에게 놀림 받을까 몹시 신경이 쓰였다.

　한약 재료인 계피와 용안육, 그리고 숙지황 등 그냥 먹을 수 있는 한약재는 몰래 먹었고, "두무 냉통(頭無 冷痛)이요 복무 열통(腹無 熱通)이라"(머리는 차가워서 아픈 법이 없고 배는 따뜻해서 아픈 법이 없다) 등 아버지께 들은 이야기를 친구들에게 자랑 삼아 들려주었다.

　"서당개 3년이면 풍월을 읊는다"는데 한약집 아들은 한자로 《동의 보감》을 읊었다.

내가 고등학교 시절 아버지가 형제들을 다 부르시더니 "부모가 자식들에게 바라는 것이 무엇인지 아느냐?"고 하시며, 우리가 이렇게 저렇게 대답하는 걸 들으시더니 아버지께서 말씀하시기를 "보는 게 정이요, 혀 밑에 정이다"라고 하셨다. 즉 "자주 봐야 정이 생기고 혀 밑이란 자주 대화를 해야 정이 드는 것"이라는 말씀이었다.

그리고 아버지는 "내가 바라는 것은 다만 자주 대화하는 것인데, 그것이 곧 효도다"라고 말씀하셨다. "나에게 효도를 하고 싶으면 하루에 10분씩만 대화를 하자"고 말씀하셨다.

형과 여동생 모두가 "그러겠다"고 약속을 했는데, 그 약속을 끝까지 지킨 것은 나뿐이었다. 그토록 아버지는 대화의 중요성을 아셨고, 내가 고등학교 때 《육법전서》를 사달라고 졸랐을 때도 나를 믿고 사주셨다. 보통 아버지 같았으면 그런 쓸데없는 생각은 버리라고 하셨을 텐데, 아버지는 나를 믿어 주셨고 그 믿음이 나를 이 자리에 오게 했다.

아버지는 아주 검소하고 성실한 분이다. 본인 자신을 위해서는 돈을 쓰지 못해도 자식들의 교육을 위해서는 돈 쓰기를 아까워하지 않으셨다. 그 정도 집이면 자가용 한 대쯤 있어야 한다고 주위에서 권유해도 언제나 자전거를 타고 출퇴근하셨다.

아버지는 일주일 내내, 365일을 일하셨다. 나중에 교회에 나가기 시작했을 때도 주일에는 급한 환자들을 아침 일찍 오라고 하여 진료를 마치고, 그 후에 교회에 가셨다. 환자들이 하도 많아 가끔 1시간 이상 기다려 침을 맞고 가는 환자도 있었다.

아버지의 유일한 낙은 자식들과의 대화요, 주일날 오후에 도봉산으로 등산 가는 일이었다. 하루 70-80명의 환자를 보았는데, 얼마나 꼼꼼한지 환자들의 모든 기록을 하나도 빼지 않고 기록해 두었으며 지금도 보관하고 있다.

어렸을 때 기억나는 환자 중에 한 사람이 이갑성 옹이란 분이다. 당시 유일한 생존자이셨던 3·1독립운동 민족대표 33인 중의 한 분이시다. 중풍으로 고생하다 아버지께 치료받고 많이 호전되어, 아버지께 감사를 표하고자 친필로 "著手成春"(저수성춘, 즉 손이 닿으니 봄이 이루어진다)이라는 글을 적어 액자로 선물해 주었다.

어머니는 성격이 활발하고 사랑이 많으시다. 어머니는 남에게 베풀기를 즐겨 하셨는데, 동네 어머니회 회장도 오래 하시고 통반장도 오래 하셨다. 온 동네 집안일은 다 알고 도와주셨다.

내가 어렸을 때 마침 아버지가 출타중이었는데, 한밤중에 콩나물을 먹고 체해서 죽을 뻔했을 때 어머니가 나를 업고 병원으로 뛰어가 "관장을 해달라"고 부탁해 나를 살렸다. 어머니는 그만큼 의학적인 센스도 있었던 것 같다.

어머니는 교회 권사로서 기도를 참 많이 하시는 분이다. 어머니가 처음 시집왔을 때는 교회에 다니지 않았던 시부모님으로부터 구박도 많이 받으셨단다. 그래도 끝내는 시부모님을 교회로 인도하고 할머니, 할아버지가 거동이 불편하게 되었을 때도 두 분을 목욕시켜 드리고, 끝까지 임종을 지키셨다. "부모한테 잘하면 후대에도 복을 받는다"고 강조하고 본을 보여주셨다.

내가 대학에 떨어졌을 때도 "괜찮다, 다시 하면 된다"고 하셨지, 두 분 중 어느 한 분도 나에게 야단을 치지 않았다.

어머니는 내가 재수를 하고 있을 때 새벽마다 교회에 가셔서 나를 위해 기도드렸는데 하루는 하나님의 음성을 들으셨다고 한다. 기도 중에 "종준이는 괜찮다"라는 음성을 들으시고 나에게 "걱정하지 말라"고 하셨다.

그 말을 들은 나는 마음이 놓이고 힘이 되었다. 재수를 하고 지방 대학에 갔을 때도 친척들은 비아냥거렸지만, 부모님은 거기 가서 열심히 하면 된다고 위로해 주셨고, 사법 고시에 떨어졌을 때도 "다음에 또 하면 된다"고 말씀해 주셨다. 내가 "유학을 가겠다"고 말씀드렸을 때도 부모님은 기꺼이 허락하셨고, 오히려 격려해 주셨다.

주위 사람들은 "여기서 안 된 놈이 무슨 유학까지 가냐"고 비아냥거렸지만, 부모님은 나를 끝까지 믿어 주셨다. 그 믿음이 당연하다고 생각했던 내가 이제 자식 낳고 살아 보니 부모님의 그 믿음이 참으로 훌륭하고 나를 지켜준 힘이었다는 생각을 한다.

워싱턴으로 이사 온 뒤 내가 정착하지 못하고 있을 때, 이곳에서 개업 변호사의 꿈을 접고 변호사로서 공무원이 되어 볼까 한국으로 전화드렸더니, 아버지께서 몹시 화를 내며 야단을 치셨다.

"내가 너를 힘닿는 데까지 밀어 줄 테니 끝까지 도전하여 네가 원하던 변호사가 되어라. 바꾸는 것은 안 된다"라고 말이다. "남자로 태어나서 이름을 날려 보고 약자를 도와주는 덕을 쌓는 것은 인생의 중요한 일이다. 포기하지 말아라"고 말씀하셨다.

아버지는 "인생은 시대의 파도를 탄다"고 늘 말씀하셨다. 일들을 찾아 시대에 맞춰 살라고 하셨다. 똑같은 이야기를 매번 들으니 이젠 귀에 박힐 정도가 되었다.

젊었을 때는 아버지가 똑같은 말씀을 다시 하시면 못 들은 척하고 넘어가면서 "또 하시는구나" 했었는데, 이제는 같은 말을 또 들어도 그 의미가 들을 때마다 새로워지는 것을 느낀다. 내 삶의 연륜이 아버지의 말씀을 더 이해하게 만드는 것 같다.

아버님은 80이 훨씬 넘으셨는데도 아직 건강하시다. "건강을 잃으면 모든 것을 잃는 거다"라고 하시며 당신의 건강을 챙기신다. 우리에게도 운동법을 가르치고 "먹은 만큼 운동하라"고 하시며 밖에 나가서 밭을 가꾸며 낙엽을 긁고 구석구석 청소하신다.

평생 낮잠 주무시는 걸 본 적이 별로 없다. 언제나 우리에게 본이 되어 주신다. 지금도 식구들에게 한약과 침을 놓아 주시고 입이 닳도록 건강의 중요성을 강조하신다. 어머님도 사람을 좋아하셔서 우리 부모님 댁은 언제나 손님들로 북적인다.

내가 미국 여자와 결혼한다고 말씀드렸을 때도 부모님은 "네가 그렇게 하기를 원하면 그렇게 하라"고 말씀하셨다. 거친 반대가 있을 법도 한 당시, 부모님은 날 무조건 믿어 주셨다.

지금도 미국 아내가 한국 음식에 서투를까봐 내 반찬을 만들기에 여념이 없으신 나의 어머니, 시간 날 때마다 이 부족한 아들이 많은 사람들에게 도움이 되는 인물이 되게 해달라고 눈물로 기도하시는 나의 어머니. 건강을 잃을까봐 미리 챙기라고 약을 지어 주시고 운동하라고 귀에 젖게 말씀하시는 나의 아버님.

두 분의 사랑이 나를 지켜 준다.

변호사
레터르를
달기까지

프러포즈, 그리고
국방의 의무를 마치다

1985년 봄, 석사 학위를 받고 한국으로 돌아오니 집안 어른들이 "결혼을 하면 어떻겠느냐?"고 물었다. 결혼을 하면 모든 것이 안정되고 공부하는 데 도움이 된다고 생각하셨던 것 같다.

여기저기서 중매가 들어오고 선이라도 보라는 성화가 빗발쳤다. 한국에 있을 때 들어오는 중매 자리는 꽤 괜찮은 집안의 딸들이었다.

열쇠를 3개 가지고 오는 것은 기본이었고, 어떤 집 외동딸은 결혼하면 처갓집의 재산은 다 내 것이 된다며 중매쟁이가 우리 집을 바쁘게 드나들었다.

미국에서 석사도 했고 6개월 군복무만 마치면 다시 미국으로 유학가서 박사 과정을 마치고 변호사가 될 수도 있을 거라는 근사한 포장때문에, 선 자리가 꽤 많이 들어왔다.

중매가 밀려 있다는 이야기를 듣자 미국에 있는 크리스가 생각났다. 군 복무 때문에 한국으로 나가야 했을 때 나는 크리스에게 짐을 맡겼다. 군 복무가 끝날 때까지 맡아 달라고 부탁하고 주소를 전부 크리스 집으로 옮겨 놓았다. 크리스에게 서울 집 전화번호와 주소를 주고는 고맙다고 인사를 했다.

"오마하에서 시카고는 멀어서 공항에 나올 필요가 없다"고 하여도 그녀는 시카고 공항까지 나를 배웅해 주었다.

출발 시간을 기다리고 있는데 그녀는 작별을 슬퍼하며 계속 울기만 했다. 나는 그녀에게 "당신은 좋은 남자를 만날 수 있을 거예요"라고 말했다.

그러자 그녀는 "그러나 그 남자는 당신이 아니잖아요"(But, it's not you)라고 말하며 다시 울기 시작했다. 나는 할 말을 잃었고 슬피 우는 그녀를 뒤로 하고 비행기에 몸을 실었다.

힘든 미국 생활에서 유일하게 따뜻한 존재였던 크리스. 그녀는 나에게 큰 힘이 되어 주었고, 용기를 주었고, 삭막한 시간들 속에서도 사람답게 살 수 있게 해주었다. 돌이켜보면 그녀는 항상 나를 위해 무언가를 준비하고, 희생하고, 도왔으며, 나와 함께 있는 동안 늘 웃었다. 애써 모르는 척했지만, 어쩌면 진작부터 그녀를 사랑하고 있었는지도 몰랐다.

하지만 뼛속까지 한국인이었던 나는 서양 여자와 결혼한다는 것은 단 한 번도 생각해 본 적이 없었기에, 크리스를 향한 내 마음을 부정하고 스스로를 억눌렀다. 부모님에 대한 염려와 고지식한 성격으로 인해 나는 형편없는 겁쟁이가 되었던 것이다.

난 그녀와의 결혼은 꿈에도 생각지 않았다. 항상 내 옆에서 도와주고 웃고 떠들었지만, 미국 여자와 결혼한다는 것은 생각할 수도 없는 일이었다. 한국으로 돌아가는 비행기 안에서 나는 멍하니 정신이 없었다. 그런데 부모님은 너무 좋은 자리의 아가씨가 꼭 만나기를 원하니 나가서 선이라도 보라고 하셨다.

그럴 때마다 내 귀에는 "그 남자는 당신이 아니잖아요"라고 말했던 크리스의 음성이 들려오곤 했다.

그렇다. 사랑이었던 것이다. 아무리 숨기려고 노력하고 친구 이상은 아니라고 누누이 말했지만, 내 마음은 그녀를 사랑하고 있었던 것이다. 그녀는 내가 힘들어할 때 나의 친구가 되어 주었고, 내 모든 리포트를 도와주었으며, 나의 미국 가이드로 나를 인도해 주었다.

내가 그녀를 버린다면 벼락을 맞아 죽을 거라는 생각이 들었다. 부모님이 그렇게 간곡하게 선보기를 원했지만 난 그 흔한 선 한 번 보지않았다. 크리스에게 죄를 짓는다는 생각이 들었던 것이다.

부모님은 선을 보지 않는 나를 의아해 했다. 아마 내가 아직 결혼에 관심이 없다고 생각한 것 같다. 그러나 부모님은 내가 싫다고 하는 결혼을 강요하지 않았으며, 내가 하는 대로 그냥 내버려 두셨다.

그때까지만 해도 미국에 사랑하는 크리스가 있다는 사실을 부모님에게 숨기고 있었으며, 그 누구와도 결혼할 생각은 없었기에 단지 빨리 군대 문제를 해결하고 그 다음 공부 문제만 신경쓰고 싶었다.

미국에 있을 때는 그리도 가고 싶던 고국이었는데, 한국에 있으니 미국이 점점 그리워지기 시작했다. AFKN 방송을 틀고 미국에 대한 향수를 달래곤 했다. 그 방송을 보고 있자면 크리스의 얼굴이 아른거렸다. 밝게 웃으며 떠들던 모습, 내 옆에서 열심히 타자를 쳐 주던 모습, 내가 만든 꽁치 김치찌개를 '이익!' 하면서 손을 흔들던 모습……

그 크리스가 그리워지기 시작했다. 아니라고 생각했던 모든 일들이 다 그리워지고 내 마음을 움직이고 있다.

'절대 미국 여자와는 결혼을 하지 않겠다'고 마음먹었는데, 정말 결혼을 해야 하는지, 과연 이것이 사랑인지 나는 몇 번을 생각하고 또 생각했다.

나의 미래는 어떻게 되는 것인가? 미국 여자와 결혼을 해서 한국에서 산다는 것은 힘든 일인 것 같았다. 그러면 내가 미국에서 살아야 하는데 내가 과연 무엇을 할 수 있을까?

공부가 끝나면 한국으로 돌아와 미국 변호사가 필요한 직장에서 일을 하든, 아니면 정치나 행정 쪽이라도 갈 수 있겠다고 생각했는데, 모든 것이 뒤바뀌는 듯했다.

크리스와의 결혼은 그저 한 여자를 사랑해서 결혼하는 간단한 문제가 아니었다. 부모님이나 친척들도 놀랄 테고 내 앞날이 바뀌는 중요한 문제였던 것이다. 난 내 상황을 깊이 고민해 보았다. 그러나 고민하면 할수록 내 앞에 생각나는 것은 크리스뿐이었다. 크리스에게 한국에 오니 음식도 맛있고 자장면도 피자같이 배달해 준다고 편지를 보냈다.

크리스는 내가 없는 미국이 너무 허전하고, 나를 그리워한다고 답장을 보내 왔다. 그 편지를 읽으면서 나는 결심했다. 나는 크리스를 사랑하고 있는 것이다. 더 이상 망설일 이유가 없었다. 마음을 먹었다. 사랑을 좇자! 앞길은 하나님이 해결해 주실 것이다.

크리스와의 결혼 결심은 그녀를 향한 내 마음을 인정할 때보다 몇 배는 더 어려운 일이었다. 무엇보다 서양 여자와의 결혼을 허락해 달라고 했을 때 놀라실 부모님이 걱정되었다. 결혼은 결코 나 혼자만의 문제가 아니었다. 물론 서양인을 마치 외계인처럼 보던 그 옛날 같지는 않지만, 그렇다고 친지나 이웃들에게 서양 여자를 며느리로 들이게 된 것을 드러내어 자랑할 만한 시대도 아니었다.

그 좋다는 선 자리들을 다 마다하고 선택한 여자가 외국인이라고 하면, 내가 부모님 입장이어도 기가 막힐 것 같았다. 지금까지 나를 무조건적으로 믿어 주시던 부모님을 실망시킨다는 건 정말 두려운 일이었다. 부모님은 그동안 다른 사람들에 비해 마음고생을 많이 하며 산 아들이 평범한 한국 여자를 만나 안정적으로 살면서 꿈을 이루어 가길 원하셨다.

사실 크리스와 결혼한다는 것은 그 당시의 나로서도 엄청난 모험이었다. 하지만 억누르려고 하면 할수록 그녀에 대한 마음은 점점 더 간절해졌다. 결국 가족이 되려고 했던 건지, 왠지 모르게 크리스라면 부모님도 마음에 들어 하실 거라는 막연한 자신감이 생겼다. 내 감정에 충실해 보자고 마음먹고 부모님께 말씀을 드리기로 했다.

군대 가기 하루 전날 밤, 나는 부모님께 미국에서 사귀던 미국 여자가 있는데 그 여자와 결혼을 하고 싶으니 결혼을 허락해 달라고 말씀드렸다.

두 분은 충격을 받으신 듯했으나, 그 다음날 군대에 가는 아들에게 큰 상처를 주고 싶지 않으셨는지 "네 생각이 정 그렇다면 그렇게 해라. 하지만 군대에 있는 동안 잘 생각해 보거라"고 말씀하셨다.

군대 가는 아들에게 상처를 줄 수는 없지만 내가 군대에 가면 혹시나 마음이 변하지 않을까 기대하셨던 것 같다.

심한 반대에 부딪칠 줄 알았는데 그렇지 않은 것만 해도 너무나 기뻤다. 난 반가운 마음에 그녀가 다니는 직장으로 그날 밤 전화를 했는데, 그 시각 크리스가 있는 미국은 낮이었다.

크리스도 기뻐할 것 같았다. 그녀의 환성을 듣는 듯했다. 그러나 그녀는 없었다. 할머니가 돌아가셔서 장례식에 참석하러 일리노이로 잠시 다니러 갔다는 것이다.

나는 내일이면 군대를 가야 하니 급한 마음에 전화를 받은 그녀의 직장 상사(boss)에게 "내가 크리스와 결혼하기로 결심했다"고 전해 달라고 했다.

"부모님께 결혼 허락을 받았으니 당신과 결혼하고 싶다"라고 말해야 하는데 결혼하기로 결심했다고 말한 것이다.

지금까지도 아내는 내가 자기 보스를 통해 프러포즈를 했다고 놀려대곤 한다. 나는 영화 속에 나오는 근사한 청혼을 해보지 못한 것이다.

인생은 득과 실이 반반인 것 같다. 할머니를 잃은 그 날, 크리스는 인생의 반려자인 나를 얻은 것이다.

인생의 가장 중요한 문제인 결혼도 해결이 되었고, 대한민국 남자로서 꼭 치러야 할 병역의 의무를 감당하러 머리를 깎고 영천훈련소로 갔다.

20대 초반에 가야 할 군대를 석사 과정을 마친 28세 늦은 나이에 가게 되니, 새로운 환경에 대한 두려움과 기대감이 교차했다. 막연하게 생각만 했던 군대 생활이 눈앞에 다가온 것이다.

도착한 날, 교관으로부터 군복과 군화를 받고 드디어 내가 군인이 되었다는 실감이 들었다. 처음 신은 군화는 얼마나 무겁고 딱딱하던지…….

발뒤꿈치가 부르트고 걷지를 못해 쩔쩔맸다. 그러나 시간이 가니 그 물집은 굳은살로 변하고 나중에는 군화가 아주 편하게 느껴졌다.

언제나 처음이 힘들지 습관이 되고 익숙해지고 나면 편하게 느껴지기 마련인가 보다.

나는 오마하에서 석사 공부하는 동안 다 버려 놓은 위 때문에 군대

초기에도 많은 고생을 했다. 고된 훈련 뒤에 먹는 밥은 꿀맛이어서 한 톨도 남기지 않아야 정상인데, 나는 밥을 반도 먹지 못하였다. 저녁식사 때마다 중대장이 식당에서 나를 보면 "왜 그렇게 밥을 못 먹느냐?"고 걱정을 해주었다.

그러나 규칙적인 운동과 식사는 나의 위를 서서히 치료해 주었다. 아침 일찍 일어나자마자 30분씩 구보를 하고, 힘든 훈련이지만 매일 하다 보니 건강이 좋아지기 시작했다. 그렇다. 몸도 규칙적으로 움직여 주면 건강해지는데 그동안 난 공부로 몸을 혹사시켰던 것이다.

규칙적인 생활과 스트레스가 없는 생활은 고된 훈련을 잊게 했으며, 더 이상 영어와 씨름하지 않아도 된다는 생각이 나를 얼마나 편하게 해주었는지…….

석 달쯤 지나자 나의 위장병은 씻은 듯이 나았고, 돌을 씹어도 소화가 될 정도로 위가 튼튼해졌다.

영천훈련소에서는 자유 시간에 편지 쓰는 것이 허용되어, 밤마다 나는 크리스에게 편지를 썼다. 결혼을 결심한 나에게 이미 크리스는 소중한 나의 일부로 느껴졌다.

어느 날 면회를 오신 부모님이 나에게 "결혼에 대해 마음 바꿀 생각이 없느냐?"고 물으셨다. 나는 "그럴 마음이 없다"고 답했다. 내 마음은 이미 정해졌던 것이다.

훈련소에 입소한 지 얼마 되지 않아 유격 훈련을 받기 위해 밤에 화산 유격장으로 이동했다. 화산 유격장은 산 위에 있었고, 구간은 S자 형태의 꼬불꼬불한 오르막길이었다.

오르막 산길이라 그냥 평평한 지역을 걷는 것보다 훨씬 더 힘들었다. 가다가 지쳐서 교관에게 "다 왔습니까?" 하고 물어보면 "바로 저

고개만 넘으면 된다"고 대답을 해, 열심을 다해 도착해 보면 또 다른 고개가 보여 실망을 했다.

그때 짜증도 났지만 교관은 다시 "이 고개만 더 넘으면 된다"고 말해 주어 또다시 힘내어 걸었다. 그렇게 속고도 그 다음 고개가 정말 마지막이라는 그 교관의 말을 믿고 싶었다.

만일 처음부터 "아직 멀었다"고 했으면 그 오르막길 구간을 포기하고 싶었을지 모른다. 그러나 '희망이 바로 코앞에 있다'고 생각하니 끝까지 걸을 수 있었던 것이다.

비록 거짓이었지만 "거의 다 왔다"는 교관의 말이 우리에게 가느다란 희망이 되어 지친 몸을 이끌고 완주할 수 있었던 것이다.

우리의 인생도 이러하여 '이 고비만 지나면 좋아지겠지' 생각하고 위로하며 살 때, 힘든 고비를 넘길 수 있다. '아무리 고생해도 쉽게 해결되지 않을 것'이라고 생각한다면 얼마나 큰 절망과 좌절이 우리를 기다리겠는가? 우리의 인생길이 얼마나 힘들겠는가? 결국 희망을 가진 자만이 성공할 수 있다는 것을 깨달았다.

석사 장교 훈련 과정 중에는 정훈 교육 시간을 매우 중요시하였다. 안보 의식을 고취하기 위해 그룹 토의를 하고 대표 발표자를 뽑아 발표하는 시간이 있었다. 대개가 다 이과 출신들이라 안보 주제에 대한 배경이 약했다.

국제 정치학을 전공한 나는 국제 정세와 남북 관계 등에 관한 주제에 익숙해서 대표로 나가 발표를 한 적이 있다. 육체적 훈련 후에 강의실에 모여서 교관의 강의를 듣거나 주제 발표를 들을 때면 조는 것은 당연지사였다. 그런데 신기하게도 내가 발표를 할 때는 조는 사람이 별로 없이 내 말을 경청해 주었다.

나의 발표를 재미있게 듣고, 끝나고 나면 재미있었다고 말하며 나에게 "미국에서 교수 하다 왔냐?"고 묻는 친구도 있었다.

3개월 동안의 예비역 장교 훈련이 거의 끝나 갈 무렵 100km 행군이 우리를 기다리고 있었다. 완전 군장을 하고 24시간 잠도 자지 않고 계속 걷는 훈련이었다. 오후에 출발하여 몇 시간은 힘든 줄 모르고 걸었는데, 밤이 되자 다리는 아파 오기 시작하고 몸은 고단하여 잠이 쏟아지는 것이었다.

추운 겨울에 완전 군장을 하고 걸으니, 걷다 보면 온몸은 땀으로 뒤범벅이 되었다. 한동안 걷다가 교관은 우리에게 10분 휴식을 주었다.

처음에는 너무 좋아서 쉬면서 잠깐 눈을 붙이기도 했지만, 땀이 식으면서 몰려드는 추위는 참으로 견디기가 어려웠다.

그토록 휴식을 기다렸던 처음과는 달리 10분 쉬라는 교관에게 우리는 추우니 빨리 가자고 했다.

깜깜한 한밤중에 초점 없이 걷는데, 저 멀리 깊은 산속 초가집에서 한 가닥 불빛이 새어나왔다. 그 불빛이 얼마나 부러워 보이던지……. 저 안에 있는 사람들은 얼마나 따뜻하고 행복할까 하는 생각이 들었다.

사람들은 자기가 처한 환경보다 조금만 더 나은 사람을 보면 부러워하고 '저 정도만 되면……' 하고 말하지만, 막상 그 자리에 가면 어느새 그 자리는 행복의 자리가 아니고 더 나아가야 할 길이 많은 간이역이 되어 버리는 것이다.

영천훈련소에서의 3개월간 훈련을 마친 후 나는 실습소 대장으로 최전방 강원도 인제 원통(인제 가면 언제 오나 원통해서 못 살겠다) 21사단으로 가게 되었다.

북한이 바로 눈앞에 있는 최전방, 1986년대 초인 그때, 장병들을 위한 막사 시설이 너무 좋아서, 그 안에서 뜨거운 물로 세수도 할 수 있었고, 막사 안에 컬러 TV도 있었다.

반찬도 아주 좋았고, 최전방에서 수고하는 장병들에게 최선을 다해 대접해 준다는 느낌을 받았다. 한밤중에 우유와 따뜻한 빵으로 야참을 먹고 사병들과 함께 철책선을 순찰하다 보면, 북한 쪽에서 들려오는 대남 비난 방송도 들을 수 있었다.

한반도의 허리를 잘록 자른 휴전선 위에 동해에서 서해 끝까지 물 건너고 험한 산 너머 세워진 기나긴 155마일(250km)의 철책선을 보고, 과연 "피는 물보다 짙고, 이념은 피보다 짙다"는 말을 실감할 수 있었다.

오늘날까지 이념 때문에 남북 간에 보이는 철책선뿐 아니라 우리 가운데 보이지 않는 마음의 철책선이 그어져 있는 것이 더 가슴 아프다.

한번은 DMZ 깊은 곳으로 들어가 막사 없이 땅을 파고 매복하여, 밤새 보초 서는 경험도 해보았다. 이 보초를 서기 위해 특수 방한복을 입어야 했는데, 방한복이 얼마나 무겁고 두꺼웠던지 걸을 때는 마치 펭귄이 뒤뚱거리는 것처럼 걸었다. 하얀 방한복을 입고 허허벌판 맨땅에 앉아 영하 20-30도의 추운 밤을 꼬박 새웠다.

전방 부대에서도 정훈 교육을 강조하였는데, 거기서도 내가 뽑혀서 사단으로 내려가 발표를 하기도 했다. 발표력을 인정받아 연대장으로부터 표창장을 받았다.

전방 GOP는 산꼭대기에 있기 때문에 눈이 많이 오는 날이면 하루 종일 눈 치우는 게 하루 일과였다. 산을 깎아서 길을 만들어 눈이 오면 보급로가 막히기 때문이다.

장병들은 가끔 멧돼지가 나타나면 잡으려고 애를 썼는데, 멧돼지가 얼마나 빠른지 한 번도 잡아 본 적이 없다. 가끔 덫을 놓아 토끼를 잡는 것이 고작이었다.

난 지금도 최전방에서 국가를 위해 수고하는 국군 장병들의 수고를 안다. 가끔 나의 군 생활을 생각할 때마다 늘 그들에게 감사한다.

석사 장교 훈련 중 교관들로부터 늘 듣던 말이 있다.

"여러분은 국가에 빚진 자입니다. 6개월의 짧은 군 복무를 했으니 국가에 빚을 진 것입니다."

국가에 진 빚을 갚는 방법은 어떤 것이 맞는지 나는 모른다. 그러나 난 아직도 그 말을 마음에 두고 있으며, 내 책이 한국에서 출간될 때마다 그 책의 저자 수익금 전액을 꼭 필요한 단체에 전부 기증하였다.

그동안 9권의 책을 썼는데, 책이 나올 때마다 하나님은 나를 인도하셨고 적절한 곳에 쓰이도록 인도하셨다.

지금 쓰는 이 책도 어느 누군가가 간절히 기도하고 있으리라. 하나님의 도움이 필요하다고……. 주님의 영광을 위해 쓰인다면 적재적소를 찾아 기부하리라는 생각으로 이 글을 쓰고 있다.

군 복무를 통해 건강도 되찾았고, 국방의 의무도 다했다는 홀가분한 마음으로 제대를 하고 집으로 돌아왔다.

크리스와
결　　혼

　군 제대를 앞두고 5월에 결혼식을 올리자고 크리스에게 말했다.

　서울에 와서 일단 결혼식을 하고, 크리스 부모가 살고 있는 일리노이 주로 가 다시 결혼식을 올리기로 했다. 양쪽 식구들이 다 움직이면 경비가 많이 들 테니 그렇게 하는 것이 좋겠다고 생각해서 크리스가 서울에 오기로 했다.

　막상 크리스가 온다고 생각하니 마음이 들떠 일이 손에 잡히지 않았다. 4월에 제대를 하고 어머니를 따라다니며 결혼 준비를 하느라 바빴다.

　날짜 잡는 일이며 호텔 예약 등 이것저것 자질구레한 일들이 생각보다 많았다. 미국 며느리를 맞아들이는 어머니로선 무슨 일이든 다 알아서 해야만 했다.

　크리스도 직장 때문에 여러 날을 비우지 못하는 입장이어서 일주일 안에 결혼식과 신혼여행까지 끝내야 할 판이었다.

　결혼식을 이틀 앞두고 크리스가 왔다.

밤새 잠을 설치고 김포공항으로 나갔다. 멀리서 다가오는 크리스의 모습이 보이기 시작했다. 해맑은 미소와 긴장한 듯 쑥스러워하는 그녀의 모습이 유난히 아름다워 보였다.

'저 여자가 나의 아내다. 평생을 나와 함께 가야 할 나의 반쪽인 것이다.' 그 생각을 하니 그녀가 더 소중해 보였고 내가 지켜줘야 할 나의 여자라는 생각이 들었다.

공항을 빠져나와 크리스를 데리고 집으로 갔다. 밤낮이 바뀐데다 어리둥절해 하는 크리스를 부모님께 인사를 시켰다. 서툰 몸짓으로 절을 올리고 식구들과 정식으로 인사를 주고받았다.

내 식구가 되려 하면 다 좋아 보인다더니 부모님께서 "미국 여자 같아 보이지 않고 순진한 한국 여자로 보인다"며 좋아하셨다.

갈색 눈에, 갈색 머리, 그리고 작은 키가 외국 여자라는 인상보다는 동양 여자처럼 보였던 모양이다.

한국에 처음 온 크리스는 모든 것이 낯설었고, 크리스를 본 식구나 동네 사람들은 구경거리가 난 듯 쳐다보며 신기해 했다. 오마하 적십자사에서 근무했던 크리스는 한국에 있는 동안 적십자사 본부를 방문하고 싶어했다.

크리스를 데리고 남산 근처에 있었던 적십자사를 방문하여 그곳의 관계자들과 함께 반갑게 대화를 나누고 돌아왔다. 남을 돕는 것을 사명으로 여겼던 크리스는 자신의 직장인 적십자사를 정말 사랑했다.

말이 통하지 않아 손짓, 몸짓을 섞어 가며 말하는 그녀를 바라보며 나의 미국 생활이 떠올랐다. 물론 나는 어느 정도의 의사소통은 했지만 답답하기는 마찬가지일 것 같았다. 그녀가 어쩐지 안쓰러워 보였다.

한국의 전통 혼례식을 올리기로 하고 신라호텔 영빈관에서 결혼식을 올렸다. 그녀의 머리를 해주었던 미용실에서는 미국 사람이 처음으로 족두리를 쓰고 결혼을 한다고 사진을 수없이 찍게 했다고 한다.

결혼식장에 들어온 그녀는 사모관대를 쓴 내가 마치 '미키마우스' 같다고 깔깔거렸다. 연지 곤지를 찍고 족두리를 쓰고 있는 그녀의 모습이 미국 여자라는 생각이 들지 않았다. 이런 게 연분인가 보다. 수줍은 듯 앉아 있는 그녀에게 다가가 살며시 입을 맞춰 주었다.

그녀는 우리 식구들과 그리고 새로운 문화에 동화하려고 어머니를 따라 시장도 가고, 주로 한식을 먹었으며, 부엌에서 설거지도 하고 동생을 따라 공중목욕탕에도 다녔다.

제주도로 신혼여행을 갔었는데, 그 여행이 우리에게는 오랫동안 계속 우려먹어야 하는 추억이었다. 변호사가 되기까지 난 그녀를 데리고 여행 한 번 가지 못했다. 제주도 신혼여행에서는 많은 사람들이 우리만 쳐다보는 것 같았다.

해녀들도 신기한 듯 해산물을 하나 더 주며 "미국 여자냐?"고 묻기도 했다.

해삼이나 멍게를 그냥 먹는 나를 보고 "고추장 맛으로 먹는 것이지 해물 맛으로 먹는 거예요?" 하며 고개를 저었다. 그래도 한국 남자를 만나 한국인으로 동화하려는 크리스가 너무 사랑스러웠다.

미국으로 먼저 돌아가던 날, 공항에서 그녀는 흐느껴 울었다. 곧 내가 돌아갈 텐데도 남편인 나와 떨어지기가 아쉬웠던 모양이다.

동생이 "미국 여자도 우냐?"라고 묻기에 나는 "여자는 다 똑같은 거야"라고 대답했다. 아내가 떠난 뒤 부지런히 서류를 준비하여 미국으로 돌아왔다. 이제는 아무도 모르는 곳으로 가는 게 아니라 내 아내가 살고 있는 집으로 간다고 생각하니 기분이 달랐다. 공항에서도 나를 반겨 줄 아내가 있다는 게 너무 감사했다.

공항에서 반가이 맞아 주는 크리스를 만나자 집으로 돌아왔다는 생각이 들었다.

우리는 아내가 결혼하기 전 살던 작은 아파트에서 신혼생활을 시작했다. 한국에서는 모든 것이 낯설고 어려워 아무 말도 못하던 아내가 미국에서의 분위기는 확 달라져 있었다. 나의 짐을 풀며 마른 오징어 냄새가 지독하다고 코를 돌린다. 내가 맛있게 씹으면 고무 씹는 거 아니냐고 머리를 저어댄다. 마른 오징어 냄새가 지독한 만큼 맛이 있다고 말해 주면 멀리 도망가곤 하였다.

주말을 이용하여 처갓집이 있는 랜툴(Rantoul)로 내려가 가족들도 만나고 결혼식을 다시 올리기로 했다. 처음 가는 처갓집이라 무척 긴장이 되고 마음도 설레었다. 장인, 장모님은 나와의 결혼을 반대하지 않고 딸이 사랑하는 남자이니 좋다고 했다지만 그래도 동양인 사위를 보는 게 쉽지만은 않았을 것이다.

처갓집에 도착하니 온 가족이 다 와 있었다. 아내의 부모님은 너무 자상해 보이고 좋은 분들 같았고, 형제들의 웃음소리가 끊이지 않았다. 그 다음 날 치를 결혼식 준비로 음식을 만들며 담소하는 모습이 한국의 우애 좋은, 행복한 집을 보고 있는 것만 같았다.

그 다음 날 아내가 다니던 작은 감리교회에서 결혼식을 올리기로 하고 예행연습을 했는데, 너무 긴장한 나머지 성혼 서약서를 영어로 외지 못해 쩔쩔맸다.

목사님 앞에서 가족들만 모인 조촐한 결혼식을 치르고 나니 정말 축복받은 결혼임을 실감할 수 있었다. 하나님 앞에서 선서를 하고 하객을 증인으로 하는 결혼식은 참으로 엄숙하고 경건한 기분마저 들게 만들었다.

한국에서 결혼식이 끝나고 노래를 시키는 바람에 혼쭐났던 나는 미국은 어떤 풍습이 있는지 약간 겁이 나기도 했다.

결혼식이 끝나자, 가족들이 돌아가며 안아 주고 한 가족이 된 것을 축하해 주었다. 우리는 이제 양쪽 집안에서 다 인정받은 부부가 된 것이다. 섭섭해 하는 처갓집 식구들을 뒤로 하고 아내를 사랑하고 잘 살겠노라 말씀드리고 오마하로 돌아왔다.

사랑이 전부가 아닌 현실로 돌아온 우리는 하나씩 문화의 퍼즐을 맞추기 시작했다. 학교 영어는 그런 대로 따라갈 수 있었지만 실생활 영어는 낯설었다. 아내가 도와달라고 부탁을 해도 못 알아들어 못해 주는 경우가 빈번했다.

수세미(wash cloth)를 달라는 말도 못 알아들었고, 뚜껑(lid)을 달라고 해도 그냥 멍청히 서 있었다. 부탁한 아내나 못 알아듣는 나나 민망하기는 마찬가지였다.

한국에서는 결혼하면 부부가 은행의 구좌를 한 구좌로 사용하는 게 당연한데 아내는 이해하지 못했다. 미국에서는 뭐든지 여자를 우선으로 하고 물어보고 같이 상의해야 하는데, 나는 아내에게 신경을 쓰게 하지 않으려고 대충 내 선에서 해결하려고 했다.

우리의 엇갈린 문화는 자그마한 부부 싸움으로 이어졌고, 우리는 울고 웃으며 같이 헤쳐 나갔다. 결국은 다 사랑 싸움이었던 것이다.

아내도 사랑하는 마음에서 나온 행동이라는 것을 이해해 주었고, 나도 아내가 그동안 해왔던 모든 생활의 익숙함에서 오는 것이라는 걸 알게 되었다.

한국 사람들이 아내에게 김치를 먹을 수 있냐고 물어보면 아내는 김치찌개도 좋아한다고 대답한다. 미국 음식을 좋아하지 않는 내 식성 때문에 아내는 늘 한식을 먹는다.

한국 음식도 제법 잘 만든다. 로스쿨을 다닐 때 한국에서 연수 온 판사 부인들에게 영어를 가르쳐 주고 그들에게 한국 음식을 배워 김치찌개는 기본이고, 된장국도 끓일 줄 알고 겉절이 김치도 무칠 줄 알았다.

그런데 나는 청국장을 좋아하는데 아내는 "그것만은 제발"이라고 고개를 흔든다. 아직도 그 냄새는 힘든가 보다.

사랑하는 나의 큰아들은 어려서부터 먹어 온 한국 음식에 길들어져 있어 매운 육개장도 좋아하고 순두부 찌개도 좋아한다.

둘째아들은 매운 맛에 익숙지 않지만 그래도 맵지 않은 한국 음식은 다 좋아한다.

미국인 아내를 보고 어떤 사람은 "아까운 한국 남자 하나 빼앗겼네" 하면서 안타까워하기도 했다. 그러면 나는 "외국인 아내를 맞았으니 한국 사람을 하나 더 만든 것이지요" 하면, "그런가?" 하고 같이 웃고 지나간다.

미국은 결혼과 함께 여자의 성을 남자의 성으로 바꾼다. 그런 측면에서 보면, 미국이 더 남자 위주의 사회같이 보이기도 한다.

나의 성을 따라 아내도 '전'(Chun)으로 바꿨다. 발음이 어려워 친구들이 '춘', '천', '션' 등 각양각색으로 부르는 일도 있었다. 어떤 이는 성을 들어 보고 아내가 중국 사람이라고 착각했다가 직접 만나본 후 아내가 백인인 것을 알고 놀라면서, "어떻게 유색 인종과 사느냐?"고 핀잔을 주는 사람도 있었다고 한다.

이름 속에 남모르는 수난도 숨어 있었지만, 아내는 남편의 성과 아들의 성을 자랑스럽게 여기고 있다. 토종 한국인을 남편으로 맞아 힘들어도 잘 따라 주는 아내가 참 고맙다.

 # 미국 변호사를
꿈 꾸 다

아내와 결혼한 후 다시 오마하로 왔다. 미국에서 정착하는 데 제일 먼저 당면한 문제는 운전이었다. 당시 한국에는 자동차가 그리 많지 않아 운전면허증을 가진 사람이 많지 않았고 나 자신도 운전해 본 경험이 전혀 없었다.

아내가 운전하는 차를 타고 다니는 것도 하루 이틀이지, 남자로서 체면이 영 말이 아니었다. 사람들이 여자에게 운전을 시키고 남자인 나는 옆에 앉아 있느냐고 생각할 것만 같아 차에 오르내릴 때 머리 뒤통수가 따가웠다. 어쨌든 하루빨리 운전을 배워야 할 것 같았다.

아내의 자동차가 GM의 소형 시보레였는데 그 차는 자동이 아닌 4단 기어 변속 자동차여서 그 차로 운전을 배웠다. 운전 연습 중 클러치를 너무 빨리 놓는 바람에 차 엔진이 자꾸 꺼지는 실수를 반복했다.

옆에서 아내가 무서워 소리를 지르고 나는 듣기 싫어 짜증을 부리며 싸우기도 했다. 누군가가 부부끼리 운전을 가르쳐 주면 이혼할 확률이 많다고 했는데 우리도 예외는 아니었다.

나는 몰라서 떨리고 당황해 하는데, 아내는 내가 쩔쩔매니 불안한 데다 내가 컨트롤을 못해 자동차가 엉뚱한 곳으로 달려가면 무서워 소리를 지르는 것이었다.

하루 빨리 운전을 배워 운전면허를 따고 싶은 심정에 주말 아침엔 새벽부터 아내를 깨워 운전 연습을 나갔다. 아내는 주중에 일을 하기 때문에 모처럼 늦잠 자고 싶은 주말을 나 때문에 할 수 없이 일찍 일어나야 했다.

그로부터 몇 주 뒤 필기시험에 통과한 후 실기시험도 한 번에 통과되어 우리는 뛸 듯이 기뻤다. 운전 시험이 한 번에 통과되는 걸 보니 앞으로 내 미국 생활은 탄탄대로를 가는 게 아닌가 싶었다. 내 생애 처음 딴 운전면허증을 받고 정식으로 미국 생활을 시작하는 기분이었다.

틈만 나면 어딘가 가고 싶어 아내에게 마켓에 쇼핑하러 가자고 하고, 심부름이라도 시키라고 졸라댔다. 미국에서의 자동차는 다리와 같아서 운전면허증을 따고 운전하는 나는 미국에서 드디어 다리를 갖게 된 것이다.

한국에서 이미 로스쿨을 가기로 마음먹고 왔던 나는 캘리포니아가 동양인도 많고 나중에 직장을 잡기도 쉬울 거라는 생각이 들어, 캘리포니아에 있는 로스쿨에 가기로 결정했다. 캘리포니아는 태평양을 건너 한국과 제일 가까운 주였기에 부모님과도 거리상 가깝게 느껴졌다.

그때만 해도 외국인 유학생은 로스쿨 입학이 매우 어려웠는데, 나는 미국 아내와 결혼해서 영주권을 받았기에 로스쿨에 지원할 자격을 갖추게 된 것이다.

사실 결혼하기 전에는 로스쿨에 가고 싶어도 갈 수 있는 자격이 갖춰지지 않아 "꿩 대신 닭"이라고, 로스쿨 대신 정치학 박사 과정을 하려 했다.

한국으로 돌아가기 전에 미주리 대학에서 정치학 박사 과정을 하려고 신청하여 입학 허가를 이미 받았으나, 이제는 나의 원래 꿈이었던 로스쿨을 위해 정치학 박사 과정을 접기로 했다

그 당시 미주리 대학은 정치학으로 유명하여 한국에 미주리 대학파가 있을 정도여서 접는다는 게 아쉬웠다. 하지만 변호사가 되겠다는 나의 꿈이 제자리를 찾을 수 있게 되어 너무 좋았다.

원래 미국에는 로스쿨이 한 주에 한두 개밖에 없다. 그러나 캘리포니아나 버지니아, 뉴욕 등은 로스쿨이 제법 많은 편이다. 주가 크고 인구가 많아서 정치적, 경제적 위치가 확고한 주일수록 로스쿨의 수가 더 많은 것이다.

나는 캘리포니아에 있는 10개의 로스쿨에 입학 원서를 냈다. 대학에서도 날고 긴다는 우수한 학생들만 지원한다는 로스쿨의 경쟁은 과연 치열했으며, 더욱이 소수 민족인 나에게는 입학 조건에서 불리한 면이 더 많았다.

로스쿨에 입학하려고 하면 첫째, 학교 내신 성적과, 둘째, LSAT, 셋째가 에세이와 추천서 등이 좋아야 한다. 나의 경우, 내신 성적은 우수했고 에세이는 한국인으로서 변호사가 되면 이중 언어가 가능하고 한국과 미국의 가교 역할을 할 수 있다는 내용으로 썼다.

그러나 LSAT 시험은 영어가 부족한 외국인에게는 몹시 힘든 시험이라 나는 토플 시험 공부할 때처럼 지난 기출 문제를 열심히 풀고 분석하여 그 패턴을 알려고 노력했으나, 점수가 그리 높게 나오지 않았다.

미국 대학을 우수한 성적으로 졸업한 학생들도 LAST 시험은 모두들 힘들다고 아우성치는 시험이다. 나는 시험 성적과 함께 모든 입학

원서 서류를 로스쿨로 보냈다.

주사위는 던져졌다. 이제는 기다리는 일만 남았다. 입학 허가를 기다리는 동안 그냥 집에서 놀 수만은 없었다. 그래서 오피스 빌딩 안에 한국인이 경영하는 중국식 카페테리아에서 손님이 가장 많이 몰리는 점심 시간 2시간만 일했다.

음식 주문을 받아 부엌에 넘겨 주고, 그 음식이 나오면 손님에게 포크, 나이프와 함께 음식을 서브해 주는 일이었다. 어찌나 빠른지 손이 안 보인다고 말하는 손님들도 있었다. 음식을 사먹으려는 손님이 줄을 서서 기다리곤 했는데 1분이라도 빨리 하여 좀더 매상을 올려주고 싶은 마음에 손을 쉴 수가 없었다.

토요일에는 하루 종일 세탁소에서 일했다. 손님이 들어오면 친절하게 인사를 하고 무슨 서비스를 원하는지 물어보고 세탁물을 받았다. 세탁물을 받으면 옷핀으로 물빨래와 드라이클리닝을 구별하는 표시를 옷 상표 뒤에다 했다.

구별이 끝난 뒤에 옷을 들어 뒤편으로 옮기는데, 나는 옷이 그렇게 무거운지 그때 알았다. 속옷, 팬티까지 갖고 오는 미국 여자들을 보고 깜짝 놀란 적이 한두 번이 아니었다.

그 시절의 경험으로 나는 많은 이민자들의 고충을 알 수 있었다. 지금의 위치에서도 클라이언트들의 고민이 무엇인지 전부는 이해할 수 없지만, 내가 겪은 일을 바탕으로 많은 이해를 하려고 노력한다.

그렇게 하루 종일 일해서 번 돈은 고작 20달러였다. 곧 로스쿨에 가야 하니 한 군데서 오랫동안 일할 수 있는 형편이 아니라 파트타임이라도 누가 써주기만 하면 감사해 하며 일을 했다.

한국 식료품점에서 물건을 정리하는 일도 해보았다. 일주일에 한두 번 물건을 실은 트럭이 와서 숱한 물건들을 내려놓는데, 쌀이며 배추, 간장, 또 다른 물건들도 모두 박스로 오기 때문에 모든 짐을 상점으로 들어 날랐다.

겨울에 가죽장갑을 끼고 짐을 날랐는데, 한 트럭분을 옮기고 나니 가죽장갑이 걸레가 되었다. 만약 내가 군대를 다녀오지 않았더라면 힘든 육체적 노동을 감당할 수 없었을 것이다.

한번은 중국 식당으로 쌀과 간장을 배달하러 나갔다. 100파운드(45kg)짜리 쌀을 혼자 들 수 없어 질질 끌면서 배달 트럭에다 옮겼다.

가능하면 식당 부엌 문 입구에 가깝게 주차하려고 후진하다가 기둥을 박기도 했다. 그 무거운 짐을 들 수가 없어 질질 끌어 부엌에다 내려놓을 때는 아무 말도 안하더니, 나오려고 할 때 한 요리사가 "헤이, 헤이!" 하며 나를 불렀다.

쌀 100파운드짜리와 간장통들을 다른 곳에 옮기라고 명령하였다. 몸도 피곤한데 수모까지 당한다는 생각이 들어 화가 나기도 했다. 그러나 아내도 일을 하고 있는데 내가 이런 일도 못 견디면 안 된다는 생각에 꾹 참고 "Yes, Sir!" 하면서 시키는 일을 했다.

내가 해본 일들 중에 동양 마켓에서 일하는 것이 가장 힘들었던 것 같다. 당시 운전도 초보였고 자동차에 대해서도 아는 바가 적어 실수도 했다. 주인의 스테이션 왜건(station wagon)으로 아이를 데리고 오라는 심부름을 나갔는데, 갔다 온 후 주인이 "차 브레이크 패드가 다 나갔다"고 나에게 말했다.

나는 무슨 영문인지 몰랐는데 나중에 알고 보니 내가 비상 브레이크를 풀지 않고 그냥 운전을 해 브레이크 패드가 나간 것이었다. 나는 그때만 해도 비상 브레이크가 있는 줄도 몰랐다.

한국에서 돌아와 오마하에 있는 동안 친구의 부탁으로 성당에 나가 기타를 쳐주었다. 한인들이 많지 않은 오마하에 있는 작은 성당에서 피아노 반주자를 구하기 어려우니 기타 반주로 미사를 볼 수 있도록 해달라고 부탁을 했다. 처음에는 망설였지만 친구가 반주자가 없어 미사가 힘들다는 말을 듣고 차마 거절할 수가 없었다.

내 도움이 필요한 곳에 도움을 주는 것이 하나님의 일이라고 생각했다. 그곳에는 한국 신부님이 없어 미국 신부님들이 미사를 드렸는데, 교독문을 읽을 때는 신부님은 영어로 하고 우리는 한국말로 답변했다. 당시 서강대학교 초대 총장을 하시고 오마하의 크레이턴 대학교(Creighton University)에 근무하셨던 존 P. 데일리 신부님을 만날 수 있었다. 그분은 한국을 위해 그곳에서도 봉사하고 섬기는 삶을 살고 계셨다.

얼마 뒤 홀브룩(Fr. Holbrook) 신부님이 그 성당에서 시무하셨다. 그 성당은 예수회(Jesuit) 소속이었는데, 내가 입학 원서를 낸 산타클라라 대학도 예수회 소속의 학교였다.

미국에서 예수회는 대학 등 교육에 역점을 두고 있었는데, 예수회에서 운영하는 로스쿨이나 의과 대학은 명성이 있다. 예수회의 대표적인 학교는 조지타운 대학교와 한국의 서강대학교 등을 꼽을 수 있다.

산타클라라 로스쿨로부터 입학 결정이 늦어지자 나는 초조해지기 시작했다. 이미 10개의 캘리포니아에 있는 로스쿨에 입학 원서를 냈지만, 입학 거절을 당한 곳이 무려 7군데나 되었고, 2군데에서는 합격 대기자에 있다고 통보가 왔다.

이제 나에게 마지막으로 남은 학교는 산타클라라 로스쿨뿐이었다. 만약 산타클라라 로스쿨마저 나를 거절한다면 나의 모든 인생의 계획은 수포로 돌아가는 것이라고 느꼈다.

이미 미주리 대학에 정치학 박사 과정은 안하겠다고 통보한 상태여서 입학 허가를 기다리고 있는 나는 한 가닥 희망의 줄을 놓치지 않으려고 발버둥쳤다.

기도 끝에 생각난 사람이 예수회에서 서열이 높고 나를 그동안 지켜보셨던 홀브룩 신부님이었다. 신부님에게 전화하여 내 사정을 이야기하고, 예수회 소속 산타클라라 로스쿨의 입학 허가를 기다리고 있으니 추천을 해달라고 말했다.

며칠 후 신부님으로부터 전화가 왔다. 학교 측에 추천을 했노라고 전해 주었다. 그로부터 한 달이 안 되어 산타클라라 대학으로부터 편지가 왔다. 난 그 편지를 뜯을 수가 없었다. 그 안에 들어 있는 내용이 앞으로의 내 인생을 좌우하기 때문이었다. 심호흡을 하며 편지를 뜯는 내 손이 가느다랗게 떨리고 있었다.

"Congratulations!"(축하합니다)라는 단어를 보는 순간 난 숨이 멎는 것 같았다. 드디어 로스쿨에 합격한 것이다. 기뻐해 줄 아내와 부모님의 얼굴이 떠올랐다. 드디어 해낸 것이다. 환호성을 지르며 아내에게 전화를 했다. 아내도 목이 메는지 한동안 아무 말도 못하고 있었다.

부모님에게도 전화를 드렸더니 매우 기뻐하셨다. 난 한 번도 처음에 기분 좋게 되는 일이 없었다. 항상 초조하게 마지막 순간에 극적으로 일이 이루어진다. 마감 시간이 나를 쫓아오고 밤잠을 설칠 때쯤이면 응답이 온다.

언제나 지각하시는 하나님의 응답이 나에게 인생 수업을 시키시나 보다.

멀 기 만   한
미국 변호사의 길

오마하에서 로스쿨이 있는 캘리포니아 북부 산타클라라 도시로 이사할 준비를 했다. 짐을 싸는데 영문과 출신의 아내는 책이 많았고, 나 또한 전공 책이 만만치 않았다. 이사 비용을 절약하기 위해 가지고 있는 책을 다른 사람들에게 나누어 주거나 버리려고 하니 정든 책에 대한 아쉬움 때문에 아내가 울기도 했다.

아내가 아끼는 고서만 챙기고 나머지는 친구에게 주거나 버려서 이삿짐을 대폭 줄였다. 책을 옮기면서 책보다 무거운 것이 없다는 사실을 알았고, 종이가 칼보다 더 날카로워 손을 쉽게 베는 것도 알 수 있었다.

얼마 안 되는 신혼살림 이삿짐을 이삿짐센터에 맡기고, 나와 아내는 낡은 시보레 뒤에 임시로 써야 할 나머지 짐을 잔뜩 싣고 대륙 횡단에 나섰다.

그동안 똥차라고 구박했던 소형 시보레가 귀하게 여겨지고 제발 문제 없이 산타클라라로 데려다 달라고 기도했다.

하루 종일 운전을 해도 3일이 걸리는 먼 거리였다. 캘리포니아로 가는 하이웨이 82도로를 달리는 중에 주 경계선을 만나면 각 주마다 "welcome" 사인이 나오는데, 우리는 차를 세워 그 앞에서 사진을 찍기도 했다.

돈을 절약하기 위해 아주 허름하고 조그만 모텔만 골라 잠을 잤다. 모텔에 들어가 호기심으로 전화번호부를 뒤적이니 그 작은 마을에서도 중국 식당을 발견할 수 있었다. 미국 어느 곳을 가든 중국 사람과 중국 음식점이 있다는 사실을 알고는 놀라움을 금할 수 없었다.

미국 음식을 좋아하지 않는 나는 작은 전기밥솥을 가지고 밤에 모텔 방에서 밥을 지어 그 다음날 길을 가는 동안 먹을 음식을 준비하였다.

출발하기 전 가장 손쉽다고 느낀, 유부가 들어 있는 깡통을 사서 밥만 집어넣으면 되는 유부초밥을 만들어 세 끼를 때웠다. 아내는 손쉬운 샌드위치를 만들어 먹어 우리는 한번도 음식점에 들어가지 않았다.

캘리포니아의 경계인 네바다 주를 관통할 때는 사막의 돌풍을 만나기도 했다. 모래바람이 너무 휘몰아쳐 앞을 볼 수가 없어 차를 옆에 세우고 돌풍이 지나갈 때까지 기다려야만 했다.

영화에서만 보았던 사막의 나무줄기 묶음이 회오리바람에 휘날리는 장면을 보면서, 자연의 다양함과 무서움을 동시에 체험하였다. 네바다 주에서 캘리포니아에 거의 도착하니 넘어야 할 산이 또 기다리고 있었다.

한참 산을 올라 정상에 도착하니 주 경계 검문소가 있었다. 검문소를 통과하는데 경비요원이 우리에게 "아이스박스를 열라"고 하고, 그 안에 있던 사과를 빼앗았다. 우리는 빼앗긴 영문도 몰랐지만 항변도 하지 못했다.

나중에 알고 보니 캘리포니아 주는 자연 환경을 중시하고 농업 산업이 발달된 주여서, 과일이나 씨앗 같은 농작물을 타 주로부터 반입되는 것을 금지시켰던 것이다.

캘리포니아 경계를 넘자마자 산타클라라로 가는 길은 지그재그로 된 내리막길의 연속이었다. 그래서 앞차와의 충돌을 막기 위해 거의 브레이크를 밟고 내려가야만 했다. 이것이 나중에 내가 새 차를 사게 된 원인이 될 줄은 미처 몰랐다.

우여곡절 끝에 학교 근처에 마련한 아파트에 도착했다. 안으로 들어가자 아무런 짐도 없는 아파트는 안이 휑하니 느껴졌다.

시장을 봐 와도 해먹을 그릇도 없고, 마땅히 앉아서 먹을 곳도 없던 나는 아내를 데리고 근처 한국 식당을 찾아갔다. 캘리포니아는 미국의 중부와 달라서 한국 식당도 많았고, 한국 사람도 많았다. 길거리에 즐비한 한국말 간판을 보고 난 새로운 도시로 왔음을 실감할 수 있었다.

나는 오랜만에 먹는 한식이라 반가웠으나, 아내는 아무도 알지 못하는 객지에 처음 와서 한국 음식점에 앉으니 아주 멀고 생소한 곳에 온 느낌을 받았는지 아내의 두 눈에는 눈물이 고였다.

그때서야 내 생각만 한 것 같아 너무 미안했다. 아내에게 무엇을 먹고 싶은지 물어보고 아내가 원하는 식당으로 갔더라면 아내가 조금이나마 마음이 편했을지도 모를 텐데…….

학교에 가기까지 한 달 동안의 시간이 있었는데, 아내는 산호세 지역 적십자사에 취직이 되었고, 나는 학교 등록 수속을 마쳤다. 취직이 된 아내도 마음의 안정을 찾는 듯했고, 나는 공부에만 전념하면 된다는 생각에 안도감을 느꼈다.

산타클라라는 날씨가 아주 좋은 도시였다. 한여름에도 에어컨을 켤 필요가 없는 선선한 사막 기후이고, 한겨울에는 눈이 오지 않고 1-2월에 약간의 비가 내릴 뿐이었다. 어쩌다 비가 한번 오면 교통사고가 나기 일쑤이며, 운전자들은 자동차의 와이퍼 사용하는 방법을 모를 정도였다.

오마하에서 학교가 있는 산타클라라로 오면서 아내가 타고 다니던 옛날 차에 문제가 생기기 시작했다. 중부에서 서부로 오는 동안 지형이 험난하고 오르내림이 많아 브레이크를 계속 밟고 오는 바람에 고장이 난 것이다. 도착을 거의 앞두고 브레이크가 다 닳아 버렸다. 계속되는 잦은 고장으로 더 이상 헌 차를 갖고 있는 게 경제적이지 못하다는 생각으로 새 차를 구입하기로 결정했다.

여러 사람들에게 묻고 또 물어 가장 고장이 적고 값이 저렴하다는 마즈다 323을 샀다. 5단 기어 자동차가 갖고 싶었지만 값이 1천 달러나 더 비싸 4단 기어로 사기로 했다.

내가 평생을 살면서 배운 게 있다. '절대'라는 말은 절대 쓰지 않아야 한다는 것이다. 고등학교 때 어머니가 교회 가자고 그리 졸랐었는데, 겉멋이 든 나는 "하나님은 없다"며 "절대 예수를 믿지 않겠다"고 했었다.

또 미국에 오는데 친구들이 "미국 여자랑 결혼하는 거 아니냐?"고 했을 때, "난 절대 미국 여자와 결혼하지 않겠다"고 했었다.

미국에 와서 자동차를 살 때는 항상 "일제는 절대 사지 않겠다"고 했다. 그러나 난 지금 그 세 가지를 다 실천하며 살았다.

예수를 믿고, 미국 여자와 결혼했으며, 일제 자동차를 산 것이다. 나의 '절대'가 무너진 것이다. 따라서 나는 두 번 다시 '절대'라는 말을 절대 하지 않는다(Never say never).

산타클라라로 오자마자 제일 먼저 교회를 찾아야 한다는 생각이 들었다. 오마하에 있을 때는 한인이 적어 교회도 많지 않았고 교회가 너무 멀어서 누구에게 교통편을 부탁한다는 게 쉽지 않았다.

이곳 캘리포니아는 한인이 많았고 교회도 많았다. 미국 교포 사회는 교회 중심으로 움직이고 있으며, 교회를 통해 많은 정보와 만남 그리고 도움을 받을 수 있었다.

일단 집과 학교에서 가장 가까운 교회를 찾기로 했다. 하루 저녁 집 근처를 돌다 보니 한국 교회 간판이 눈에 들어왔다. 너무 반가워서 간판에 있는 전화번호를 적어 그 다음날 전화하여 예배 시간을 물어보았다.

그 교회는 미국 교회를 빌려 예배를 드리기 때문에 오후 2시에 예배를 드렸다. 교회에 가 보니 한 50명의 교인이 가족적인 분위기로 예배를 드리고 있었다.

너무나 반갑고 드디어 이곳에 와 정착하게 되었다는 마음이 들었다. 아내는 오마하에 있을 때 한국어를 배워 읽고 쓸 수는 있으나 대화는 어려웠다. 한글을 읽을 수 있는 까닭에 찬송가를 부를 수는 있었으나 내용은 이해하지 못했다.

한인 교회에서 예배 중에 동시통역을 제공해 주지 않았기에 아내는 내가 예배를 드리는 동안 주일학교에서 교사로 봉사를 하였다.

미국에서 자라는 아이들이 대개가 다 영어권이라 아내가 영어로 그들을 가르치고 대화할 수 있었기 때문이다. 내가 미국 교회에 가는 것을 불편하게 생각하는 것을 아는 아내는 이때부터 줄곧 나를 따라 한국 교회에 다녔다.

미국에서 여러 가지로 힘들어 하는 나에게 잠시나마 편안함을 주고 싶어 했던 것이 아내의 마음이었던 것 같다.

로스쿨에 들어가서 보니 거의 절반이 여학생이었고 대부분 백인이었으며, 동양인은 아주 적었다. 대학에서 바로 로스쿨에 갈 수 있으나 로스쿨 입학이 너무 어려워 사회 경험을 쌓거나 대학원을 졸업하고 오는 경우가 많았다. 그리하여 입학자의 절반이 석사 학위 소지자였다.

미국 로스쿨에서는 판례법을 중심으로 가르치는 영미법 제도에 입각하나, 한국은 독일과 프랑스 법에 바탕을 둔 대륙법 제도를 택하고 있다.

한국에서 법을 공부했던 나는 한국에서 배운 것을 모두 백지화하고 이곳에서 새로운 법체계를 배워야 했다. 그런데 한국적 법률 사고가 자꾸 생각나서 한동안 아주 혼란스러웠다. 차라리 영문과에서 영어만 배웠던 사람이 훨씬 더 빠를 것 같았다.

하루는 도서관에서 공부를 하고 있는데 부동산법(Property Law)을 가르치는 교수가 내 앞을 지나갔다. 나를 알아보지 못할 것이라고 생각하고 인사를 하지 않은 채 내 공부에만 집중했다.

그 다음날 수업 시간에 들어갔는데 그 교수는 내 이름을 부르면서 집중적으로 질문을 퍼부었다. 괘씸죄에 걸린 것이다.

원래 미국의 로스쿨 강의는 소크라테스식 강의 방법으로 진행된다. 즉 교수가 일방적으로 강의만 하는 것이 아니라 학생들에게 질문하고 답변을 듣는 토론식 강의이다.

교수에 따라서 학생 이름의 알파벳 순서대로 질문을 하거나 혹은 무작위로 불러 질문하는 경우도 있다. 따라서 학생들은 수업 전에 해당 판례 케이스를 미리 다 읽어 와야 하며, 만일 질문에 답을 잘 못할 경우 성적에 반영되기도 한다.

그날 바로 내가 걸린 것이다. 내 차례가 아닌데 말이다. 강의실 학생들이 다 쳐다보고 있는 가운데 나는 대답을 하지 못하고 얼굴만 빨개져 서 있었다. 어찌나 분통이 터지던지 집에 와서도 씩씩거렸을 정도였다. 집에 와서 부동산법 책을 읽고 또 읽어 그 교수에게 질문할 법이론들을 정리했다.

그다음 강의 시간이 돌아왔다. 강의 시간 중에 나는 손을 들고 질문을 하기 시작했다. 이제는 내가 질문을 받는 것이 아니라 내가 질문할 차례가 된 것이다. 다시 내 본성인 오기가 드러나기 시작했다. 한번 물리면 반드시 물고 또 물어 상대방을 지치게 만드는…….

내 질문을 받은 교수는 당황하기 시작했으며, 그 교수가 답변하면 그 답변에 대한 질문을 연이어 해댔다. 그 교수에게 한 달 넘게 계속 질문을 해대니 나중에는 강의 시간에 내 눈을 피할 정도였다. 그 교수와는 이것이 인연이 되어 나중에 무척 가깝게 지냈다.

제일 어렵다는 로스쿨의 1년을 어떻게 보냈는지 모른다. 그로 인해 군대에서 완치되었다고 믿었던 나의 위장병이 재발하였다. 제대로 먹지 못하고 규칙적인 운동은 꿈도 못 꾸었고, 더욱이 매일매일 많은 양의 판례와 씨름하면서 받는 스트레스 때문에 내 위가 쉴 틈이 없었던 것이다.

조그마한 공복에도 속이 쓰리고 산이 나오며 속이 항상 더부룩했다. "위의 평화가 진정한 평화"가 아닌가 싶을 정도로 내 위는 점점 약해져갔다.

아내는 나에게 조금씩 쉬어 가며 하라고 했지만, 난 쉴 시간을 찾지 못했고 반드시 해내야 한다는 생각에 마음의 여유가 없었다.

군대를 갔다 와서 위장병은 치료를 받았는데, 그 반면에 약 1년 동안 영어를 손 놓았던 까닭에 이곳에 와 다시 영어로 공부하려고 하니 엄청 스트레스를 받았다.

역시 내 나라 말이 아닌 영어는 지속적으로 사용해야 하는데 그 동안의 공백을 만회하는 데 꽤나 힘이 들었다.

가장 어렵다고 하는 로스쿨 1학년이 어떻게 지나갔는지도 모르게 지나갔다. 로스쿨 2학년이 시작되는데 1학년 때 만났던 학생의 약 10%가 보이지 않았다. 성적이 모자랐거나 적성에 맞지 않아 중도에 포기한 것 같았다.

어떤 과목은 저녁에 강의가 있었는데, 강의실에 들어가 보니 머리가 희끗희끗한 나이 든 학생들이 있었다. 나는 처음에 나이 든 학생들이 강의를 듣는 것이 몹시 의아했다.

나중에 알고 보니 나이 많은 학생들은 의사와 다른 전문직에 종사하는 사람들이었다. 미국에는 공부하는 데 나이에 제한을 두지 않으며, 의사일 경우 로스쿨을 졸업하면 의료 사고 전문 변호사가 될 수 있어 늦은 나이에도 공부를 하는 것이다. 그만큼 미국의 로스쿨은 각 전문 분야에 바탕을 둔 변호사를 배출하고 있다.

1학년이 끝날 무렵 학교에 소수 민족에게 주는 장학금이 있다는 걸 알아내고 신청을 했는데, 학교로부터 2학년 때부터 장학금을 주겠다고 연락이 왔다. 아내가 버는 돈으로 생활을 했는데 장학금이 나오니 경제적인 부담이 많이 줄게 되었다.

당시 나에게 장학금을 준 로스쿨 학장은 울먼(Ullman) 교수였다. 그분은 그 유명한 O. J. 심슨 재판에서 심슨의 변호사로서 심슨의 무죄를 이끌어 낸 변호사들 가운데 한 사람이었다.

로스쿨에 있는 동안 여행은 꿈도 꾸지 못했는데, 한국에서 부모님이 오시거나 손님이 방문할 경우 1시간 거리에 있는 샌프란시스코를 주로 안내했다.

내가 있는 산타클라라는 내륙으로 1시간 정도 들어와서 위치해 있기 때문에 아주 따뜻하고 비는 거의 오지 않았다. 반면에, 1시간 거리밖에 안 되는 샌프란시스코는 바닷가 옆에 있어 비와 안개가 많았고 날씨는 을씨년스러웠다. 그래서 샌프란시스코를 갈 때는 으레 점퍼를 하나 가지고 가곤 했다. 바닷가 근처 식당에서 몸채가 큰 게를 삶아서 팔았는데, 너무 먹고 싶었으나 비쌀 것 같아 아예 가격조차 물어보지 않았다.

나중에 변호사가 된 뒤 아이들을 데리고 샌프란시스코를 다시 방문했을 때 비로소 그 게를 사 먹어 보았다. 역시 맛이 있었고 가격도 생각만큼 그리 비싸지 않았다.

내가 다니던 로스쿨에서는 국제 섬머 프로그램(International Summer Program)을 진행하고 있었는데, 처음으로 한국 로펌에서의 인턴십을 구상하고 있었다.

그래서 히메네즈 교수(Prof. Jimenez)의 부탁으로 한국의 대형 로펌을 찾아다니며 학교 프로그램을 설명하고 인턴십 승낙을 받았다. 인턴십은 공부하는 학생들에게 좋은 경험이 되고, 한국 로펌으로서도 위상을 높일 수 있어 여러 대형 로펌이 적극 동참해 주었다.

로스쿨을 다니는 동안 난 수줍음과 적극적이지 못한 성격 때문에 친구들을 많이 만들지 못했다. 유일하게 사귄 친구는 중국에서 공부했었던 백인 학생 스티브(Steve)와 한국계 아버지와 미국인 어머니를 둔 존(John)이 고작이었다.

존은 내가 미국 여자랑 결혼한 것이 자기 가정과 같다며 나를 무척이나 따랐다. 돈이 별로 없었기에 나는 그 친구들과 학교 근처에 있는 타코벨(Taco Bell)에 주로 갔었는데, 타코는 정말 싸고 맛도 괜찮았다. 타코 두 개에 1달러였고 사워크림(sour cream)을 넣으면 맛이 더 좋다는데 10센트가 더 비싸 한 번도 넣어 먹어 보지 못했다.

로스쿨 학생들은 모두 싱글이라 주말에는 술집에 가고 데이트도 나갔지만, 난 결혼한 몸이라 친구들과 어울리는 일은 거의 없었다.

아내가 미국인인데도 불구하고 미국 학생들에게 다가가는 일은 쉽지 않았다. 오히려 눈이 마주칠까 겁을 먹었던 것 같다. 그들이 나에게 다가오고 싶어도 틈을 주지 않았던 것이다. 지금 와서 후회가 되는 것은 로스쿨을 다니면서 더 많은 친구를 만들지 못한 것이다

난 학교 다니는 동안 자동차를 사지 않았다. 학교를 오갈 때나 가까운 곳에 볼일이 있을 때는 자전거를 이용했다.

우선 경비가 만만치 않을 것이고 큰 필요를 느끼지 못했기 때문이다. 더구나 아내가 일을 나가 번 돈으로 생활비를 하고 있는 형편인지라 조금이라도 헛돈을 쓰면 아내에게 미안하다는 생각이 들었다.

어느 날, 강의가 끝나고 집으로 오려고 자전거를 세워 놓은 곳으로 가는데, 갑자기 온 땅이 흔들리고 학교 캠퍼스 내 분수대 물의 반이 용솟음쳐 밖으로 쏟아져 나오는 걸 보았다.

그것이 바로 유명했던 1989년 대지진이었는데, 그날 그 시간에는 미국 야구 월드 시리즈 결승전이 샌프란시스코에서 진행되고 있었다.

얼마 전, 아이티를 강타하고 풍비박산을 낸 지진의 강도가 7.6이라고 했는데 그때 캘리포니아의 지진 강도는 7.1이었다. 약 2-3분간 지속된 지진이었는데 그 위력이 얼마나 셌던지 내가 중심을 잡을 수 없

을 정도로 흔들렸고, 갑작스런 공포를 체험하였다.

직장에서 일을 하고 있을 아내는 괜찮은지 걱정이 되었다. 전화가 두절되어 연락도 할 수 없었다. 아파트에 도착하니 방 안이 엉망이었다. 웬만한 가구는 못을 박아 벽에 고정시켰으나 그렇게 하지 않았던 책장이 쓰러져 있었다. 그날 저녁 전기도 끊겨서 밥을 해먹을 수 없어 갈탄을 피워 라면을 끓여, 한국에서 연수 나와 있는 옆집 판사 가족과 함께 먹었다.

그 지진으로 인해 이중 다리인 베이 브리지(Bay Bridge)는 붕괴되었으며, 곳곳에 전기가 나갔으나 학교 건물이나 공공건물들은 아무런 피해가 없었다.

지진을 고려하여 공사를 했기 때문에 큰 피해가 없었던 것이다. 캘리포니아는 지진에 대비해서 건축을 하기 때문에 공사 허가가 아주 까다롭기로 유명하다. 그 큰 지진에도 도시 전체가 그대로 있는 것을 보고 참 대단한 나라라는 생각이 들었다.

적십자사 구조 본부에서 일했던 아내는 그 후 10일간 집에 들어오지 못했다. 캘리포니아는 1년 내내 눈이 없고 경관이 아름다우며 날씨도 따뜻한데, 옥에 티라면 지진의 두려움이다. 역시 완전한 곳은 없는 모양이다.

로스쿨 3학년 때 ICRC(International Committee of Red Cross) 즉 국제 적십자회의 디렉터이며 국제 공법의 권위자인 지리 토먼(Jiri Toman) 박사가 교환 교수로 내가 다니던 로스쿨에 와서 국제법을 강의하게 되었다. 로스쿨에서 국제법 강의를 들으니 너무 반가웠다. 미국에서 박 교수님을 만난 기분이었다.

국제법 강의를 열심히 들었고 하고 싶었던 공부도 열심히 하여 A학점을 받았다. 토먼 박사에게 내가 국제법이 너무 하고 싶고 좋아한다고 말했더니 "국제법이 꿈과 같아서 현실과 동떨어진 것 같지만, 누군가가 계속 국제법을 연구해야 국제 사회에 크게 기여할 수 있다"고 나를 격려해 주었다.

그 이후로 나는 혼자 타국에 와 있는 토먼 박사님이 외로울 것 같다는 생각으로 가끔 저녁 초대를 해 많은 이야기를 나누었는데, 박사님이야말로 오히려 바쁜 가운데서도 국제법을 사랑하는 나에게 꼭 국제법 전공을 하라고 권유해 주기 위해 나와 시간을 보내 주셨던 것 같다. 토먼 박사님은 다시 한 번 나의 국제법에 대한 열망에 불을 지펴 주셨다.

드디어 로스쿨을 졸업하고 법학 박사(Juris Doctor) 학위를 받았다. 당시 한국에서는 로스쿨에서 법학 박사 학위를 받은 사람이 적어서 손가락으로 꼽을 정도였다.

변호사 시험에
떨 어 지 다

　로스쿨을 졸업하기 전 스탠리 쿡(Stanley Cook) 법률 사무실에 이력서를 넣었다. 인터뷰에 통과하여 정식으로 취직은 되었으나, 일은 변호사 시험이 끝나는 8월 초부터 정식으로 하기로 결정했다.

　스탠리 쿡 변호사는 캘리포니아 주 부검찰총장을 역임하였고, 미국 사회와 한인 사회에서 활발하게 활동하는 변호사였다.

　1990년 5월에 로스쿨을 졸업하고 두 달 동안 변호사 시험을 준비하는 발브리(Barbri) 특강을 들었다. 대부분의 학생들은 지난 3년 동안 공부한 것을 이 특강을 통해 복습하면서 변호사 시험을 준비하게 된다. 미국 전역 어디에서나 7월 말에 변호사 시험을 치르게 된다. 나름대로 열심히 공부하여 변호사 시험에 응시하였다.

　시험 보는 날 시험장에 일찍 도착했는데, 사람들이 보이지 않았다. 내가 제일 먼저 도착했다고 생각하고 호흡을 고르고 있었다. 그런데 이상하게 시험 시간이 다가오고 있는데도 아무도 나타나지 않았다. 갑자기 불안한 생각이 들기 시작했다. 지금 이 시간이면 다른 수험생들

도 도착했어야 하는데 그곳에는 나 혼자뿐이었다.

아침 일찍 아내를 재촉해 나를 시험 장소에 내려다 주고 출근하게 했는데, 만일 장소가 바뀌었다면 큰일이었다. 나는 자동차도 없어 다시 시험 장소를 찾아갈 수도 없는 상황이었다. 당시는 핸드폰도 없어 누구에게 도움을 청할 수도 없는 형편이었다.

무슨 일인가? 시험장 앞으로 나와 멍하니 앞만 바라보고 있었다. 마침 그때 건너편 빌딩에서 누군가가 나에게 손짓을 하는 것 같았다. 처음에는 나에게 손짓을 한다고 생각하지 않았는데, 계속 나를 향해 손을 흔들고 있었다.

당황하고 떨리는 마음으로 막 뛰어갔더니 그곳이 시험장이라는 것이었다. 두 빌딩의 이름이 같았는데, 작년에 시험을 본 선배로부터 시험 장소가 그곳이라는 이야기만 듣고 무작정 간 것이다. 급한 성격에 그만 빌딩 A와 빌딩 B를 확인도 하지 않고 갔던 것이다.

여자 시험 감독관이 가끔 빌딩을 헷갈려 하는 응시자가 있어 밖에서 보고 있었다고 했다. 아마도 매년 빌딩을 바꿔 가며 시험을 보는 모양이다. 확인하지 않고 선배의 이야기만 듣고 간 나의 큰 실수였다.

헐레벌떡 뛰어가 겨우 시험 시간에 맞춰 들어간 나는 호흡을 고르지도 못한 채 문제지를 받았다. 심장은 뛰고 있었고 머리가 띵하여 아무 생각도 나지 않았다. 시험 문제가 눈에 들어오지 않았다. 그러나 정신을 가다듬고 집중해 보려고 노력했다.

첫날에는 주관식 법률 문제를 보았고, 둘째날은 객관식 법률 문제를 보았다.

캘리포니아 주에서만 있는 셋째날은 주관식 변론문 작성 시험이 있었다. 시험 결과는 보통 11월 말에 발표하였다.

시험이 끝나자마자 쉴 틈도 없이 스탠리 쿡 법률 사무소에서 수습 변호사로 일하게 되었다. 그 사무실에서 제일 먼저 배운 것이 이민법이었다. 한인 사회가 있는 곳에서는 한 가정에 이민 문제 한 가지씩 없는 집이 없기 때문에 이민법이 가장 필요한 분야였다.

사무실에 나가면서 한국 사람들의 케이스도 늘어나기 시작했고, 클라이언트와 상담도 해주었다. 큰 사건은 쿡 변호사와 의논하여 처리하면서 일을 배우고 한인 사회의 문제점도 알게 되었다.

그중 가장 기억에 남는 한 케이스는 꽤 유명했던 사건으로, 한국 사회에 만연해 있던 계가 깨져 계주가 도망간 일이었다. 과연 '계가 계약인가'라는 법적 해석을 놓고 민사 소송이 벌어진 것이다. 샌프란시스코 법정은 계약서 없는 한국식 계도 계약이라고 볼 수 있다는 판결을 내렸다.

우리가 이긴 것이다. 한국식 계도 미국에서 계약으로 인정을 받은 것이다. 이로 인해 많은 교포 언론들이 이 사건을 대서특필하였고 여기저기서 인터뷰 요청이 쇄도했다. 한인 사회에서는 우리 사무실에 고문 변호사를 맡아 달라는 제안이 왔으며 사무실은 바빠지기 시작했다. 교포 사회에서 많은 초청 강연이 들어오고 이름이 알려지기 시작했다.

이제 모든 게 제자리를 찾고 있으며 앞으로의 성공이 보장되는 것같이 보였다. 변호사 시험 발표가 나오고 변호사 자격증만 받으면 끝나는 걸로 보였다.

드디어 변호사 시험 발표날이 되었다. 막상 발표날이 다가오니 긴장감에 떨리기 시작했다. 그런데 변호사 시험에 떨어졌다.

시험 보는 첫날 너무 당황하여 조금 어려웠지만 그래도 괜찮을 것같다고 생각했는데 아쉽게 떨어진 것이다. 턱걸이로 떨어졌다. 가느다란 희망이 다시 절망 속에 묻혀 버렸다.

그 다음날 사무실에 가서 낙방한 사실을 말하고 고민하고 있으니까 "다시 보면 되니까 걱정하지 말라"며 나를 위로해 주었다.

나는 로스쿨 졸업과 동시에 국제법을 더 공부해 볼까도 생각해 워싱턴 D.C.에 있는 아메리칸 대학교(American University) 로스쿨의 국제법 석사(LLM) 과정에 입학 신청을 해놓은 상태였다.

박 교수님이 전공했던 국제법이 너무 하고 싶었으나, 로스쿨 중에는 국제법만 따로 전공할 수 없었다. 그래서 1년 과정인 국제법만 듣고 싶어 입학 신청을 해놓았던 것이다.

LLM 학위란 로스쿨 졸업 후 받게 되는 법학 박사(Juris Doctor) 위에 있는 학위다. LLM 과정을 듣는 사람은 두 형태가 있는데, 하나는 J.D. 학위를 받은 후 한 분야만 전문하기 위해 듣는 것과 1년간 연수와서 미국 법의 기본을 배우고자 하는 외국 학생들을 위한 프로그램이 있다.

변호사 시험에 떨어지고 어떻게 해야 할지 고민하고 있는데 아메리칸 대학교 로스쿨에서 입학 허가서가 도착했다. 만일 변호사 시험에 합격했다면 입학 허가를 무시했을 텐데 지금 이 상황에서 캘리포니아에 남아 다시 시험에 응시할 것인가, 아니면 워싱턴 D.C.로 갈 것인가 하는 기로에 서 있었다.

일단 아메리칸 로스쿨에 전화를 걸었다. J.D. 학위를 받은 학생이며, 산타클라라 로스쿨에서 공부할 때는 소수 민족 장학금을 받았는데 아메리칸 로스쿨에서는 어떤 혜택을 줄 수 있느냐고 물어보았다. 학교측에서는 수업료의 일부를 장학금으로 주겠다는 제안을 했다.

그 대답을 들은 나는 그것이 하나님의 응답이라고 생각했다. 아메리칸 대학 로스쿨로 가기로 결정했다. 어차피 워싱턴 D.C.로 갈 것이니 변호사 시험도 워싱턴 D.C.에서 보는 것이 마땅하다는 생각이 들었다.

'자빠진 김에 쉬었다 간다'고 했듯이, 캘리포니아에서 시험이 떨어진 김에 하고 싶었던 국제법을 공부하기로 마음먹고 워싱턴 D.C.행을 선택한 것이다.

미국 변호사 시험은 7월과 2월에 치러진다. 나는 2월에 있는 워싱턴 D.C.변호사 시험에 응시하기 위해 약 두 달 동안 동네 시립 도서실에서 밤낮없이 공부하였다. 지난 5년 동안에 나왔던 기출 변호사 시험을 분석하고 완전히 외다시피 하였다.

필기시험뿐 아니라 객관식 문제의 대비도 충분히 했다. 드디어 워싱턴 D.C.에 도착하여 시험을 치르게 되었다. 시험 장소를 못 찾아 헤매지도 않았고 문제를 다 이해할 수 있어서 아주 완벽한 답안을 작성했다. 시험을 치르고 난 뒤 나는 속으로 이번 시험에 내가 수석을 차지할 것 같은 생각마저 들 정도였다.

처음 방문한 워싱턴 D.C.에서 이틀간 시험을 보고 "하루라도 워싱턴 관광을 하자"는 아내에게 "다음에 이곳으로 올 테니 그냥 가자"고 달래어 그 다음날 돌아갔다.

사실 마음의 여유가 없었던 것이다. 또한 그때는 아내가 임신 6개월이어서 돌아다니는 것이 무리일 것 같은 생각도 들었다.

시험 결과를 기다리는 석 달 동안 틀림없이 됐다고는 생각했지만 그래도 날짜가 다가오자 초조해지기 시작했다. 시험에 떨어지는 데 도사였던 나는 혹시 또 떨어지는 것이 아닌가 싶어 지레 겁을 먹고 있었다.

외출하고 돌아와 우편함을 열어 보니 워싱턴 D.C. 변호사협회에서 편지가 날아와 있었다. 떨리는 마음으로 봉투를 뜯어보니 "Congratulations!" (축하합니다)라는 첫 글자가 눈에 확 들어왔다.

시험 결과는 예상했던 대로 합격이었다. 수석 발표를 하지 않기에 지금도 내가 수석을 했는지의 여부는 미지수이다. 그러나 마침내 내가 변호사가 된 것이다.

워싱턴 D.C. 입성

변호사 시험 합격 통지서를 받고 좋아하던 나에게 또 하나 기쁜 일이 생겼다.

공부 때문에 5년 동안 미루어 왔던 나의 첫아들 벤자민(Benjamin)이 태어난 것이다. 아들 이름을 벤자민이라고 한 것은 한국 이름으로는 '자민'이가 되고 앞에 '벤'만 붙이면 훌륭한 영어 · 한국 이름이 되기 때문이었다.

엄마의 하얀 피부와 아빠의 검은 머리를 갖고 태어난 아들은 너무나 귀여웠다. 변호사 시험의 합격과 아들의 출산으로 인한 겹경사의 기쁨도 잠깐, 다시 아메리칸 대학 로스쿨에서 국제법을 공부하고 싶었던 나는 아내에게 1년만 더 고생하자고 말했다.

아내는 "이제 변호사 자격증도 받았는데 다시 공부를 하는 이유가 뭐냐?"고 하면서 "당신 직업이 학생이냐?"(professional student)며 따지듯이 물었다.

이제 정착하나 싶어 임신하여 첫아이를 낳은 지 두 달밖에 안 된 아

내에게 정착이 아닌 또 다른 시작을 종용하니 아내는 몹시도 서운해했다.

"그동안은 시험도 떨어지고 공부하느라 참았지만, 이제 아이도 있는데 돈을 벌어야지 자꾸 공부만 하면 어떻게 하느냐?"고 아내는 속상해했다.

캘리포니아에서 4년 있는 동안 친구도 사귀었고 환경에 적응도 됐는데, 이제 다시 서부에서 동부로, 그것도 직장이 되어서 가는 것이 아니라 다시 학생 신분으로 길을 떠난다는 불확실한 미래에 대한 불안감이 아내를 엄습했던 모양이다.

나는 아내에게 "내가 변호사로 직장을 잡고 정착하게 되면 국제법을 배울 기회는 영영 사라지고 만다. 이것이 나의 마지막 기회다"라고 설득하느라 애를 썼다. 나의 간곡한 설득에 아내는 체념한 듯 울면서 짐을 싸기 시작했다.

아내에게 미안한 마음이 있었고 워싱턴 D.C.로 가 직장을 잡을까도 생각했지만, 국제법을 배우고 싶다는 나의 의지를 꺾을 수는 없었다.

8월 말에 시작하는 가을 학기에 맞추기 위해 아메리칸 대학 근처에 대학원생을 위한 아파트로 가기로 하고 8월 초에 대륙 횡단에 나섰다.

아내와 두 달 된 아들 벤을 뒷자리에 태우고 차 트렁크에 짐을 꽉 실은 채, 불확실하고 아는 사람 하나 없는 미지의 땅 워싱턴 D.C.로 떠났다.

대륙 횡단 중 일단 기름값을 아끼려고 선선한 새벽 일찍 떠나 에어컨을 사용하지 않고 운전하다가, 두 달 된 아들 벤이 덥겠다 싶으면 잠시 틀었다 끄곤 하였다. 운이 좋게도 대륙 횡단을 하는 내내 구름이 끼고 햇빛이 없어 에어컨을 켜지 않아도 웬만큼 견딜 만했다.

단돈 1달러라도 아껴야 했던 우리는 에어컨 켜는 것을 무서워했고, 조금이라도 절약해야 하는 것이 우리의 현실이었다.

아침 일찍 일어나 하루 종일 운전을 하고 저녁 해가 떨어지기 전에 모텔에 들어가서 저녁을 지어 먹고 아들을 쉬게 했다. 하루 평균 8시간 정도 운전을 했다. 가는 길에 오마하에 들러 친구들을 만나고 하루 저녁을 지내고 다시 길을 떠났다.

도중에 일리노이 주에 있는 처갓집에 들렀는데, 장인, 장모님이 너무 반가워해 주시고 아내의 형제들이 우리가 아이를 데리고 왔다고 다들 모여서 즐거운 시간을 가졌다.

아내는 1남 4녀의 막내딸이다. 형제간의 우애가 돈독하고 서로 친밀하여 자주 각 집안의 안부를 물으며 서로 필요한 것들을 도와주기도 했다. 추수감사절이나 독립기념일(7월 4일)에는 여러 곳에 흩어져 있는 가족들이 모이는데, 한국에서 설날이나 추석에 가족들이 모이는 것과 같다. 아내의 오빠는 대학에서 정치학 교수를 하고 있었다.

아내가 나중에 이야기하기로는, 아내가 나와 결혼하겠다고 가족들에게 말했을 때 오빠가 처음에는 반대했다고 한다. 그 이유인즉 오빠가 교수이기 때문에 대학 내에서 외국 학생들이 미국 여자와 결혼해서 영주권을 받으려 하는 것을 보았기 때문에 아내에게 조심할 것을 경고했다고 한다.

그러나 아내는 오빠의 충고에도 아랑곳없이 나와의 결혼을 결심했다고 한다. 아내로부터 그 말을 들은 후부터는 처남이 은근히 미웠던 기억도 있다.

온 집안 식구들이 다 모여서 가족사진도 찍고 이야기꽃을 피우고 있는데 벤이 갑자기 열이 나며 아프기 시작했다.

아마도 긴 여행에 아이가 지치고 서부에서 이동하는 동안 기후 차이로 인해 병이 난 모양이었다. 아이가 고열로 울고 보채는데, 보험이 없는 우리는 불안하고 어쩔 줄 몰라할 뿐이었다. 그때 장인어른이 돈 걱정하지 말고 아이를 병원에 데리고 가라고 해서 아이를 응급실로 데리고 가 치료를 받았다.

병원에 다녀온 아이는 병원에서 준 약을 먹고 열이 떨어지고 새근거리며 잠도 잘 잤다.

그날 밤 장인은 나에게 "저렇게 아이도 있는데 한 군데서 정착을 해야지, 자꾸 이동을 하면 어떻게 하느냐?"고 쓴소리를 한마디 했다.

그 이야기를 듣는 순간 처갓집에 있는 것이 바늘방석에 앉아 있는 기분이어서 한시라도 빨리 떠나고 싶은 심정이었다.

그 다음날 아이가 아프니 며칠 더 묵어 가라는 어른들의 말씀을 뒤로하고 워싱턴 D.C.로 출발했다. '장인어른, 반드시 성공해서 돌아오겠습니다'라고 속으로 다짐하며 처갓집을 나섰다.

처갓집을 떠난 지 이틀 만에 드디어 미국의 수도, 그리고 세계 정치의 중심지 워싱턴 D.C.에 도착하였다.

워싱턴으로 오는 동안 다행히 벤이 열도 떨어지고 잠도 잘 자주어 이틀 만에 도착할 수 있었다. 학교 아파트에 도착해 보니 아파트가 너무 더럽고 아무런 준비가 되어 있지 않았다. 학교 측은 하루 이틀 호텔에서 자고 들어오면 그 사이에 청소를 해놓겠다고 하는데, 우리는 호텔에 들어갈 돈이 없으니 그냥 우리가 청소를 하겠다고 했다. 우리는 밖에 나가 빗자루와 걸레를 사 가지고 와서 몇 시간 동안 청소를 했다. 그날 밤부터 그 아파트에서 살아야 했기에 학교 측의 만류에도 불구하고 우리가 청소를 하고 들어간 것이다.

바닥이 전부 마루여서 아파트 규정상 90% 정도를 카펫으로 깔아야 하는데, 그 돈도 부족하여 근처에서 제일 싼 가게에 들러 가장 작고 저렴한 것으로 사서 까는 시늉만 했다. 가격만 고려한 나머지 신발장에 까는 카펫을 사 맨발로 걸을 때마다 발바닥이 아팠을 정도다.

국제법 공부는 1년 과정이었으므로 아내에게 "필요 없는 짐은 풀지 말라"고 하고 짐을 싼 박스에 탁자보를 씌워 테이블로 활용했다. 완전 난민 생활이라고 해도 과언이 아니었다.

주말이 다가오자 교회를 찾아야 한다는 생각이 들었다. 산타클라라에서 떠날 때 주위 사람들이 이곳에 있는 친척의 연락처를 주고 그 교회에 나가 보면 어떻겠느냐고 했던 기억이 나, 우리는 연락을 취해 교회에 가게 되었다.

학교 수업으로 바쁘기는 했지만, 내가 변호사가 되었으니 연락이 많이 올 것 같은 생각이 들었다. 전화를 신청해야 하는데 아내는 통화 수대로 돈을 내는 프로그램으로 가입하기를 원했고, 나는 이제 변호사이고 학교나 교회 사람들로부터 전화가 많이 올 테니 통화량의 제한이 없는 무제한 프로그램에 들자고 우겼다.

무제한 통화니까 전화를 걸거나 전화가 와도 부담이 없을 것 같았기 때문이다. 그러나 내 예상은 빗나갔다.

산타클라라에서도 전화가 오는 곳이 적었었는데 나는 별 신경을 쓰지 않았고, 이곳에서는 내가 변호사이니 아는 사람들이 상담 전화라도 많이 올 것이라 생각했는데 전화벨은 거의 울리지 않았고, 가끔 오는 전화는 식구들이 안부를 묻는 전화였다.

보통 전화는 여자들이 많이 쓰는데 아마도 미국인 아내와 통화하는 것이 부담스러웠던 것 같다. 상담 전화도 수다 전화도 없이 통화 요금만 낸 셈이 되었다.

아내는 이곳에서 아이 때문에 직장도 잡지 못하고 집에서 있었는데, 너무나 외로워 아이를 데리고 밖으로 나가 한참을 걷고 오는 것이 일과였다. 난 그제야 내가 미국 아내랑 살고 있다는 걸 실감했다.

나의 고집스런 한국 교회에 대한 집착 때문에 아내는 "미국 교회 한번 가보자"는 말도 못하고 나의 등 뒤에서 외로워하고 있었던 것이다.

아메리칸 로스쿨에서 국제법 강의가 시작되었다. 로스쿨에서 여러 가지 법을 공부하다가 국제법 관련 과목만 골라서 들으니 너무 재미있고 흥미로웠다.

원래 국제법은 국제 공법과 사법으로 나뉜다. 국제 공법은 국가 간의 분쟁이나 평화와 외교에 관련된 공적인 법이며, 국제 사법은 회사 간의 국제 관계나 물적, 인적 교류에 관한 사적인 법이다.

내가 존경했던 박 교수님이 국제 공법 전문가여서 나도 국제 공법에 관심이 많았으나, 아메리칸 로스쿨의 국제법 과정에서는 국제 공법과 국제 사법 과목을 골고루 선택하여 들었다.

강의가 없는 시간에는 집에서 아들과 놀아 주기도 하고 공부도 하였는데, 하루는 아래층에서 막대기로 꽝꽝 치면서 조용히 하라는 신호를 보냈다.

아들이 쿵쾅거리며 뛴 것도 아니고 그 어린아이가 기어다니는 걸 가지고 그러나 싶으니까 너무 화가 나서 주체할 수 없었다.

말리는 아내를 뒤로 하고 아래층으로 뛰어내려가 문을 두드리고 기다리니, 두 여학생이 나와 내가 누군가 하고 물끄러미 쳐다보았다.

난 어찌나 화가 났던지 "아이가 긴 것을 가지고 뭘 그러냐?"고 말하려 했는데 가슴이 욱하고 치밀어 올라 말이 나오지 않았다. 나는 더 듬거리다가 제대로 말도 하지 못하고 올라왔다.

이것이 부모 마음이던가? 내가 고생하는 것은 참을 수 있지만 내 아들이 나 때문에 제대로 기어다니지도 못한다고 생각하니 얼마나 화가 나고 서럽던지…….

그 뒤로 우리도 많이 조심했지만 아래층에서 다시는 막대기를 쳐대지 않았다. 내가 좋아하는 공부를 하다 보니 시간이 너무 빨리 갔다. 나는 돈을 벌지 못한다는 두려움도, 이 공부가 끝나면 내가 무엇을 할 것인가라는 고민도 들지 않았다. 마음이 편하고 위도 조금은 가라앉는 듯했다.

아무리 상황이 바뀌어도 사람들은 자기가 옛날에 먹었던 음식에 대해 향수가 있는 것 같다. 학생 시절 돈이 없었을 때 먹었던 그 타코벨의 타코가 너무 먹고 싶었다.

캘리포니아에서 자동차는 가지고 왔지만 워싱턴 D.C. 길은 일방통행이 많고 주차료가 비싸 우리 차는 늘 학교 내 주차장에 세워져 있었다.

자동차를 타고 갈 엄두가 안 나 주위 사람들에게 물어 타코벨을 찾아 학교에서 운행하는 셔틀버스를 타고 아내와 아들을 데리고 나가 타코를 먹고 들어오는 데 무려 3시간이 걸렸다. 평상시에 다른 일로 한두 시간을 소모하면 그리도 아까운 시간이, 먹고 싶은 것을 먹는 데는 시간이 아깝지 않았다.

오랜만에 맛보는 타코벨의 타코가 너무 반가웠는데 그건 모처럼의 가족 외식이자 외출이었기에 더욱 맛있었다.

네브래스카 대학원에서 정치학을 공부할 때 국제 정치를 전공하였고, 산타클라라 로스쿨에서 토먼 박사의 국제법 강의를 들은 것이 배경이 되어 아메리칸 로스쿨에서 국제법을 전공하면서, 모든 학위가 집대성되어 연결되는 것을 느낄 수 있었다.

국제 사법 과정 중에 국제 상거래 중재법 세미나(International Commercial Arbitration Seminar)를 들었는데, 그 많은 학생 중에 수석을 해서 학장으로부터 수석 증명서(certificate)를 받았는데 지금도 내 사무실에 자랑스럽게 걸려 있다.

미국에서 서툰 영어로 5년을 공부하다 보니 공부에 요령이 생겼다. 그 요령이란 '공부에는 지름길(short cut)이 없다는 것'이다.

수업 시간에는 항상 맨 앞에 앉고 교수님의 강의를 하나도 놓치지 않고 듣고 필기하며 충분히 예습, 복습을 하는 것이다. 교수들이 강의를 할 때는 나름대로 중요하다고 생각하는 것을 강의하기 때문에 시험 문제도 대부분 강의한 가운데에서 출제하는 것을 발견했다. 그러다 보니 영어도 많이 늘었고, 이제는 영어 때문에 강의 시간에 고생하는 일은 없어졌다.

이제 이 공부를 끝내고 나면 유엔이나 연방 정부에서 국제법을 담당하는 변호사로서 일을 할 수 있겠다는 희망 찬 미래를 그려 보기도 했다. 드디어 국제법 LLM 학위를 받았다.

그동안 수많은 학위를 끝내고 나서 느낀 것은, 결국 학위란 모든 것을 다 배웠다는 의미가 아니라 이제부터 배울 마음의 준비가 되었음을 뜻한다는 것이다.

나는 이제부터 공부하라고 하면 정말 잘할 자신이 있었다.

변호사 개업

졸업과 동시에 대학원 기숙사 아파트를 비워 주어야 하기 때문에 워싱턴 D.C.와 가깝고 지하철역에서 가까운 버지니아 비엔나에 아파트를 구해 이사를 했다.

아들이 마음껏 뛰놀 수 있도록 1층에 있는 아파트를 구했다. 이제는 더 이상 아래층 눈치를 보지 않아도 되고, 아내도 드디어 짐을 풀 수 있게 되었다고 좋아했다. 이제 취직만 되면 앞날은 보장된 것같이 보였다.

아메리칸 대학 로스쿨에서 국제법 과정을 졸업한 후 유엔과 미 연방 정부에 이력서를 보냈다. 나는 학위가 많기 때문에 국제법 분야에서 쉽게 일할 수 있을 거라고 기대했다. 혼자 상상해 보기는 만약 유엔에 직장이 되면 다시 뉴욕으로 이사를 가는 것도 생각해 보았다.

그러나 현실은 달랐다. 유엔의 경우 나처럼 독자적으로 이력서를 보내면 답변도 없고, 이력서가 그 안에서 그냥 굴러다닌다는 말이 있었다. 유엔에 직장을 구하려면 국가의 중책을 맡은 사람이나 인지도가

높은 사람의 추천서가 필요하다는 것을 나중에 알았다.

미 연방 정부의 경우 이력서를 내면 1차 인터뷰를 통과한 후 2차 인터뷰 및 신원 조회를 거쳐야 하기 때문에 최종 통보까지는 최소한 1년에서 3년을 기다려야 한다는 것도 나중에 알게 되었다.

그런 사실을 뒤늦게 알고는 나는 가장으로서 처자식을 먹여 살려야 하는 일이 급선무가 되었다. 그래서 일단 개인 변호사 일이라도 해서 가족을 부양하기로 했다. 미국 로펌이나 개인 변호사 사무실에서 일을 하게 될 경우 기다리던 직장이 되었을 때 회사에 누를 끼칠까 봐 개인 사무실을 열기로 했다.

개인 사무실에서 변호업을 하다가 직장이 되어 떠나더라도 내가 맡은 일은 끝낼 수 있다는 마음이 들었다. 마침내 다른 변호사가 쓰고 있는 사무실에 방 한 칸을 얻어 개업을 하기로 결정했다.

주소록을 보고 워싱턴 D.C.에 있는 미국 변호사 사무실에 찾아가 사정을 말하고 작은방 한 칸을 얻을 수 있었다. 햇볕이 들어올 수 있는 창문 하나 없는 곳에서 나는 무슨 업무부터 시작해야 할까 고민하였다.

가만히 생각해 보니 내가 스탠리 쿡 변호사 사무실에서 이민법을 배웠던 것이 기억났다. 처음에는 돈이 없어 광고도 할 수 없어 전화도 걸려오지 않았고 전화를 걸 곳도 없던 나는 기도하며 이민법 관련 책들을 독파하기 시작했다.

클라이언트를 기다리는 시간은 참으로 길고 힘들었다. 광고도 내지 못하고 아는 사람도 없던 나는 내 힘으로 클라이언트를 만들어야 했다. 무에서 유를 창조해야 했던 나는 방법을 생각하기 시작했다.

이렇게 있다가는 생활비는커녕 작은 사무실도 유지하지 못할 판국이었다. 안 되는 이유를 백 가지 들고 앉아 있기보다는 되는 이유 한 가지를 만들어 뛰어야 한다는 생각이 들었다.

어느 날 동양마켓에서 발행하는 주간지를 우연히 보게 되었다. 그 주간지를 보니 그 안에 상담 코너가 있는 것을 보고 신문 편집장에게 전화를 걸었다.

내가 이민법 칼럼을 제공할 수 있다고 하니 편집장이 그렇지 않아도 교포 사회에서 가장 관심이 있는 이민법 기사를 쓸 수 있는 변호사를 찾고 있던 중이라고 했다. 그러면서 편집장이 내가 기사를 써주면 원고료 대신에 5단 반 광고를 무료로 내주겠다고 했다.

나는 너무 좋았다. 비록 작은 주간지였지만, 기사를 써서 독자들이 읽을 수도 있고, 무료로 광고까지 나가게 되니 이젠 '전종준' 이름 석 자가 변호사로 알려질 수 있을 것 같았다.

기사를 보냈더니 내 사진과 함께 이민법 기사가 약 3분의 2페이지를 차지하고 그 밑에 5단 반 광고까지 나가니 전화가 하나둘 걸려오기 시작했다.

드디어 기다리던 첫 클라이언트가 왔다. 얼마나 감격스러웠던지 약속 시간을 기다리며 출입문만 바라보고 있었다. 첫 클라이언트의 상담은 시민권자가 배우자를 초청하는 가족 이민이었다.

첫 케이스를 맡기로 하고 착수금을 받은 후 집으로 돌아오는 내 발걸음은 날아갈 것만 같았다. 미국에서 처음 변호사로서 수입을 올린 역사적인 날이었다.

비록 얼마 안 되는 돈이었지만 아내에게 돈을 주면서 돌아오는 주일에 하나님께 먼저 감사하자고 했다.

처음에는 손님이 많지 않았던 까닭에 나는 착실히 이민 기사를 미리미리 준비하고 신문사에 보냈다. 이민 기사가 나간 후 한두 달이 지나자 내 이민 기사가 많은 관심을 끌게 되었고, 인기 있는 이민 칼럼으로 자리를 굳혀 가기 시작했다.

나는 이슈별로 기사를 써내려 가다가 체계적으로 정리하여 써내려 가면 좋은 이민법 책이 될 수 있다는 생각이 들었다.

그래서 처음에는 광고를 위한 기사로 시작했다가 나중에는 한 권의 이민법 책을 위한 기사로 변하게 되었다.

클라이언트가 하나 둘 오기 시작하면서 나는 혼자서 1인 3역을 했다. 변호사, 변호사 보조원(Paralegal), 리셉션니스트의 역할을 했던 것이다.

그때 당시 내 방에는 컴퓨터가 설치되어 있지 않아서 사무실의 여직원으로부터 중고 타자기를 100달러 주고 구입하였다.

그 타자기를 가지고 나는 이민국 양식 서류를 타이핑하였고, 변호사 편지도 일일이 다 처리하였다. 그러다 보니 시간도 많이 소요되었고 한 번 실수하면 다시 새로 해야 하는 마음의 조바심도 있었다.

지하철을 타고 출퇴근하는데 절약하기 위해 러시아워를 피해 9시 반 이후에 지하철을 탔다. 러시아워가 끝나는 9시 반 이후에 지하철을 타면 요금이 60센트 정도 저렴하기 때문이었다.

조금 일찍 나가더라도 9시 반까지 지하철역에서 서성대다가 정확히 9시 반이 되면 지하철을 타곤 했다.

사무실의 다른 변호사나 직원들은 늦게 출근하는 나더러 "왜 이렇게 늦게 오느냐?"고 묻지만 난 차마 60센트를 절약하기 위해 늦게 온다는 말을 할 수 없었다.

그때만 해도 손님이 별로 없어서 사무실에 일찍 나올 이유가 없었다. 점심값을 아끼려고 집에서 가져온 컵라면으로 점심을 때웠는데, 다른 변호사들이 "그렇게 양이 적냐?"고 말할 때는 은근히 화가 나기까지 했다. 그래도 가끔 아는 사람이 찾아와 점심이라도 사주면 너무도 기분이 좋았다. 그때만 해도 점심 한 끼 때우는 것이 큰일이었다.

지하철을 타고 다니면서 우연히 옛 친구를 만난 에피소드가 있다. 어느 날 나를 찾는 전화가 걸려 왔기에 "여보세요!" 하고 대답했더니, 저쪽에서 "혹시 용두동교회 다니지 않으셨습니까?" 하는 것이었다.

"그런데요" 하고 대답했더니, 이번에는 반말로 "너 종준이 맞니?" 하는 것이다. 그래서 나도 반말로 "그래, 맞는데 넌 누구니?" 하고 물었다.

"나 일형이야." 그 친구는 나와 함께 용두동교회에 다녔고 방학 동안에 교회에서 청년부 활동을 잠시 같이 했던 친구다.

미국 오기 전에 나는 교회 청년부 회장을 맡았는데, 일형이는 영국에서 방학중 잠시 와서 신앙부장을 돕는 역할을 했다.

일형이는 노래도 잘하고 기타도 잘 쳐서 청년부원들의 인기를 독차지했었다.

내가 "어떻게 나를 찾았니?" 하고 물으니까, 지하철을 타고 가던 중 지하철역에 서 있는 나를 우연히 보고 연락을 했다고 한다.

그 친구는 일찌감치 영국으로 유학 가서 석사와 박사 과정을 마치고 워싱턴 D.C.에 있는 IMF에서 일하고 있어, 지하철을 타고 다니던 중 나를 본 것이다.

그 친구에게 "내 전화번호를 어떻게 알았니?" 하고 물으니 신문에 광고가 난 것을 보았다는 것이다.

"전에 나를 신문에서 본 적이 없니?" 하고 물으니, "보긴 봤는데 신문에 난 전종준이 내가 아는 그 전종준이 아닌 다른 동명이인으로 생각했다"는 것이었다.

그 친구가 서울에서 나를 봤을 때는 나는 사법고시에 떨어지고 대학원에 다니고 있을 때였기 때문에, 내가 미국에서 변호사를 한다는 생각은 꿈에도 하지 못했던 것 같다.

한국에서 나를 아는 사람들은 내가 미국에서 변호사가 된 것을 들으면 처음에는 일형이처럼 반신반의하고 마치 '개천에서 용 났다'는 식으로 반응을 보이곤 했다.

지하철 요금 60센트를 걱정하지 않아도 될 무렵부터 나는 사무실에 일찍 출근하기 시작했다.

사무실에 일찍 나갈 수 있게 된 이후부터 아침 7시면 출근했다. 아침에 나가면 사무실은 텅 비었고, 고요 속에 나만의 시간을 가질 수 있었다. 제일 먼저 말씀을 읽고 기도로 하루를 시작하였다. 나의 이 습관은 지금까지도 계속되고 있으며, 나를 지탱하게 하는 힘이다.

기도가 끝나면 나는 언제나 곧바로 글을 쓰는 일을 했다. 내가 쓰는 이 글이 지금은 주간지에 실리지만 언젠가는 책으로 발간되어 많은 이들에게 길잡이가 되었으면 좋겠다는 생각으로 썼다.

기사를 쓰면서 느낀 것은, 내가 가진 많은 학위가 결코 헛되지 않다는 것이었다. 학위를 공부하는 과정 속에서 터득한 논리 정연함과 사건의 분석력이 내 글을 만들고 있음을 발견했기 때문이다.

주간지에 기사가 계속 실리면서 전화 상담도 차츰 많아졌고 사무실에 찾아와 사건을 맡기는 클라이언트도 늘기 시작했다.

오랜만에 워싱턴에서 만난 친구 일형이가 가끔 전화를 해 점심 약속을 했는데, 우연히도 그 친구랑 약속하는 날에는 꼭 클라이언트가 약속도 없이 점심 시간 바로 전에 찾아왔다.

당연히 친구와의 선약을 지켜야 했지만 난 바로 클라이언트와 상담을 해야만 했고, 친구에게는 약속을 취소하는 전화를 했다.

너무나 기다리던 클라이언트였기에 그리도 반가운 친구였지만 친구와의 점심은 뒤로 제쳐놓은 것이다. 몇 번의 반복된 취소에 친구는 지쳤는지, 그다음은 나와 점심 약속을 하지 않았다. 나는 그 클라이언트로 인해 생기는 수입보다 단 한 명의 클라이언트라도 더 상담하고 싶었던 열정에 불타 있었다.

"친구야, 정말 미안하다"라고 되뇌면서…….

주간지에 기사를 기고할 때 이민이나 각종 비자의 종류에 대해 썼는데 그날의 기사가 취업 이민이면 취업 이민에 관한 문의가 많았고, 유학에 관한 기사였으면 유학에 관한 문의가 주류를 이루었다.

내가 이민에 관한 글만 썼기 때문에 기사를 읽은 독자가 결국 나의 이민법 클라이언트가 된 것이다. 내 이민 기사의 기고량이 늘어나면 늘어날수록 클라이언트의 숫자도 그에 비례하여 늘어나기 시작했다. 나는 점점 이민 전문 변호사로 자리를 잡게 되었다.

어느 날 일전에 이력서를 넣었던 한 연방 정부에서 마침내 소식이 왔다. 인터뷰 시간과 장소를 알리는 편지였다.

내가 그리도 가고 싶었던 자리이고 안정된 수입을 보장받는 연방 정부였다. 늦은 감은 있으나 기쁜 마음으로 인터뷰를 하러 갔다. 인터뷰를 성공리에 마치고 집으로 돌아오는데 마음이 뿌듯했다. 드디어 내가 연방 정부에서 일할 수 있다는 생각에 발걸음도 가벼웠다. 아내도 몹시 기뻐하며 그날 밤 우리는 미리 축배를 들었다. 모든 것이 다 잘

되어 가고 있음을 느꼈다. 마치 내가 두 마리의 토끼를 다 잡은 듯했다.

얼마 뒤에 1차 인터뷰가 통과되었다는 소식과 함께 2차 인터뷰 날짜를 차후에 알리겠다는 통보가 왔다. 다시 2차 인터뷰 연락이 올 때까지 나는 지금 일에 최선을 다하며 기다리겠다는 마음을 가졌다.

주간지에 기사를 낸 지 어느덧 1년이 되어 분량도 제법 많아졌다. 마음속으로 차례를 만들고 그 순서대로 써 내려가니, 서서히 이민법 책 윤곽이 잡히기 시작했다. 그 책 안에는 이민법 역사, 비(非)이민 비자, 이민 비자, 시민권, 대사관 업무 등 이민법의 내용을 거의 다 포함하였다.

한 권의 이민법 책을 만들기 위해 그동안 기고했던 기사들을 정리하기로 했다. 차례를 만들고 책 뒷부분에 들어갈 이민국 양식과 부록도 첨가하였다. 책을 내기 전에 한국에서 이미 발행된 이민법 책이 있으면 참고해 보려고 했으나, 한국에서는 체계적으로 이민법을 정리한 책을 찾아볼 수 없었다. 최초라는 생각을 전혀 하지 못했는데 내 이민법 책이 최초가 될 것이라는 사실에 가느다란 흥분을 느꼈다.

처음 나오는 이민법 책인 만큼 워싱턴 동포 사회의 유지들에게 간단한 추천사도 부탁하고 머리말도 끝내어 책으로 출판할 수 있는 단계에까지 왔다.

머리말에 나는 이렇게 썼다.

"이민법은 국제법의 일부로서 인적, 물적 교류를 규율하는 이민법의 이해 없이 국제법의 완전한 이해는 없다. 풍문과 비전문인에 의존했던 우리의 미 이민사에 종지부를 찍고 미 이민법의 전문화와 대중화의 새로운 장이 이 책을 계기로 펼쳐졌으면 한다."

그때 당시 한인 이민 1세로 미 연방 하원의원이 된 김창준 의원에게 내가 한국 최초로 이민법 책을 발간하려고 하니 추천사를 써달라고 부탁했더니 쾌히 승낙해 주었다. 바쁘고 귀찮았을 텐데도 불구하고 한국 최초로 발간되는 나의 이민법 책에 의미를 부여해 주신 의원님께 지금도 감사를 드린다.

수입이 조금 생기자 컵라면을 점심으로 먹던 나는 사무실 빌딩 옆에 있는 조그만 델리 가게에 가서 점심을 사먹기 시작했다. 그 델리 가게는 한국인이 운영하였는데, 점심으로 한국 음식도 한두 가지씩 선을 보였다. 주로 미국식 샌드위치와 핫푸드(hot food)를 팔았는데, 가끔 오징어 튀김과 불고기 그리고 김치를 맛볼 수 있었다.

놀라운 것은 미국 사람들도 오징어 튀김을 즐기는 것이었다. 나중에 알고 보니 이탈리아 음식 중에 칼라마리(calamari)라는 오징어 튀김과 유사한 음식이 있었기 때문에 미국 사람들도 좋아한다는 것을 알게 되었다.

델리 가게에서 한국 음식이나 핫푸드는 음식의 무게를 달아서 팔았는데, 점심 식사 비용을 5달러 이상 쓰지 않으려고 했기에 아무리 먹고 싶어도 양을 조절하여 5달러에 맞추려고 애를 썼다.

그때 당시 나는 점심값으로 5달러 이상 쓰면 큰일 나는 줄 알았다. 그래서 절대 음료수를 따로 사지 않고, 사무실에서 대신 물을 마셨다. 혹시 5달러가 넘으면 음식을 덜어 놓기도 했다.

그러다 보니 눈치 빠른 주인 아주머니가 5달러가 조금 넘더라도 그냥 가지고 가라고 하여 미안한 마음으로 받았던 기억도 있다.

책이 어느 정도 완성되자, 주위에서 소개받은 몇몇 출판사의 연락처를 가지고 한국으로 나갔다.

제3부

이민 전문 변호사

한국 최초 미 이민법
저 자 가   되 다

실로 오랜만의 한국 방문이었다. 원고를 가방에 넣고 출판사 연락처를 소중히 간직한 채 비행기에 올랐다. 변호사가 된 이후 처음으로, 더구나 책까지 출간하러 한국을 방문하게 되니 가슴이 벅차올랐다.

이제 비록 시작이지만 뭔가 이루고 있다는 생각과 나에게도 희망이 비친다는 생각으로 비행기 안에서 들뜬 마음에 한숨도 눈을 붙일 수가 없었다.

김포공항에 도착하니 부모님이 나와 계셨고, 나는 마치 금의환향이라도 하는 사람처럼 가슴을 펼 수가 있었다.

늦가을 한국의 경치는 너무나 아름다웠다. 창 밖으로 보이는 낯익은 표지판들, 분주한 사람들의 발걸음이 내가 한국에 와 있음을 느끼게 했다.

사무실을 잠시도 비울 수 없는 형편이라 주말을 이용하여 한국에 3일 동안만 체류하기로 하였다.

한국 도착 후 다음날 아침 일찍 출판사 한 곳에 전화를 하여 약속을 하고 찾아가서 담당자를 만났다. 담당자에게 원고를 내밀었더니 "어떤 책이냐?"라고 묻기에 '미국 이민법에 관한 책'이라는 설명을 자세히 했다.

설명을 들은 담당자는 법에 관한 책은 그 출판사에서 낼 수가 없고, 법률책만 출판하는 법률 신문사에 가보라고 권했다. 출판사에서 나오면서 밀려오는 허탈감을 주체할 수 없었다. 또다시 다른 출판사에 연락하고 찾아가 보았는데 그쪽의 대답도 마찬가지였다. 법률 서적이니 법률 신문사 계통의 출판사를 찾으라는 것이다.

모든 출판사들이 등을 돌렸다. 한 번도 출판된 적이 없는 미국 입국 지침서를 그렇게 설명해도 이해하지 못하는 게 안타까웠다.

그 책은 법률 서적이기 이전에 미국에 문을 두드리는 모든 사람에게 비자를 받을 수 있게 해주는 열쇠와 같은 안내서인 것이다.

내일이면 미국으로 다시 돌아가야 하는데 아직 출판사를 찾지 못한 나는 초조해지기 시작했다. 한국 최초의 이민법 책이기에 환영받고 서로 출판하겠다고 나설 줄 알았는데, 결국 한국 최초라는 것이 그들에게는 불안감의 요소가 되었던 것이다.

할 수 없이 지인의 소개로 법률 신문사 문을 두드렸다. 담당자를 만나 이야기를 했더니 관심을 가지고 책을 출판하겠노라고 하여 계약서에 사인을 하게 되었다.

한국에서 책을 출간하기로 마음먹은 후 나는 아내에게 우리도 경제적으로 힘들지만 책의 수익금은 한국의 꼭 필요한 재단이나 단체에 주자고 의논했다. 그것이 내가 국가에 진 빚을 조금이라도 갚는 것이라고 생각했기 때문이다.

아내도 쾌히 승낙하여 출판 계약서에 사인하고 받은 전액을 모 단체에 기부했다.

3일간의 피로가 말끔히 가시는 순간이었다. 너무 짧은 기간의 방문이라 섭섭해 하시는 부모님을 뒤로하고 미국으로 돌아왔다.

도착해서 두어 달 만에 드디어 나의 첫 번째 책이 법률 신문사에서 출간되었다. 《알기 쉬운 미국 새 이민법》이라는 제목으로 세상에 선보인 것이다.

책 표지 뒷면에는 '미 이민법의 무지로부터 해방', '미 이민법의 그릇된 해석으로부터 해방', 그리고 '문화의 차이로 인한 갈등으로부터 해방'이라는 글로 장식되었다.

바로 이 책이 1994년 1월 5일 발행된 한국 최초 미 이민법 책이다.

책을 출간해 본 일이 없었던 나는 책이 나오면 하루아침에 일약 대스타가 되는 줄로 알았다. TV나 각 언론사에서 인터뷰 요청이 쇄도하고 목욕탕에서도 나를 다 알아볼 정도일 줄 알았다. 그로 인해 나는 일확천금을 만질 줄 알았다.

나는 혼자 머릿속으로 어느 단체에 기부할 것인가 리스트를 작성하며 뿌듯해 하기도 했다. 기대가 크면 실망이 크다던가.

내 책은 다른 법률 서적을 파는 곳에 같이 진열되었고 잘 팔리지 않는다는 것이다. 그 소식을 접한 나는 왠지 암담한 생각이 들었다.

처음 쓴 내 책은 독자들의 반응이 냉담했는데, 나는 먼저 김칫국물부터 마신 격이 되었다. 그것도 큰 그릇으로 하나 가득……

한국에 있는 일간 신문사 기자가 내 책을 신간 안내에 소개해 주겠다고 한 것이 생각나 그 기자에게 전화를 걸었다. 그 기자는 나에게 "어떤 책이냐?"고 물었다.

'미국 이민법 책'에 대한 자세한 설명이 끝나자, 그 기자는 "독자들에게 이민법 책은 왠지 모르게 딱딱하고 어려운 느낌을 준다"라고 답했다.

나는 내가 쓴 이민법 책은 법률 서적이기 이전에 미국 입국을 위해 신청하는 각종 비자나 이민 비자에 관한 노하우를 가르쳐 주는 가이드북이라고 설명해 주었다.

설명을 다 듣고 나자 그 기자가 하는 말이 "결국 이 책은 미국 입국의 길잡이네요" 하는 것이었다. "바로 이런 책이 미국을 찾고자 하는 사람에게 꼭 필요한 책입니다" 하며 신간 안내를 써 주겠다고 했다.

그 기자와의 대화를 마치고 곧바로 나는 법률 신문사에 전화를 하여 다음판 인쇄 때부터는 책의 제목을 '미국 입국의 길잡이'로 바꾸어 달라고 요청했다.

출판사 측에서도 즉시 내 말에 일리가 있다고 하며 그렇게 하겠노라고 했다. 나의 최초의 이민법 책이 《알기 쉬운 미국 입국의 길잡이》로 재탄생되었던 것이다.

나는 '미국 이민법'이라는 것이 '미국 입국의 길잡이'라는 것을 계몽하려 했는데, 사람들은 이민법이라는 법의 선입관 때문에 책 제목만 보고 내 책을 읽으려 하지 않았던 것이다.

'미국 입국의 길잡이'로 제목을 바꾸어 법이라는 글자를 빼고 독자에게 접근하니, 그제야 미국 입국의 길잡이가 바로 미국 이민법이라는 것을 인식시킬 수 있었다. 독자들을 계몽하려 했다가 오히려 내가 독자들을 쫓아간 셈이 되었다.

한국에서 한창 내 책이 팔리는 동안 나는 미국에서 변호사 업무에 충실하고 있었다.

그러던 어느 날 전화 한 통이 걸려왔다. 내가 기다리던 연방 정부로부터 2차 인터뷰 요청이 온 것이다.

"여기는 연방 정부 ○○○입니다. 내가 묻는 말에 '예'(Yes)와 '아니오'(No)라고만 대답하십시오"라는 말이 끝난 후, "당신은 마약을 한 적이 있습니까?" 해서 "아니오"(No)라고 대답했다.

그 뒤로 두세 가지 질문을 하여 전부 '아니오'라고 대답했다. 다시 인터뷰하는 직원이 "당신은 범죄를 하여 체포된 적이 있습니까?"라고 물었다. 그런데 이번에는 "아니오"라는 대답을 하지 않고 갑자기 나도 모르게 "내가 변호사인데 그런 일이 있겠습니까?"라고 대답했다.

저쪽 인터뷰 직원은 아무 말도 없이 그냥 전화를 끊어 버렸다.

"아니, 이건 아닌데……."

난 그렇게 기다리던 연방 정부의 인터뷰를 단 한 방에 날려 보내 버린 것이다.

그렇다. 상대방이 "예"(Yes)와 "아니오"(No)라고만 대답하라고 할 때는 그렇게만 대답해야 하는 것을 변호사인 내가 더 잘 알고 있는 터였다. 어떻게 이런 일이 벌어질 수 있을까! 난 한동안 큰 충격에 빠져 있었다. 순식간에 일어난 일이었고 예상하지 못했던 일이었기 때문이다.

뜻하지 않은 실수가 내 인생을 뒤바꾸었다는 자책감으로 많이 힘들고 괴로워하고 있을 때, 클라이언트 한 사람이 찾아왔다.

한국에서 무작정 입국한 사람인데 미국에서 합법적으로 살 수 있게 해달라고 4시간을 운전해서 나를 찾아온 것이다.

그 사람은 본인의 복잡한 신분 문제를 영어로 미국 변호사에게 설명할 수도 없지만, 이해할 수도 없을 것 같아 한국 변호사를 만나게 해달라고 간절히 기도하던 중 내 기사를 보고 바로 달려왔다며 감격해

했다.

난 그제야 알았다. 하나님은 나의 베스트(best)를 알고 계셨던 것이다. 내가 연방 정부에서 국가를 위해 일하는 것도 중요하지만, 많은 한국 사람들이 이민 문제로 기도하는 것을 들으신 하나님은 내가 그들에게 더 필요한 존재임을 나에게 알려주신 것이다.

그리고 나는 그때 분명히 깨달은 것이 있다. 하나님은 하나님의 때에 무엇이든 정확하게 응답하신다는 것을……

나의 변호사 소명이 바로 그들의 기도 응답이었던 것을 깨달을 수 있었다. 내가 그동안 해왔던 모든 공부가 끝나면 내가 원하고 계획했던 곳에서 멋있고 편안한 삶을 살아야겠다는 내 의지는, 내 안에서 다른 일을 계획하시는 하나님의 플랜 앞에 다 무너졌던 것이다.

이민 전문 변호사

　이민법 책이 출간되었을 때, 많은 클라이언트들이 "왜 이민법 하나만 하느냐? 그것만 해서 어떻게 먹고살겠느냐?"고 걱정해 주었다.

　그때만 해도 변호사란 이민, 형사, 민사 등 여러 가지 업무를 한꺼번에 보는 것이 한국이나 미주 한인 사회에서 만연된 법률 사무실 풍토였기 때문이다. 따라서 이민법 한 가지만 다루는 것을 전문이라 느끼지 못하고 실력이 부족한 변호사로 여기는 사람도 꽤 많았다.

　그러나 미국에서는 변호사들이 한 가지 법에만 집중하여 전문성을 가지고 변호 업무를 담당한다. 나도 그런 의미에서 남이 하지 않는 이민 전문을 한인 사회에서 시도해 보고 싶었던 것이다.

　"다 안다는 것은 다 모른다"는 뜻과 같기에, 여러 법을 다 안다는 것은 사실상 너무 힘든 것이고 또한 이민법 한 가지에만 충실하기에도 부족할 때가 있다.

　다른 법도 마찬가지지만 특히 이민법은 계속 바뀌고 절차도 다양하기 때문에 끊임없이 공부해야 하고, 최신 법에 익숙해지는 데 많은 시간과 지속적인 노력이 요구되기 때문이다.

클라이언트들이 늘어나면서 케이스의 종류도 다양하게 되었다.

그동안은 주간지에 이민법에 관한 기사를 썼는데, 이제는 케이스에 대한 실제 사례를 소개함으로써 이민법을 재미있고 쉽게 이해할 수 있도록 사례를 들어가며 쓰기로 했다.

이번에도 사례를 쓸 때 나중에 책으로 나올 수 있도록 이민법 차례에 맞추어 각 항목과 연결되는 케이스 사례를 써내려가기 시작했다. 한 주도 빼지 않고 열심히 기사를 쓰다 보니 독자들로부터 감사와 격려의 전화를 많이 받았다.

실명을 거론할 수 없는 이유로 나는 남자는 '갑돌이', 여자는 '갑순이'라는 가명을 사용하였는데, 갑돌이와 갑순이라는 이름이 독자들에게 매우 친근감을 주었던 것 같다.

공부를 하면서 아이를 늦게 낳아 아이는 하나로 만족하고 있었다. 부모님이 "둘째아이는 언제 낳을 거냐?"고 자꾸 물어보셔서 하나만 키워 볼 생각이라고 말씀드렸다. 그랬더니 "하나를 낳으려면 아예 낳지를 말라"는 일본 속담을 이야기하시면서 섭섭해 하셨다. 그러면서 "둘이 와서 살다 갔으니 둘은 남기고 가야 한다"는 것이다.

경제적으로 감당할 수 있을 것 같은 생각도 들고, 아들 벤이 동생이 생기면 외롭지 않겠다는 생각이 들어 애초 계획과는 달리 둘째를 갖기로 했다.

이민 전문 변호사로 알려지기 시작하면서 워싱턴에 유일하게 있었던 라디오 방송국에서 이민 상담을 하게 되었다. 주중에는 일을 해야 하므로 토요일로 날짜를 정해 방송을 하기 시작했다.

생방송이라 긴장도 되었지만 여자 아나운서와 함께 진행하여 별 실수 없이 전화 상담을 잘할 수 있었다.

신기하게도 상담의 내용이 전부 아는 질문들이었다. 한번은 아주 복잡한 질문을 한 청취자가 있었는데, 그 질문에 관한 내용은 상담하기 바로 며칠 전에 읽은 내용이어서 막힘없이 상담해 줄 수 있었다.

보통 생방송일 경우에는 질문에 답을 하지 못할 경우 말을 얼버무리거나 혹은 "그 문제는 복잡하니 사무실로 직접 연락하십시오"라고 질문을 회피하는 경우도 생길 수 있다. 그러나 나는 그런 적이 한 번도 없었다. 알아서도 아니요, 잘나서도 아닌데, 하나님은 미리 청취자의 질문을 아시고 나에게 먼저 그 답들을 보여주시고 준비하게 하셨다.

어느 날 일을 끝내고 집에 가니 아내가 편지를 내밀었다. 연방 정부에서 온 편지였다. 급히 뜯어 보니 옛날에 여러 다른 기관에 이력서를 넣었던 한 정부 기관에서 "이제 당신의 케이스를 진행할 수 있으니 신청서를 접수하라"는 통지서였다.

아내에게 편지를 보여준 후 "이제는 필요 없어. 난 이미 갈 길이 정해졌어"라고 그 편지를 과감하게 쓰레기통에 버렸다.

그렇게 간절히 기다리던 편지도 이처럼 한순간에 휴지가 되어 쓰레기통에 내던져질 수 있는 것처럼 내가 바라는 것과 하나님이 바라시는 것은 이렇게 차이가 있다는 것을 목격했다.

둘째아들 재선(Jason)이 태어났다. 영어로는 '제이슨'이지만, 한국말로 재선이라고 발음할 수 있어 큰아들 벤처럼 그렇게 부르기로 한 것이다.

둘째아들은 첫아들 벤과는 달리 피부색도 나처럼 검었고, 눈도 옆으로 찢어져 한눈에 한국 아이임을 느끼게 했다.

제이슨이 태어날 무렵부터 나는 심한 위장병으로 고생하고 있었다.

새벽 6시면 집을 나가 사무실에서 글을 쓰고 하루 종일 클라이언트의 상담과 업무 처리에 열중했다. 그때만 해도 클라이언트의 케이스를 다른 직원에게 맡길 수가 없어 내가 모든 일을 손수 다 처리했고, 컴퓨터로 하지 않고 모두 타이핑 쳐서 서류 작성을 했다.

월요일부터 금요일까지 일하고 지하철을 타고 집으로 오면 저녁 7시가 넘었는데, 그때도 사무실 일을 가지고 와 미처 다 하지 못한 일을 하기가 일쑤였다.

둘째아이가 태어난 후 아내의 몸조리를 도와줄 친척이 아무도 없어서 아내는 두 아이를 데리고 힘들어 했다. 밤에는 아내가 푹 잘 수 있도록 나는 새벽 2-3시에 깨어 제이슨에게 우유를 먹였다. 냉장고에 있는 우유를 꺼내 따뜻하게 데워 제이슨에게 우유병을 물리고는 깜박 잠들기가 일쑤였다.

토요일 아침에는 라디오 방송이 기다리고 있고, 오후에는 밀렸던 장도 보고 아이들과 놀아 주기도 해야 했다. 일요일은 교회에 가야 하고, 아내를 도와 집안일을 해야 할 것이 너무나 많았다.

여러 가지 일을 동시에 분주하게 하면서 나는 내 몸을 혹사하고 있는 줄도 몰랐고, 건강의 중요성은 안중에도 없었다.

조금이라도 신경을 쓰거나 식사 시간을 놓치면 위산이 과다하게 나와 속이 쓰리고 아프기 시작했다. 소화가 안 될 때도 많았으며 조금만 과식해도 며칠씩 힘들어 했다.

같은 교회에 다니는 한 의사에게 내 증상을 말했더니 "한번 위 사진을 찍어 보라"고 권해 그 다음날 위 사진을 찍었다.

 # 위암인 것
같   다

　위 사진을 찍고 결과를 기다리고 있는데 내과 의사가 전화를 걸었다. 의사는 전화에 대고 "위암인 것 같다. 그러니 얼른 내시경 검사를 해야 한다"고 숨가쁘게 말해 주었다.

　청천벽력이었다. 아무것도 생각나지 않았고 손가락 하나도 움직일 수가 없었다.

　'공부하는 동안 그렇게 속을 썩였던 내 위가 이제는 나의 모든 걸 끝나게 하는 것인가? 인생은 무엇인가? 살 만하면 죽는다더니, 이제 겨우 내가 원하는 일을 하고 살 만한데 이게 나의 인생이었던가? 그동안 나는 무엇을 위해 살아왔던가? 하나님은 나에게 여기까지만 허락하신 것인가?'

　많은 의문이 나의 마음을 어지럽히고 나는 집으로 돌아가는 지하철에 몸을 실었다.

　창밖을 내다보는데 그 창문에 아내와 아이들의 얼굴이 떠올랐다.

　'이제 우리 식구들은 어떻게 되는 것인가?'

불쌍한 아이들이라는 생각이 들자 눈물이 주르륵 흘러내리고 주위의 시선도 아랑곳없이 난 계속 흐느꼈다.

집으로 돌아와서 아내에게 의사가 내시경 검사를 원한다고 말하고 아이들의 손톱을 깎아 주었다.

내가 어쩌면 우리 아이들의 손톱을 다시는 깎아 주지 못할 거라고 생각하니 아이들의 손톱 하나하나가 그렇게 소중하게 여겨지고 가슴이 미어졌다.

위암일 거라고 생각하니 평소보다 위가 더 아픈 것 같고, 내시경을 찍은 후 의사가 나에게 내 생명이 얼마나 남았다고 말할까 하는 두려움이 엄습해 왔다. 평소에 건강 관리를 좀 했어야 하는데…….

젊을 때는 건강은 걱정 안 해도 되는 줄 알고 앞만 보고 달려왔던 어리석음을 후회해도 이미 때 늦은 후회 같았다.

그날 밤, 나는 간절한 마음으로 하나님께 매달렸다.

"하나님, 나에게는 해야 할 일이 너무 많습니다. 그리고 내가 돌봐야 하는 가족과 클라이언트가 너무 많습니다. 하나님은 하실 수 있습니다. 나를 살려 주십시오. 하나님께서는 죽은 자도 살리신다고 하셨습니다. 기적의 하나님, 저에게도 와 주십시오."

나의 생명을 놓고 드리는 이 기도는 나에게 너무나도 절실하여 하나님을 진정 하나님으로 알고 매달렸다. "하나님만 하실 수 있다"는 처절한 나의 고백이었다.

다음날 일을 나가 파일을 하나씩 정리하기 시작했다. 내가 만일 끝내지 못한다면 누군가가 쉽게 알아보고 일을 처리할 수 있도록 메모를 했다. 같이 일하는 직원들에게 더 부드럽게 대하고 클라이언트들에게도 더 친절하게 상담해 주었다. 마지막이 될지도 모른다고 생각하니 모두에게 최선을 다하고 싶었다.

그날부터 나는 밀린 일을 집으로 갖고 가지도 않았으며, 아이들과 일분일초라도 더 놀아 주려고 시간에 맞추어 일찍 집으로 돌아갔다.

자세한 사연을 모르는 아내는 내가 집에 일찍 들어와 아이들과 놀아 주고 집안일을 도와주는 것을 의아하게 생각하면서도 몹시 행복해했다.

드디어 위 내시경을 찍는 날이 다가왔다. 나는 전신 마취를 하고 위 내시경을 하면서 문제가 있어 보였던 부분을 떼어 조직 검사도 했다. 약 일주일 후에 조직 검사 결과가 나오니 그때 내시경 의사 사무실로 오라고 했다.

그로부터 나는 틈만 나면 기도하고 틈만 나면 울었다. 살려 달라고 기도하고 잠시만 해이해지면 곧 죽을 것 같은 불안감으로, 사는 게 사는 것이 아니었다.

일주일이 마치 천 년처럼 길게 느껴졌고, 난 삶과 죽음의 문턱을 오가고 있었다. 일주일 후 몹시 떨리는 마음으로 병원을 방문했다.

의사는 내시경으로 찍은 사진을 보여 주면서 위벽에 있는 여러 군데의 상처를 가리키며 말하였다. "위벽이 많이 헐었지만 조직 검사를 한 결과 위암이 아니고 위염입니다." 그러고는 "위염이 위암으로 발전되는 일이 많으므로 특별히 조심하십시오" 하면서 위염 처방전을 주었다.

그 말을 듣는 순간 하나님께 감사하기보다는 내과 의사가 좀더 자세히 알아보지 않고 나에게 "위암인 것 같다"라고 성급하게 말한 게 몹시 화가 났다.

이것이 사람 마음이던가? 일주일 동안 그렇게 살려 달라고 기도하고 매달렸으니 우선 하나님께 감사해야 하는데, 도리어 내과 의사를 원망했던 것이다. 병원에서 나오면서 또 한 번 허탈한 마음을 느꼈다.

그 내과 의사는 나를 생각해서 한 말이었는데 난 내가 죽을지도 모른다는 불안감에 암보다 더 무서운 공포와 절망의 병을 앓았던 것이다.

암에 걸린 사람에게 "당신은 암입니다"라고 말하는 것은 마치 사형선고 같아 제 풀에 꺾여 암보다 먼저 죽을 수 있다는 걸 맛보았다. 결국 생각하기에 따라 살 수도 죽을 수도 있다는 걸 깨달았다. 집으로 돌아와 '내가 다시 사는구나' 하는 것을 느끼는 순간, 비로소 하나님께 감사의 기도를 드렸다. 하나님께 먼저 감사했어야 하는데 그만 순서가 바뀌고 만 것이다.

하나님이 나에게 다시 한 번 기회를 주셨다는 생각과 내가 하는 일을 통해 영광 받으시기를 원하시는 것을 느꼈다. 그래서 이제부터는 건강과 일에 균형을 맞추어 더 열심히 살아야겠다고 결심했다.

이 모든 일은 결코 우연이 아니고 생명이 나에게 속해 있지 않다는 것과 나의 남은 삶을 다시 한 번 생각해 볼 수 있는 필연적인 터닝 포인트가 되었다. 의사가 처방해 준 약은 산을 억제하는 약이라 그 약만 먹고 나면 소화가 안 되고 위가 매우 불편하였다.

그래서 나중에는 의사가 시키는 대로 약을 먹지 않고 시간을 늘려 먹었다. "병은 자랑하라" 했듯이 클라이언트들에게 내 위장병을 이야기하니 많은 민간요법을 알려 주곤 했다. 나와 같은 병으로 고생한 사람들이 자기가 소개하는 민간요법으로 병이 다 나았다고 자랑하면서 침이 마르도록 설명해 주었다.

민간요법 한 가지를 소개하면, 생감자를 껍질을 벗기지 않고 주스로 만들어서 아침 공복에 마시면 감자가 알칼리이기 때문에 산성인 위산을 중화한다고 했다.

그래서 나는 당장 주서기를 사서 생감자를 홍당무와 함께 갈아 주스를 만들어 아침 공복에 마셨다. 그렇게 일주일을 하고 나니 대변 색깔이 노래지면서 속이 많이 편해지기 시작했다. 감자 효과를 본 것이다.

미국은
가깝다

주간지에 실제 케이스를 사례로 들어 계속 연재하였더니 독자들이 더 쉽게 이해하고 본인 케이스와 유사하다며 의뢰가 늘어나기 시작했다. 위장병이 어느 정도 회복되자 그동안 꾸준히 써 왔던 주간지 기사들을 묶어 책으로 발간하기로 했다.

법으로 설명하는 것보다는 사례를 들어 줌으로써 이민법을 쉽게 이해할 수 있도록 최초의 이민법 사례집을 만들기로 했다.

원고 정리가 끝난 뒤 다시 한국을 방문하여 법률 신문사에 원고를 넘겨 주었다. 이번에도 저자 인지세 전액을 모 단체에 기증했다.

1995년 10월 《미국은 가깝다》라는 제목의 최초 이민법 사례집을 출간하였다. 이번 책은 이해하기가 쉽고 재미있어 꼭 베스트셀러가 될 거라고 생각하고 곧 다시 한국으로 가리라는 계획을 세웠다. 혹시나 하고 기다렸는데 역시 나의 책은 큰 히트를 치는 베스트셀러는 되지 못했다.

그 이후 1998년 1월에 《미국 비자 길라잡이》라는 최신 개정판이 나

오고, 그 해 11월에 IMF를 맞은 한국 상황에 맞추어 《IMF 시대의 미국 비자 쉽게 받는 법》이 출간되었다.

그동안 출간되었던 미국 이민법 책들은 관심이 있어도 그리 남에게 알리면서까지 보지는 않았는데 IMF 시대만은 예외였다. 국가가 어려운 상황에 처하자 '해외로 나가자'는 국가의 정책도 있었고, 숨가쁜 생활고에 시달리던 일부 국민들도 나가야 산다는 생각 때문에 내가 쓴 이민법 책을 공개적으로 보게 되었다.

그런데 생각과는 달리 미 대사관에서는 한국 경제 때문에 비자 심사를 더욱 까다롭게 하여 미국행이 더 어려웠다.

똑같은 조건을 가진 두 사람에게 투자 비자(E-2)를 해주었는데, IMF 전에 비자 신청한 사람은 들어오고, IMF 바로 후에 신청한 사람은 거절당했다. 그런 어려움을 극복하는 노하우를 실은 책이 《IMF 시대의 미국 비자 쉽게 받는 법》이었다.

워싱턴 D.C.에 있는 나의 사무실을 찾아오면서 클라이언트들이 주차 문제로 힘들어 하고 일방통행이 많아 길을 찾는 데 몹시 헷갈려 했다. 그러자 약속 시간에 맞춰서 오는 클라이언트가 많지 않았고, 주차 티켓을 받고 기분 나빠하거나 불평하는 클라이언트도 많았다.

사무실은 워싱턴 D.C.의 K Street에 있었는데 그곳은 변호사 사무실이 집중적으로 모여 있는 이른바 변호사 거리였다. 워싱턴 길거리에서 부딪치는 사람 5명 중에 1명은 변호사라고 할 정도로 미국의 수도 워싱턴 D.C.는 변호사가 많은 곳이다.

내 사무실이 워싱턴에 있어 권위가 있어 보이는 것은 좋았지만, 클라이언트들에게는 너무 많은 불편을 주고 있다는 생각이 들었다.

나는 교통이 편하고, 메릴랜드나 워싱턴 D.C.에서도 쉽게 찾을 수 있는 버지니아 쪽으로 이사를 가는 것이 좋겠다고 동료 변호사에게 제안했다. 동료 변호사도 내 말에 수긍하여 사무실을 옮기기로 하고 적당한 장소를 물색하던 중, 타이슨스 코너 근처 빌딩에 사무실을 마련하여 이사를 했다.

이제는 지하철로 출퇴근을 할 수가 없으니 자동차를 한 대 더 구입해야 했다. 아이들과 같이 다니려면 짐도 많이 실어야 하고 편할 것 같아 스테이션 왜건을 구입했다. 아내가 새 차를 타기로 하고 나는 아내가 타던 승용차를 쓰기로 했다.

그동안 자전거로 학교를 다녔고 직장 출퇴근은 지하철로 했기 때문에 차의 필요성이 없다가 드디어 내 차가 생긴 것이다. 아내와 함께 타던 차였지만 이제는 내 차라는 생각이 들어 먼저 차를 깨끗이 세차하였다.

주위에서 찾아오기가 쉬워지자 클라이언트들의 불평이 적어지고 수시로 드나들며 서류를 떨어뜨려 놓기도 했다.

일이 바빠지자 직원을 채용하고 컴퓨터도 구입하여 사무실로서의 모양새를 차차 갖추어 가기 시작했다.

미 대사관의 차별적 비자 발급 관행 시정

　이민 전문 변호사로 활약하던 중 이민법에 관련된 최초의 인권 이슈가 나타났다. 그것은 다름아닌 주한 미 대사관의 차별적 비자 발급 관행에 대한 시정이었다.

　사연인즉, 영주권을 신청한 사람은 방문 비자(B-2)를 받을 수 없다는 것이 그때 당시의 통례였으며 영주권이 계류중인 사람은 대사관에서 방문 비자를 받지 못한다고 알고 있었다. 실제로 미국 시민권자의 형제 자매로 영주권 신청을 하면 약 10년 동안 대기하며 기다려야 한다. 기다리는 동안 미국에 있는 형제 자매를 방문하려고 해도 영주권 신청을 했다는 이유로 10년 동안 태평양을 사이에 두고 이산 가족이 되어야만 했다.

　K씨는 형제 자매 초청이 되어 있었는데 가족 전부가 방문 비자를 신청하자 남편과 아이들은 다 나오고, 형제 자매 초청 당사자인 K씨만 방문 비자를 받지 못했다. 주위에 있는 모든 사람들이 영주권 신청자가 방문 비자를 못 받는 것은 당연하고 그것은 일상적으로 해오던

대사관의 관행이라고 말했다.

그때 비이민 비자 신청서를 OF-156이라고 했으며 그 신청서에는 다음의 두 가지 질문을 포함하고 있었다.

첫째는 노동 허가서(labor certification)를 신청한 적이 있습니까, 그리고 둘째는 이민 청원서(immigrant petition)를 접수한 적이 있습니까라는 질문이었다. 노동 허가서란 취업 이민 신청 시 첫 단계 절차로 노동부에 노동 허가를 신청하는 서류이다. 이민 청원서란 가족 이민이나 취업 이민의 이민 청원 신청 서류를 뜻한다. 이 두 질문은 마치 미국 입국을 가로막는 저승 사자와도 같다.

이러한 미 대사관의 오래된 관행을 피하려고 비자 업무를 담당해 주던 여행사나 서류 대행 업체에서는 사실의 유무를 떠나 무조건 "No"라고 기재해야만 비자를 받을 수 있다고 할 정도였다. 그렇게 급한 대로 비자를 잘 받았다 할지라도 일은 거기서 끝나는 것이 아니었다. 나중에 정식으로 영주권을 받기 위해 이민 비자 수속을 할 때, 전에 비이민 비자 신청서에 거짓말(misrepresentation)을 한 사실이 나타나면 영주권을 받지 못하는 이민법상 불이익을 받아야만 했다. 처음부터 그것을 알았더라면 그렇게 하지 않을 텐데라고 후회해 봐도 그때는 이미 때가 늦었던 것이다.

이런 부당한 비자 발급 관행과 비자 신청자들이 당하는 불이익의 악순환이 너무 딱하고 가슴이 아팠다. 그러나 방문 비자를 받을 자격과 조건을 갖춘 사람이 단지 영주권을 신청했다는 이유 하나만으로 방문 비자를 거부당하는 것은 맞지 않다고 판단하고 액션을 취하기로 했다.

K씨의 방문 비자가 거절된 후 이틀 만에 나는 미 대사관의 총영사에게 변호사 공문을 보내 K씨의 가족 상황과 재산 상태를 밝혀 미국

방문 후 반드시 한국으로 귀국할 수 있는 사람이라는 것을 밝혀 주었다. 그러나 미 대사관의 비이민비자 과장은 직접 편지를 보내 특별한 사유 없이 K씨의 비자를 발급해 줄 수 없다고 했다.

나는 다시 비이민비자 과장에게 편지를 보내어 비자를 발급할 수 없는 법적 근거를 제시해 달라고 요청했다.

이에 비이민비자 과장은 1999년 11월 16일자 공문에 영주권 신청자는 본국과의 "극도의 강한 연대"(unusually strong ties)를 밝혀야만 방문 비자를 발급해 줄 수 있다고 했다. 바로 이 편지 하나 때문에 내가 약 4년 동안 법적 투쟁을 했고 결국 콜린 파월 국무장관을 상대로 법정 소송까지 벌였던 것이다.

원래 방문 비자를 받기 위해서는 본국과의 강한 연대(strong ties)를 증명하면 된다. 강한 연대란 비자 신청자의 직업이나 재정 상태, 그리고 가족관계 및 사회 활동 등으로 미국 방문 후 본국으로 다시 돌아올 수 있다는 것을 말한다.

그런데 영주권을 신청한 자는 극도의 강한 연대를 밝혀야 한다고 미 대사관이 주장했는데 이민법 어디에서도 극도의 강한 연대를 요구하는 법 조항이 없다.

그래서 나는 즉시 비이민비자 과장에게 편지를 보내어 극도의 강한 연대의 법적 근거를 제시해 달라고 요청했다. 그러자 새로 바뀐 비이민비자 과장이 법적인 근거 제시 없이 그냥 비자를 발급할 수 없다는 말만 되풀이하였다.

드디어 내 오기가 발동하기 시작했다. 이제 더 이상 미 대사관으로부터는 답을 얻을 수 없다는 것을 알고 나는 미 국무부에 직접 편지를 보내 미 대사관의 "극도의 강한 연대"에 대한 법적 의견서(advisory opinion)를 요청하였다.

그러나 석 달 뒤에 온 국무부 답변은 이슈를 피하고 미 대사관의 설명을 되풀이한 것에 불과했다. 이번에는 또다시 국무부의 비자 담당 차관보에게 재차 법적 해석을 요구했으나 결과는 마찬가지였다.

일년이라는 세월을 똑같은 질문과 똑같은 대답의 연속으로 시간만 낭비하고 만 것이다. 지난 일년 동안 미 대사관과 국무부에 서신을 보내 해결하려고 했으나 아무런 결과를 얻을 수 없었고 K씨마저 미국 방문을 포기한 상태였다.

K씨는 나에게 이제 할 만큼 했으니 그만두자고 했으나 나는 그럴 수가 없었다. 왜냐하면 법이 아닌 것은 법이 아니기 때문이었다. 나는 포기할 수 없었다.

주중에는 변호 업무가 바빴으므로 주로 주말을 이용하여 편지를 쓰고 법적 대응을 준비했다. 변호사비도 받지 않고 주말에도 일을 하는 나에게 아내는 K씨도 포기하겠다고 하는데 이제 그만두고 주말에는 제발 쉬라고 하였다.

아무리 노력해도 안 되는 일이 있고 이번 일은 국무부가 관여되어 있으니 나에게 포기하라는 것이었다. 아내까지도 반대를 하니 힘이 빠지는 듯했다.

그날부터 나는 갈등 속에 번민하였다. 그냥 쉽게 그러려니 하고 지나가면 되는 일을 '내가 왜 이렇게 파고들어 문제를 만드나?' 하는 생각과 그래도 '누군가가 이런 관행을 시정하지 않으면 이런 잘못된 관행으로 인해 영주권을 신청한 많은 가족들이 불이익을 받는다'는 생각 속에 괴로워하였다. 마치 계란으로 바위를 깨려고 하는 것은 아닌지 혼자 고민했다. 그러나 내가 내린 결론은 '포기할 수 없다'였다.

내가 변호사를 하는 것은 이런 일을 하라는 하나님의 계시인 것 같은 생각이 들었다.

하나님께 지혜를 달라고 간절히 기도한 후 나는 평상을 찾았다.

나는 할 것이다. 잘못된 관행으로 고통받는 클라이언트를 보면서 그냥 지나가는 일은 안 하겠다는 결심이 섰다. 20여 년 동안 내려온 잘못된 관행은 반드시 시정되어야 하며 이로 인한 부당한 비자 거부는 가족의 상봉을 막는 인권의 문제인 것이다.

미 행정부로부터 더 이상 답을 얻을 수 없었던 나는 그 다음부터 어떻게 해야 할지 고민하기 시작했다. 그래서 생각한 것이 바로 워싱턴 지역 한인 회장단들과의 기자회견이다. 이것이 나의 첫 인권 운동의 기자회견이었다.

2000년 6월 20일에 기자회견을 하여 한국 언론에 도움을 요청했으나 미 대사관은 꿈쩍도 하지 않았다. 시간은 흐르고 일은 해결되지 않자 나는 또다시 흔들렸다. 밤잠을 설치는 날이 많아지면서 다시 위가 아프기 시작했다. 아침에 일어나면 속이 쓰리고 산이 올라오며 항상 속이 더부룩한 걸 느꼈다. 정기적으로 위 내시경 검사를 하고 약을 먹고 조심했어야 하는데 그동안 감자 주스를 갈아먹는 일도 소홀히 하였고 식사를 규칙적으로 하는 일도 신경쓰지 않았던 것이다.

의사와 상의하여 내시경을 찍기로 했다. 내시경을 찍고 결과를 기다리는 동안 난 다시 초조한 마음으로 하나님께 매달렸다. 결과를 보러 의사를 만나러 가기 하루 전 주치의에게서 전화가 왔다.

가슴이 쿵 내려앉았다. 보통 사무실에서 결과를 알려주는데 아마도 좋지 않은 일인가 보다고 생각하고 전화를 받으니 위 안에 큰 점막이 있는데 그 부위가 너무 커서 계속 관찰을 해야 한다는 것이었다.

며칠 후 의사에게 암은 아니나 위염 증세가 심하고 자주 모니터를 해야 할 것 같다며 약을 지어 주고 안정을 취하라고 했다. 그리고 위염이 어느 순간 위암이 된다면서 너무 스트레스를 받지 말라고 했다. 정말 이제는 너무 신경쓰면 안 되겠다고 마음을 먹었다.

그러던 어느 날 워싱턴 정신대 모임에 참석하여 레인 에반스 미 연방 하원의원을 만나게 되었다. 10선 의원인 레인 에반스 의원은 정신대와 고엽제 등 인권 운동에 많은 업적을 쌓은 의원이었기에 많은 호감을 느꼈다. 그 모임에서 나는 에반스 의원과 인사를 나누었고 그때의 만남은 그가 지병인 파킨스 병으로 은퇴할 때까지 지속되었다.

당분간 건강에만 신경쓰자고 다짐했는데 에반스 의원을 만나자 나는 마치 오래 준비해 온 사람처럼 부당한 비자 거부에 대한 안건을 에반스 의원에게 이야기하였다.

에반스 의원은 크게 관심을 나타내고 그의 사무실로 한번 찾아오라며 명함을 주었다.

흔들리고 좌절하는 나에게 하나님은 또다른 희망을 주신 것이다.

제발 건강에만 신경쓰라는 아내의 조언에 하나님이 에반스 의원을 만나게 하셨으니 나의 건강도 책임지실 거라고 안심을 시켰다. 그로부터 다시 부지런히 약도 먹고 민간 요법인 주스도 갈아먹고 내 나름대로 정성을 다하였다.

며칠 후 에반스 의원의 사무실을 찾아가 자세히 보고하고 에반스 의원에게 도움을 요청했다. 에반스 의원은 나의 뜻을 이해하고 국무부에 국회의원 편지를 보내 해명을 촉구했으나 답변은 내가 전에 받은 대답과 다르지 않았다.

무성의한 대답에 실망한 에반스 의원은 나의 제안을 받아들여 국회

의사당에서 나와 함께 기자회견을 하기로 했다. 이 문제를 해결하기 위해서는 미국 국회의 올바른 이해와 언론들의 도움이 필요했던 것이다.

2001년 7월 10일 국회의사당 의원회관에서 열린 기자회견은 에반스 의원의 기조 연설과 나의 부당한 비자 거부에 대한 법적 설명이 있었다. 그러던 중, 2001년 12월에 비이민비자 신청서 양식이 DS-156으로 바뀌면서 먼저 있던 두 가지 질문 중 "노동 허가서를 신청한 적이 있습니까?"라는 질문이 삭제되는 성과를 얻기도 하였다.

그러나 기자회견을 하고 난 후에도 미 국무부에서는 "극도의 강한 연대"에 대한 법적 해석을 여전히 회피하였다.

모든 정치적인 방법을 동원해 보았으나 아무런 효과가 없었다. 그래서 나는 마지막 카드로 미 국무부의 수장인 콜린 파월 국무장관을 상대로 소송을 제기하여 법적인 해결 방법을 모색하기로 했다.

2002년 4월 15일 콜린 파월 국무장관을 워싱턴 연방 지법에 소송을 제기하였다. 이 소송 소식이 한국 언론에 보도되자 많은 사람들이 이 싸움은 계란으로 바위치는 격이라며 많이 걱정해 주셨다. 당시 콜린 파월 국무장관은 9.11 사태 이후 가장 파워 있는 세계적인 정치인이었다.

그런데 내가 그 소송의 원고로서 콜린 파월 장관을 소송했으니 염려를 하는 것도 당연하다. 주로 "세무 사찰 당하지 않겠어요?" "그러다가 정치적 보복을 당하지 않겠어요?" 등 한국식 사고로 나를 걱정해 주었다. 그러나 미국에는 괘씸죄가 없기 때문에 염려했던 일은 하나도 일어나지 않았다.

이 소송에 대해 워싱턴 연방 법원은 "국가 행정 행위는 재판 관할

권을 벗어난다"는 판결을 내렸다. 그러나 이에 승복하지 않고 미 대사관의 관행은 미 헌법에 어긋나기 때문에 중단돼야 한다는 내용의 두 번째 소송을 준비하려고 했다.

그러던 중 K씨가 미 대사관에 방문 비자를 다시 신청하니 영주권 신청한 것과 관계없이 방문 비자를 발급해 주었다. 이것은 약 4년 만의 결과였다. 소송에서는 졌지만 이 외로운 싸움을 통해 K씨는 드디어 방문 비자를 받을 수 있었고 그 이후 차별적 비자 발급 관행이 깨지는 승리를 얻게 된 셈이다.

2003년 5월 5일 워싱턴의 내셔널 프레스 클럽(National Press Club)에서 레인 에반스 의원과 함께 기자회견을 하여 20년 이상 자행되어 온 한국인에 대한 주한 미국 대사관의 차별적 비자 발급관행이 종식됐음을 선언하였다.

그리고 나는 "과감하게 이런 잘못된 관행을 철폐한 국무부와 주한 미 대사관에 감사하며 두 번째 소송을 포기하겠다"고 공식적으로 밝혔다.

처음 이 일을 시작한 지 10년이 지났는데도 아직도 "영주권 신청한 사람은 비자를 받을 수 없나요?"라고 질문을 하며 두려워하고 있는 실정이다. 그러나 이제부터는 그 질문의 답은 "그렇지 않습니다"이다. 최근 2010년 3월에 새로 바뀐 비이민비자 신청서 DS-160에는 그동안 끈질기게 물어왔던 "이민 청원서를 접수한 적이 있습니까?"라는 질문이 드디어 삭제되었기 때문이다.

이번 비이민비자 신청서의 대폭적인 수정은 수십 년 동안 내려왔던 비자 발급 관행에 대한 시대적 요구에 부응하려는 미 국무부의 의지요 명문화 조치라 할 수 있다. 이 일로 인해 한국뿐만 아니라 세계 여러 나라에서 부당한 비자 거절을 당했던 관행에 종지부를 찍게 되었다. 그동안의 노력의 결실을 바라보면서, 무엇이든 옳지 않다고 생각하는 것은 힘들고 어려워도 끝까지 투쟁하는 것이 바람직하다는 생각이 들었다.

지난 4년 동안의 국무부와 대사관에 보낸 편지의 사본과 관련 서류가 큰 박스로 족히 2-3상자가 됐다. 이 일로 인해 염려를 끼쳐 많이 걱정해 주었던 많은 지인들, 그리고 힘내라고 격려해 주셨던 많은 분들, 그분들의 기도가 아니었으면, 그렇게 끝까지 달려가지 못했으리라.

이것이 나의 인권 운동의 계기와 초석이다.

에세이집
출   간

변호사 업무와 미 대사관의 부당한 비자 거부에 대한 인권 운동을 하면서 나에게 커다란 위로가 되었던 시간이 있었다. 그것은 조용한 아침, 나만의 시간을 갖고 하나님과 대화하며 글을 쓰는 시간이었다.

1999년에 YTN TV에 해외 방송 자문 위원으로 발족되어 일주일에 한 번씩 미국의 정치 제도와 법 제도를 한국과 비교하여 워싱턴에서 전화로 방송해 주었다.

몇 달 동안 방송을 하면서 많은 관심도 받았고 문의도 많아 이런 내용들을 책으로 엮어 펴내기로 했다.

책을 발간하기로 하면서 나에게 제일 힘든 문제는 시간을 내는 것이었는데, 평상시대로 아침 7시에 나와서는 시간이 부족하다고 느껴 결국 자는 시간을 줄이기로 했다. 주중과 주말은 이미 나 혼자 쓸 수 있는 시간이 허락되지 않아 내가 자유롭게 조정할 수 있는 아침 시간을 택하기로 했다.

두 시간을 앞당겨 새벽 5시에 회사에 나가면 9시에 시작되는 클라

이언트와의 약속 시간 전 4시간을 쓸 수 있는 것이다.

그때부터 나는 메모지와 펜을 머리맡 침대 위까지 두는 습관을 두게 되었다. 새벽녘에 자다가 비몽사몽간에 어떤 영감이 떠오르면 얼른 일어나 메모지에 받은 영감의 내용을 적고 다시 잠들곤 하였다. 그때 적어 놓지 않으면 아침에 일어났을 때 그 좋은 영감을 기억할 수 없기 때문이다.

'한국의 21세기를 법치로 연다' 는 부제 아래 한국 정치와 법 제도의 민주적인 방향과 대안을 제시하는 데 역점을 두었다.

미국을 제대로 이해할 수 있도록 정치, 문화, 그리고 사회적 배경을 소개하여 미국과의 문화적, 사회적 교류에 큰 보탬이 될 수 있도록 디자인하였다. 그동안 아침마다 글을 쓰는 게 몸에 배었던 나는 이제 이민법 책이 아닌 미국의 문화와 법의 차이를 에세이 형식으로 써내려 가기 시작했다.

수개월 동안 집필한 원고를 들고 한국을 방문하여 2000년 5월에 《공자는 미국에 있다》라는 에세이집을 출간하게 되었다.

한국 방문중 한 경제 신문사의 초청으로 '미 이민법 세미나 특강'을 했다. 홍보가 늦었는데도 불구하고 신문사 강당을 꽉 메운 참석자들은 진지하게 세미나를 듣고는, 세미나가 끝난 후에도 한동안 질문 공세를 하여 참석자들의 미국에 관한 뜨거운 열기를 느낄 수 있었다.

이 열기에 부응하고자 나는 자주 바뀌는 미 이민법을 개정하여 새로운 개정 증보판을 2001년 11월에 《당신도 미국 갈 수 있습니다》라는 제목으로 출간할 수 있었다.

이 책의 특징은, 그동안 따로 떨어져 있던 미 이민법 책과 사례집을 함께 묶어서 미 이민법을 설명한 후 곧바로 알기 쉬운 사례를 소개하여 미 이민법의 이해를 쉽게 돕기로 하였다.

내가 이 책을 집필하고 있었을 때는 미 국회의사당에서 레인 에반스 의원과 함께 공동 기자 회견을 하여 미 대사관의 부당한 비자 거부 관행과 싸우고 있던 시기였다.

밖으로는 치열한 전투를 벌이고 있는 것처럼 보였지만, 글을 쓰는 시간은 언제나 나에게 긍정적인 생각과 힘을 부여했고 희망을 주었다.

사람들에게 "언제 그 많은 책을 쓰십니까?"라는 질문을 자주 받곤 한다. 그때마다 나는 "사람이 바쁠 때 더 많은 일을 할 수 있습니다"라고 대답했다. "시간이 남고 여유가 있을 때 그 시간에 책을 쓸 수 있다"라는 말은 틀리다고 생각한다.

그렇다, 나는 시간이 남아서 무엇을 하는 게 아니라 우선순위를 정하여 시간을 최대로 활용하려고 노력한다. 바쁠 때 더 많은 일을 할 수 있다는 것을 나는 깨달았다. 그래서 나는 내가 바쁨을 불평하지 않고 무엇인가 더 할 수 있다는 것에 감사를 드린다.

《공자는 미국에 있다》와 《당신도 미국 갈 수 있습니다》로 받은 저자의 인세는 전과 같이 모 단체에 기부해 결식 아동 돕기에 썼다.

책을 쓰면서 베스트셀러가 되는 꿈을 꾸었지만 그건 현실로 다가오지 않았다. 그러나 나도 언젠가는 베스트셀러가 되어 많은 단체를 도와주고 인재를 키울 수 있다는 꿈을 절대로 포기하지 않는다. 비록 부족한 글 솜씨이지만 나의 마음과 정성을 다하여 글을 쓸 때 언젠가는 독자의 마음을 움직일 것이라고 믿기 때문이다.

나의 시간과 노력, 그리고 정성이 담긴 책의 수익금을 비록 적지만 함께 나누고자 하는 것은, 나의 마음은 내 도움을 필요로 하는 그들과 함께하기 때문이다.

내 아이가
혼혈인이다

미 대사관의 부당한 비자 거부 관행에 대한 시정을 요구하며 벌였던 첫 번째 인권 운동은 나에게 참으로 많은 것을 깨닫게 해주었다.

먼저 문제 해결까지 시간이 너무 많이 걸리고 특정한 클라이언트가 있어 변호사비를 받을 수 있는 문제도 아니었으며, 가장 힘든 것은 다른 사람들은 그리 큰 관심이 없다는 것이었다.

내 마음속에 있는 불타는 열정도, 못 견디게 화가 나는 정의감도 관례라는 지극히 평범한 단어 앞에서는 맥을 못 추고 있는 것을 발견했다. 인권 운동은 아무나 하는 게 아니라는 현실을 알게 됐다. 변호사비를 받으면 돈 받는 재미로나 하고, 사람들이 흥미있어 하면 영웅이 된 기분으로 하겠지만, 이것도 저것도 아닌 인권 운동을 한다는 것은 피나는 외로운 전투였기 때문이다.

이제는 그런 문제에 끼어들지 말아야겠다고 생각하고 있었던 7월 한여름, 쓰레기통에 버려진 모 일간지를 우연히 읽게 되었다. 신문을 뒤적이다가 한쪽 구석 오피니언 섹션에 혼혈인을 돕는 한 사회 봉사자의 기고가 나의 눈길을 끌었다.

그 기고의 내용은 "한국에서 혼혈인들이 학교에서 놀림을 당하여 학교를 중도에 포기하기에 제대로 교육도 받지 못하고 그래서 변변한 직업도 얻을 수 없다"는 것이었다.

"혼혈인들은 군대도 갈 수가 없고, 50% 정도의 혼혈인들은 사회의 냉대를 견디지 못해 자살을 경험해 보았다"는 기사였다.

그 기사를 읽고 있다가 나는 갑자기 눈물이 핑 돌았다. 그 기고 안에 있는 아이들이 마치 내 아이처럼 느껴졌다. 내 아들들이 혼혈인이다. 내 아내가 미국인이고 내 아들들은 혼혈인이다.

내가 만일 한국에서 살았다면 그 설움은 당연히 내 아들들의 몫이요, 나와 내 아내의 문제였을 것이다. 미국에서 살다 보니 난 그 문제를 그렇게 심각하게 느끼지 못했던 것이다.

그때부터 나는 어떻게 하면 혼혈인들을 도울 수 있을까를 놓고 고민하기 시작했다. 한국인들이 갖고 있는 단일 민족의 자긍심과 차별의식을 뛰어넘을 수 있는 어떤 법적 제도 마련이 필요했다. 또한 혼혈인에 대한 그릇된 선입관을 바꾸는 사회 분위기 조성을 위해 대책을 찾기 시작했다.

당시 한국에서는 미국 유학에 대한 큰 붐이 일고 있던 터라, 나는 학생 비자를 중심으로 새로운 미 이민법을 집필하고 있던 중이었다.

책을 집필하면서 떠오르는 생각이 있었다. 이 책이야말로 내가 하고자 하는 일에 큰 기여를 할 수 있으리라는 것과 여기서 나오는 기금으로 한국에서 혼혈인 캠페인을 시작하리라 마음먹었다.

나는 즉시 '하이패밀리'의 대표 송길원 목사에게 전화를 걸었다. 상황 설명을 하고 이 책을 통해 나오는 저자의 인세를 전액 기부할 테니 혼혈인 인권 개선을 위해 써달라고 부탁했다. 송 목사도 혼혈인들이 당하는 아픔을 익히 아는지라 쾌히 승낙했으며, 그 뒤로도 함께 여러 가지 일을 추진하게 되었다.

2003년 9월 《미국 비자로 미국 유학 쉽게 가기》라는 책을 한국에서 발간하였다. 책에서 나온 기금을 송 목사에게 전달하였고, 송 목사는 2003년 12월 한국에서 획기적인 대담을 시도했다. '혼혈인 인권 개선'을 위한 기자회견을 하이패밀리 주최로 주관하게 되었다.

송 목사는 한국 병역법에 '혼혈아'라는 명칭이 인권 차별적 단어라는 것을 지적했다. 또한 국방 징집령에 무학력, 전과자, 혼혈아 등이 군 면제 사유에 포함되는 것이 납득되지 않는다고 국가인권위원회에 제소하였다.

그 결과 승소하여, 혼혈아라는 용어를 삭제하게 되었다.

그리고 혼혈인은 군대를 갈 수 없다는 병역법이 개정되어, 본인의 선택에 의해 입영이 가능하도록 시정되었다. 이렇게 혼혈인의 인권 개선이 법적인 방법을 통해 시도되었던 것이다.

또한 그는 기자회견에서 '혼혈인'이라는 말 대신 '다문화 가족'이라는 새로운 용어를 쓰자는 제안을 하기도 했다. 혼혈인에 대한 오랜 관습과 굳어진 인식은 한국 사회에서 하루아침에 깨뜨릴 수는 없는 문제였다. 혼혈인 인권 운동에 탄력을 주기 위해서는 한국과 동시에 미국에서도 어떤 움직임이 있어야 한다는 생각이 들었다.

한국에서 송길원 목사를 초청하여 이번에는 미국에서 기자회견을 하자고 제안했다. 그러는 와중에도 나는 미국에서 내가 할 일이 무엇인가 곰곰이 생각하다가 "혼혈인 자동 시민권 부여 법안"을 만들 것을 착상했다. 여기에서 혼혈인이라 함은 1950년 12월 31일부터 1982

년 10월 22일 사이에 미국 국적을 가진 아버지와 아시아 5개국 어머니 사이에서 태어난 아이들에게 영주권을 부여하는 "혼혈인 법안"(Amerasian Immigration Act of 1982)에 의해 미국에서 영주권을 가지고 사는 혼혈인을 가리킨다.

아시아 5개국은 한국, 베트남, 태국, 라오스, 그리고 캄보디아를 뜻하며, 혼혈인 법안은 한국전쟁과 베트남전쟁 중에 발생한 전쟁고아를 대상으로 영주권을 부여해 주는 법안이었다.

내가 제안하는 것은 이렇게 영주권을 받고 온 혼혈인에게 아버지가 미국 시민이었으므로 당연히 그 자녀가 시민권자가 되어야 마땅하기에 그들에게 자동 시민권을 부여하자는 것이었다.

2004년 1월 워싱턴에 송길원 목사를 초청해 기자회견을 갖게 되었다. 나는 기자회견장에서 "인권의 사각 지역에 있는 한국계 및 아시아 4개국 혼혈인에게 미국 시민권을 자동 부여하는 법안을 상정할 것이다"라고 밝혔다.

이날, 오흥주 워싱턴 지역 다문화 가족회장은 "한국에서 '튀기'라고 손가락질 받고 살다가 아버지 나라 미국에 오면 달라질 줄 알았는데 우리는 아직도 한국 사람도 미국 사람도 아닌 영원한 국제 고아 신세입니다"라고 말하여 기자회견장을 숙연하게 했다. 또한 그는 "우리 2세들에게 같은 아픔을 나눠 주고 싶지 않으며 비참한 나의 과거가 다시 반복되지 않기를 바랍니다. 우리를 동등한 인격체로 봐 주십시오" 하고 호소했다.

한국에서는 빠른 시간에 혼혈인 인권 운동의 효과가 나타나기 시작했다. 병역법에서 '혼혈아'를 '혼혈인'으로 바꿨으며, '혼혈인' 대신에 '다문화 가족'이라는 신조어를 만들어 냈다. 나 또한 즉각적으로 나의 인권 친구인 국회의원 레인 에반스를 찾아가 혼혈인 자동 시민권 부여 법안을 상정해 줄 것을 요청했다. 혼혈인들의 안타까운 사연을 이야기하고, 그들은 곧 미국인이며 그들이 '잊혀진 아이들'이 되어서는 안 된다고 말했다.

에반스 의원은 나의 뜻에 공감을 표시했고, 나와 함께 혼혈인 인권 파트너로 손잡고 일할 것을 약속했다.

2004년 4월 에반스 의원은 미 국회 사상 처음 5개국 혼혈인 자동 시민권 부여 법안을 미 하원에 상정하였다. 그러나 미국 내의 관심은 그리 높지 않아 상정된 법안은 무관심 속에 파묻혀 자동 폐기되는 실정이 되고 말았다.

여기서 나의 오기가 또다시 발동하기 시작했다. 이쯤에서 포기할 수는 없었다. 나는 에반스 의원에게 같은 법안을 재상정할 것을 요청했으며, 그는 2005년 2월 같은 법안(Citizenship for Amerasian Act of 2005)을 재상정했다.

이 법안은 미국 내에 있는 영주권을 가진 혼혈인들에게 국한되는 것이다. 만일 법안이 통과되어 미국에 있는 혼혈인들에게 자동 시민권이 부여된다면, 이는 미국인 아버지를 둔 혼혈인이라면 자동적으로 미국 시민권자가 될 수 있는 터전을 만들 수 있는 것이다. 따라서 이 법이 통과된다면 차후에 제2의 법안을 통해 한국에 남아 있는 혼혈인들에게 미국에 올 수 있는 법적 기회를 제공할 수 있을 것이다.

그러나 혼혈인 법안은 한국이나 미국 내에서 큰 관심거리가 되지 못했다. 마침내 나는 미국 방송 시사 프로그램에 혼혈인 문제를 취재해 달라는 편지를 보내는 등 미국 내 여론을 움직이기 위해 백방으로 노력했으나, 오랜 시간 동안 전혀 반응이 없었다.

2006년 2월 22일부터 28일까지 나는 에반스 의원의 법률 고문 자격으로 대한민국 국회 초청을 받아 한국을 공식 방문하게 되었다. 이때 정신대 문제 대책위원회 워싱턴 회장 서옥자 교수도 동행하였다.

한국인의 인권을 위한 다양한 활동에 앞장서 온 에반스 의원에게 공식적으로 감사의 뜻을 전하는 의미 있는 방문이었다.

파킨슨병으로 투병중이던 에반스 의원으로선 장거리 여행이 무리였다. 그러나 그는 한국인들을 위한 법안 통과 경과보고와 한미 우호 간담회 등을 위해 기꺼이 한국을 방문해 주었다.

한국에 있는 동안 에반스 의원과 나는 외교부와 여성가족부, 그리고 국회 등을 방문하여 혼혈인에 대한 법안과 지위 향상을 언급했지만, 관심을 가져 주는 사람이 그리 많지 않았다.

서옥자 교수와 함께 정신대 할머니들이 거주하는 '사랑의 집'을 방문하게 되었는데, 할머니들은 우리를 반갑게 맞아 주었다.

특히 할머니들은 레인 에반스 의원에게 많은 관심을 보였다. 에반스 의원은 처음으로 정신대 문제를 미국 의회에 알리고, 그동안 지속적으로 정신대 문제를 도와준 장본인이다. 몸이 불편한 에반스 의원은 그날도 어린아이같이 활짝 웃는 모습으로 할머니들의 손을 일일이 잡아 주며 위로를 아끼지 않았다.

한국에 있을 때 하이패밀리의 송길원 목사의 주선으로 에반스 의원과 함께 "혼혈인 시민권 자동 부여 법안"에 대한 '기자 간담회'를 열었다. 에반스 의원이 미국에서 활발하게 이 법안 운동을 할 수 있도록 한국 내에서 강력한 지지를 기대했던 것과는 달리, 한국 언론에서는 그리 큰 반응을 보이지 않았고 많이 참석하지도 않았다.

그 자리에서 에반스 의원은 기자들에게 혼혈인 이슈에 대하여 깊은 관심을 가져달라고 당부했으며, 나는 혼혈인 시민권 자동 부여 법안에 대한 법안 설명과 취지를 알려 주었다.

기자회견을 열고 각계각층 사람들에게 도움을 청하여 한국에서의 열기를 미국까지 몰고 들어와 법안을 통과시켜 보려 했지만, 반응은 의외로 냉랭했다. 혼혈인들마저 크게 관심을 보이지 않았다. 한국 내 혼혈인 사이에도 더 이상 건들지 말라는 쪽과 우리가 나서야 한다는 쪽으로 분열되어 있는 상황이었으며, 오히려 더 이상 건들지 말라는 쪽이 우세했다.

한국 방문중 고신대학교에서 에반스 의원과 나에게 명예 교육학 박사 학위를 수여하겠다는 제의를 받았다. 에반스 의원은 이를 수락하여 명예 교육학 박사 학위를 받았고, 나는 아직 그럴 위치가 아니라고 극구 사양하여 받지 않았다.

나는 이제 시작일 뿐이며 해놓은 일이 많지 않아 받을 수 없다고 사양했다. 내가 명예박사 학위를 사양하자, 고신대 측에서는 나를 고신대 국제 자문 변호사로 위촉하는 임명장을 수여하였다.

고신대는 일제 시대에 신사 참배를 하지 않았던 유일한 대학이었다. 그런 대학에서 우리의 인권 운동을 격려해 주며 학위를 수여해 준 사실이 참으로 영광스러웠다.

한국 공식 방문을 마치고 미국으로 돌아올 때 아쉬웠던 것은, 내가 원하던 혼혈인에 대한 의식 변경에 그리 큰 성과를 거두지 못한 것이다.

하지만 우리가 미국으로 돌아온 지 일주일 뒤에 놀라운 일이 발생했다. 지난 2년 동안 한국에서 혼혈인 운동을 펼쳤는데도 고정관념의 크나큰 장벽을 넘지를 못했는데 하루아침에 이 장벽이 무너지는 사건이 생겼다.

하인즈 워드가 나타난 것이다. 미국의 프로 풋볼 선수인 하인즈 워드가 슈퍼볼의 MVP가 되어 미 전역은 물론 한국 내에서도 각종 매스컴을 타고 혼혈인에 대한 큰 관심을 갑자기 불러일으켰다.

그는 하루아침에 영웅이 되어 한국을 방문하였고, 대통령까지 만났다. 우리가 그렇게 변화시키고자 했던 혼혈인에 대한 편견이 한 명의 히어로가 탄생함으로써 한국 사회는 혼혈인을 다시 보게 되는 계기가 되었고, 하인즈 워드의 뜨거운 열풍을 느낄 수 있었다.

사람들은 영웅에 약하다. 전혀 관심 없던 일이 한 사람의 영웅이 탄생함으로써 갑자기 전 국민이 관심을 갖고 모두가 후원자가 되어 줄 것처럼 난리법석을 떤다. 그러나 그것도 잠시뿐, 누군가 끊임없이 불을 지피지 않으면 활활 타올랐던 관심이나 동정도 식기 마련이다. 사람들은 영웅에 관심이 있지 문제에 관심이 있는 것은 아니다.

우리가 힘들여 이루려 했던 일인데 별 성과도 없었고, 앞으로 수십년이 지나도 힘들 것 같아 보였던 혼혈인 운동이 하인즈 워드의 등장으로 하루아침에 변화가 일어났다. 한국인에게 혼혈인에 대한 인식을 달리하게 하는 직접적인 계기를 만들어 준 하인즈 워드에게 큰 감사를 느낀다.

내 가슴은 뛰기 시작했다. 히어로가 된 하인즈 워드가 혼혈인 운동에 불을 지필 수 있다고 생각한 것이다. 하인즈 워드의 열풍을 이곳 미국에서도 불러일으키고 싶었다.

나는 먼저 하인즈 워드 담당 변호사에게 연락을 했다. 혼혈인 자동 시민권 부여 법안이 미 하원에 계류중이니 이 법안에 협조해 달라는 부탁을 했다.

하인즈 워드의 변호사는 자료를 보내 달라고 했다. 나는 기대되는 마음으로 혼혈인 법안의 취지 설명과 법안을 팩스로 보내 주었다. 그러나 그 이후로 나는 아무런 소식을 듣지 못했다.

그로부터 약 3년이 지난 2009년 겨울 하인즈 워드가 한국에 있는 혼혈인들을 위해 자선 모금 행사를 한다는 소식을 들었다. 나는 그 소식을 듣고, 하인즈 워드와 함께 자선 모금 행사를 진행하는 모 유명 혼혈인에게 혼혈인 법안 제출 및 지지를 호소하는 내용의 편지를 하인즈에게 전해 달라고 부탁했다.

그러나 지금까지 아무런 소식을 듣지 못했다.

혼혈인이라고 다 같은 혼혈인이 아니다. 하인즈 워드는 미국인 아버지와 미국에서 살고 있다. 부모가 일찍 이혼하여 결손 가정의 아픔이 있었겠지만 그는 이곳에서 교육을 받을 수 있었고, 자신의 꿈을 이루어 나갈 수 있었던 정말 행운아였던 것이다. 그러나 미 국회에서 입법화를 추진하는 혼혈인은 6·25전쟁 중 아버지의 생사도 모르고, 아버지 없이 한국에서 버림받고, 외롭게 자란 혼혈인 중의 혼혈인이기 때문이다.

하인즈 워드가 한국에서 많은 혼혈인들을 돕고 그들에게 힘이 되어 주고 있다. 하인즈 워드가 미국에서도 이 법안을 지지해 한국에 있는 혼혈인들에게 궁극적으로 법적인 혜택을 누릴 수 있도록 도와주기를 바라는 마음 간절하다.

첫 탈북자
영주권 취득

나와 함께 인권 문제 일을 많이 했고, 개인적으로도 아주 친하게 지냈던 레인 에반스 의원이 한국 방문 이후 지병인 파킨슨병으로 은퇴하게 되었다.

레인 에반스 의원은 아주 청렴한 하원의원이었다. 그는 은퇴 연금도 사양하고 자신의 고향인 시카고의 작은 양로원으로 내려갔다.

그 후 마이클 미셔드(Michael Michaud) 하원의원을 만나, 사장되어 있던 혼혈인 법안을 2007년 3월 미 하원에 재상정했으나, 미국 국회의 냉담한 반응으로 다시 원점으로 돌아가 버렸다.

그러나 나는 지금까지도 포기하지 않고 혼혈인 법안을 위해 로비스트를 만나고 상·하원 의원들에게 끊임없이 편지를 띄우고 연락을 시도하고 있다.

나는 포기하지 않을 것이다.

혼혈인들이 이제라도 늦게나마 그들의 인권을 찾아 힘들게 지내 온 시간들을 보상받고 권리를 찾아야 한다고 믿기 때문이다.

인권 운동이라는 것이 단시간에 결과를 볼 수 있는 것이 아니다. 오랜 세월 속에 자리잡고 있는 우리의 인식부터 바꾸어야 하는 문제이므로, 시간을 많이 요구하는 일임을 나는 너무나도 잘 알고 있다.

미 대사관의 부당한 비자 거부 이슈를 끝내고 이제는 내가 할 일을 다 끝냈다고 생각하고 인권 문제에는 관심을 가지지 않으려고 했다. 그러나 나도 모르는 사이 다시 혼혈인 운동에 끼어들었고, 7년이 지난 이 시간에도 해답을 찾지 못하고 애를 태우고 있는 것이다.

속담에 "다른 사람의 간이 썩는 것보다 내 손톱에 박힌 가시가 더 아프다"고 했던가?

혼혈인들의 문제를 손톱에 박힌 가시만큼 여겨 줄 사람을 나는 이 시간에도 찾고 있다. 인권 운동을 한다고 하니 위로와 격려 가운데 많은 사람이 일을 의뢰하기도 한다.

그러나 나는 정치적인 문제에는 개입하지 않으려 하고 있다. 그것은 인권이기에 앞서 사상적인 문제가 많기 때문이다.

그리고 지금 내가 하는 작은 인권 운동은 대부분 사람들의 부당한 대우로 시작하는 아주 극히 감성적인 면이 많다. 비자 거부 때도 그랬고 혼혈인 문제도 그랬다. 나의 욱하는 감정이 내 목을 타고 올라오면 그때는 아무도 못 말렸다.

어느 날 같은 교회에 나가는 사람에게 태국에서 최초로 미국으로 들어온 탈북자가 있는데, 영주권 취득을 도와달라는 연락이 왔다.

탈북자 문제를 생각해 본 일이 없었던 나는 그 사람에게 일단 사무실로 한번 찾아오라고 말하고 전화를 끊었다. 며칠 뒤 그 사람은 탈북자와 함께 나의 사무실로 찾아왔다.

초췌하고 마른 몸매의 키가 작은 30대 초반의 여자가 들어왔다.

"언제 들어왔냐? 그동안 무엇을 했느냐?" 등 일상적인 질문을 하면서도 내가 그녀를 꼭 도와주어야 한다는 결정을 내리지 못하고 있었다.

일단 그녀가 돈이 하나도 없어 변호사비는 고사하고 접수비며 수속비까지 내주어야 하는 입장이었다.

그런데 그녀의 입에서 간증이 나오고 있는 것이다. 그녀는 젊은 나이에 먹고사는 게 너무 힘이 들어서 중국으로 도망가 그곳에서 조선 남자에게 팔려가 아이를 낳고 살다가, 그 남자의 학대를 견디지 못하였다. 누군가가 태국으로 가면 그곳에서 미국으로 갈 수 있게 해준다는 말을 듣고 미국으로 오기로 결심하고, 태국으로 죽기를 각오하고 도망했다.

보통 탈출할 때는 밤 시간을 이용해 중국과 태국 국경 사이를 흐르는 메콩 강을 건너가는데, 그 강을 건너게 해주는 사람이 그 날은 밤에 일을 할 수가 없다고 낮 시간을 이용해서 간다고 했다.

불안한 마음으로 배를 탔는데, 갑자기 비바람이 불면서 사방이 깜깜해지더니 경비원들이 안 보이기 시작했다. 그런데 강 건너 태국에 도착하자마자 비가 딱 그쳤다. 무사히 미국으로 들어와 하나님을 알게 되었는데, 그때 하나님이 자신을 미국으로 데리고 와 하나님을 알게 하려는 뜻임을 알게 되었다고 했다.

그 말을 듣는 순간 나는 '내가 도와야 한다'고 생각했다. 내가 제일 맥을 못 추는 단어 '하나님'이 그녀의 입에서 나오지 않는가? 그건 하나님이 나에게 "이 여자를 도우라"고 하시는 말씀 같았다. 그녀의 입을 통해 나오는 탈북자의 어려움은 말이 아니었다.

탈북자의 90% 정도가 여자라고 한다. 여자들은 조선족에게 팔려갈 수가 있어 탈출을 도와주는 사람이 돈을 벌 수 있지만, 남자들은 마땅히 팔 곳도 없고 들키면 대부분 죽이거나 탈북하려 했던 혹독한 대가를 치르기 때문에 남자들이 엄두를 내지 못한다는 것이다.

나에게 온 그녀도 중국에서 8년 있는 동안 두 번이나 조선 남자에게 팔려갔으며, 억지로 맺어진 결혼 생활 속에 모진 학대를 견딜 수 없었다고 한다.

그들의 대부분은 큰 돈이나 지위를 원하는 것이 아니고 그저 배고프지 않게 먹고 사는 인간의 기본을 원했다.

우리는 반찬 투정을 하고 살지만, 북한에서 탈출하는 그들에게 '밥'은 '밥' 이상이다. 배고픔을 경험해 보지 않은 자가 어떻게 배고픔을 이해할 수 있겠는가?

안타까운 마음으로 내가 돕겠노라고 하고 그녀를 돌려보냈다. 원래 탈북자는 심각한 식량난과 경제적 곤란 때문에 북한을 탈출한 사람들이다. 그리하여 정치적 이유가 아닌 경제적 이유의 난민은 미국 이민법상 난민 지위를 받을 수가 없었다. 그러나 2004년 10월에 제정된 '북한 인권법'(North Korean Human Rights Act of 2004)에 의해 경제적 이유로 북한을 탈출한 탈북자에게도 난민 자격을 부여해 미국 입국의 문이 열리게 되었다.

북한 인권법은 인간의 기본적인 인권을 보호하고 존중하며, 탈북자들에게 인도적인 지원의 증진 등을 목적으로 하고 있다.

그러나 탈북 난민들이 '북한 인권법'의 혜택을 받으려면 목숨을 걸고 태국까지 가야 하는 어려움이 있다. 따라서 현재까지 '북한 인권법'에 의하여 미국에 온 탈북자는 지난 5년 동안 약 60명 정도밖에 되지 않는다. 탈북 난민에게 '북한 인권법'은 '그림의 떡'이다. 따라서 북한 인권법 적용을 위해 탈북 난민들이 태국을 거치지 않고 중국을 통해 들어오게 하도록 유엔의 폭넓은 역할이 절실히 요청된다.

나는 이 '북한 인권법'에 의거하여 그녀가 미국에 난민 지위로 입국한 후 1년 후에 영주권을 신청할 수 있었다. 약 1년 만에 첫 탈북자였던 김미자 씨의 영주권이 2008년 9월에 통과되었다.

참 놀라운 일이 생겼다. 김미자 씨가 영주권 받은 사실을 언론에 알리기 위해 보도 자료를 준비하던 중, 모 대북 방송 관계자에게 "북한 인권법의 연장에 대해서 어떻게 생각하느냐?"고 물으니 "연장은 낙관하기 어렵다"고 했다.

그런데 보도 자료가 나간 후 한국 언론에서는 탈북자 첫 영주권 발급에 대해 대서특필하였고, 심지어는 일본 언론까지 큰 관심을 보였다.

이러한 탈북자 영주권 발급 뉴스가 전세계에 보도되고, 보도가 나간 지 얼마 되지 않아 '북한 인권법'은 마감 전에 극적으로 4년 더 연장되었다.

사실 '북한 인권법'은 2004년 10월부터 2008년 9월 30일까지 유효한 한시적인 인권 법안이었다. 2008년 9월 초만 하더라도 북한 인권법의 연장이 희박할 것이라는 추측이 만발했다. 그때 당시 11월에 있을 대통령 선거 때문에 분주했고, 더욱이 '북한 인권법'의 연장을 주관하는 상원 외교 분과위원장 조 바이든 상원의원은 오바마의 부통령 지명자로서, 선거 운동으로 정신이 없었을 때였기 때문이다.

그러나 언론의 대대적인 보도로 잊혀진 탈북자의 존재가 다시 부각되었기에 '북한 인권법'의 연장에 결정적인 역할을 하지 않았나 생각된다. 모든 것은 우리의 뜻이나 생각 안에 있는 것이 아니라 하나님의 계획 안에 있음을 다시금 느꼈다.

뉴스가 나가고 얼마 되지 않아 나에게 또 다른 탈북자에게서 연락이 왔다. 사무실에 찾아온 최미경 씨는 내가 다른 탈북자를 도와주었다는 소문을 들었는데, 자기도 도와줄 수 있겠느냐고 물었다.

보통 탈북자들은 중국을 경유하여 태국에 들어가 거기서 난민 지위를 받고 미국으로 입국하는데, 최미경 씨는 예외적으로 유엔의 도움으로 중국에서 태국을 경유하지 않고 2007년 12월에 곧장 미국으로 온 탈북자라고 했다.

중국은 원래 탈북자들을 미국으로 직접 보내지 않기 때문에 그녀가 올 수 있었던 것은 중국이 그녀를 일본으로 추방하는 형식을 취해 그녀는 일본을 경유해 미국으로 들어온 것이다.

그녀도 미국에 들어온 뒤 정착하는 데 많은 어려움을 겪은 이야기를 들려주었다. 최미경 씨도 영주권 신청 후 6개월 만에 이례적으로 인터뷰를 거쳐 영주권을 취득하였다.

최미경 씨는 영주권을 받자 "신분 문제가 해결되어 매우 기쁘고 내가 할 수 있는 일을 할 수 있어 미국 정착에 큰 도움이 될 것 같다"며 좋아했다.

수많은 역경과 죽을 고비를 넘기고 미국으로 들어온 탈북자들이 미국에서 안정을 찾는 데는 많은 시간이 걸린다.

미국으로 들어온 후 탈북자들은 켄터키 주 루이빌로 가서 미 정부 산하 단체에서 운영하는 난민 보호소에서 미국에 정착하는 훈련을 8개월 동안 받게 된다.

그 단체에서는 탈북자들이 미국 생활을 할 수 있도록 임시 취업증도 신청해 주고, 운전면허도 딸 수 있도록 도와주며, 특히 공산주의에서 살았기 때문에 자본주의를 이해하고 따라갈 수 있도록 교육을 시킨다.

그러나 말이 통하지 않고 모든 게 낯설기만 한 이들은 쉽게 정착하기가 힘들다. 난민들이 늘 그렇듯이 다른 나라에서 말이 통하지 않고 문화도 달라서 그곳에서 정착하려면 현지인의 도움이 절실하다.

미국에 온 탈북자들도 이곳 교포들이나 자선 단체, 혹은 교회를 통하여 도움을 받는 일이 많다. 다른 사람을 돕는다는 것이 참으로 힘든 일인데 더구나 사상과 문화가 다른 겉모습만 한국인인 탈북자들을 돕는다는 것은 참으로 많은 이해와 인내를 필요로 한다.

탈북자들을 지원하고 도와주는 대부분의 단체는 정말 사명감을 가지고 탈북자를 돕는 것을 볼 수 있다. 다른 사람들을 돕는다는 것이 늘 그렇듯이 정말 그들을 사랑하는 뜨거운 마음이 없으면 할 수 없는 일이다.

제일 좋은 방법은 먼저 온 탈북자들이 얼른 자리를 잡고 정착하여 다음에 미국으로 들어오는 탈북자를 돕는 것이 가장 바람직한 방법이라고 생각한다.

그들은 자라온 배경이 같고 생각이 비슷해 그동안 몸에 배어 있는 공산주의식 생각에서 어떻게 자본주의의 생각을 가질 수 있는지, 먼저 온 탈북자들의 경험을 통해 배우고 익히는 것이 가장 좋은 방법일 것이다.

이제 처음으로 미국으로 들어와 영주권을 받고 정착하는 것이기에 머지않아 먼저 온 탈북자들 중에 나중에 오는 탈북자들을 지도하고 인도할 사람이 나올 것을 믿는다.

탈북 난민들이 '북한 인권법'의 혜택을 받으려면 목숨을 걸고 김미자 씨처럼 중국에서 태국까지 가야 하는 어려움이 있다. 따라서 북한 인권법의 적용을 위해 탈북 난민들이 태국을 거치지 않고 최미경 씨처럼 직접 중국을 통해 미국 입국이 가능하도록 유엔의 폭넓은 역할이 절실히 요청된다.

그러기 위해 중국과의 다각적인 외교와 협상이 탈북자의 인권을 보호하는 관건이 될 것이다.

워싱턴의
분주한
나날들

이민은 매국이
아니라 애국이다

　몇 년 전 한국을 방문했을 때 모 TV 방송국에서 "방송에 나올 의향이 있느냐?"고 물었다.

　"어떤 프로그램이 좋겠느냐?"고 해서 "이민이나 유학 상담이 나로서는 편하고 좋을 것 같다"고 말했다. 방청객을 상대로 이민이나 유학, 투자 비자 등, 관심 많은 미국 입국에 관한 전반적인 질문에 답변하는 식의 프로그램에 출연해 정보 제공을 해주고 싶다는 뜻을 전했다.

　그러나 며칠 뒤 방송국 PD와 작가들이 의논한 결과 국영 방송에서 이민 상담 프로그램을 한다는 것은 국민이 '국가의 장래가 비관적'이라고 판단할 수 있으므로 그 프로그램을 할 수 없다는 통보가 왔다.

　이민이나 유학 상담이 어떻게 국민에게 국가 장래가 비관적이라는 판단을 하게 만든다는 말인가? 많은 사람들이 자녀를 미국에 유학을 보내기도 하고 한국에서보다 더 나은 기회가 다른 나라에서 허락된다면 이민을 갈 수도 있는 긍정적인 대안을, 국가의 장래가 비관적이라고 보는 생각을 도저히 이해할 수가 없었다.

천연자원이 없는 좁은 땅에서 더 많은 사람들이 해외로 나가야 하는데 그동안 지도자의 시행착오와 해외 이민에 대한 부정적인 국민 감정이 해외 진출의 장애물이 되고 있었다.

해외에 나가 있는 한인 동포는 약 550만 명으로 전체 인구의 10분의 1밖에 되지 않는다. 반면에 이스라엘은 전체 인구의 3분의 2가 해외에 정착하고 있다.

중국과 일본이 성공적인 세계화를 이룰 수 있었던 것은, 일본은 자기 영토의 8배에 해당하는 영토를 해외에 가지고 있으며, 중국은 세계 어느 나라를 가든 아주 작은 도시에도 중국 음식점을 차려 중국 음식의 세계화를 만들었으며 곳곳에 차이나타운을 만들어 자녀들을 교육시키고 중국의 발전과 진흥을 돕고 있다. 그만큼 해외 이민은 '보이지 않는 경제' 요 '영토 확장'의 지름길이다.

해외 이민을 계획적이면서도 실용적으로 추진할 때 '이민은 매국이 아니라 애국' 하는 길이 되는 것이다.

해외 진출이 한국의 살 길임을 알면서도 극소수 특권층의 편법 병역 기피를 지나치게 의식한 나머지, 순수한 해외 이주자까지 적개심의 대상이 되고 있었다. 이런 부정적인 '국민 정서법'을 피하기 위해 뒤에 숨어서 해외 이민을 꿈꿔야 하는 이중 잣대의 국민 정서가 열린 세계화의 장애물이 되고 있는 실정이다.

한국의 심각한 저출산 문제와 공교육 몰락의 주된 이유는 인구 집중에 의한 지나친 경쟁에서 비롯된 것이다. 따라서 이러한 문제들의 근본적인 해결 방법은 인구를 해외로 분산하는 길밖에는 없다.

한국이 사는 길은 상품 수출뿐 아니라 인력 수출까지 해야 하는데, 이는 곧 세계화의 시작이다.

여기서 한국의 세계화를 위한 대안을 제시해 본다.

먼저, 해외 진출을 권장하기 위해 정부의 법적 뒷받침과 국민 정서의 긍정적인 변화가 요청된다. 신문의 사회 면에 이민 사기와 비자 관련 비리가 끊이지 않고 있는 것처럼, 막상 해외 취업이나 이민을 추진하려 해도 정확한 정보를 얻을 곳이 마땅치 않아 고통과 불이익을 당하는 국민이 많은 것이다.

정부 부처에서도 외국의 이민법에 대한 기본 지식이 없어 브로커들의 그릇된 광고를 지적하지 못하고 있다.

앞으로 해외 진출은 정부가 주도해야 하며, 세계 각국에 퍼져 있는 한국 대사관을 통해 그 주재국의 이민법을 공부하고 연구하는 기관을 가질 것을 제안하는 바이다.

이제 미국이나 세계 여러 나라는 서서히 이민의 문을 닫고 있다. 이럴 때일수록 해외 이민의 다변화를 추구하며 전문가 양성을 통해 그 대비책을 마련해야 한다. 부자나 특수 계층만 이민을 가는 것이 아니라, 이제는 평범한 보통 사람도 갈 수 있는 제도를 마련해야 한다.

미국 취업 이민의 경우, 어떤 분야에 2년 이상 경력은 숙련공으로 인정받아 영주권 수속이 비숙련공보다 2배로 빠르다.

따라서 한국의 군 경력도 사회 경력으로 인정받게 하여 군필자의 해외 진출을 돕는 것이 바람직하다. 그러므로 국가적인 차원에서 해외 이민의 체계적인 뒷받침이 절실히 요청된다.

해외로 이민을 보내는 일만큼 중요한 것은, 해외 동포의 원활한 정착을 도와 모국과 긴밀한 연대를 갖게 하는 것이다.

예를 들면, 재미 동포의 '미국화'는 '한국화'에 역행하는 처사가 아니라 오히려 한국과 미국을 위한 통로가 된다는 인식이 필요하다.

그러나 재미 동포는 아직도 미국화를 꺼리고 있으며, 또한 미국화를 막는 장애 요인이 한국 법 중에 있다.

재미 동포가 미국 시민권을 획득하여 참정권을 행사하면 할수록, 모국에 끼치는 영향은 대단하다. 미국 국회 내에서 이스라엘 원조금 삭감을 제안한 국회의원은 그 다음 선거에서 낙선된다고 할 정도로 유태인의 무서운 정치적 파워는 우리 모두가 안다.

이러한 유태인의 정치적 힘은 바로 미국 시민권 취득에서부터 시작된다. 따라서 재미 동포들의 정치적 역량을 키우기 위해서는 미국 시민권을 통한 참정권의 행사를 해야 한다. 참정권 행사야말로 세계에서 한국의 힘을 키워 주는 글로벌 파워이다.

그러나 한국 국회는 '재외 국민 투표권 법안'을 통과시켜 영주권자 등 19세 이상 한국 국적을 가진 모든 재외 국민에게 대통령 선거 및 국회의원 비례 대표 투표권을 부여하였다. 이 법안은 재외 국민에게 투표권을 부여하지 않는 것은 평등의 원칙에 어긋난다는 헌법재판소의 판결에 따른 후속 입법 조치라 할 수 있다.

이 재외 국민 투표권 법안은, 참정권을 인정하나 피선거권을 인정하고 있지 않으며 아울러 지방 자치 투표권 제외 등 짜깁기식 법안에 의한 제한적인 참정권은 분명 헌법상 평등의 원칙에 위배되는 법률이라 하지 않을 수 없다

또한 '의무 없는 권리 없다'고 했듯이, 재외 국민은 의무가 없기 때문에 참정권의 권리만 인정해 주는 것은 법 형평의 원칙에 어긋난다고 하겠다.

재외 국민 투표권 인정은 화려해 보이나 이를 해외에서 유지하기 위한 경비와 선거 참여도 등 현실성 여부는 아직 미지수다.

이 법안이 자칫 잘못하면 해바라기식 한국 정치 바람만 일으키고, 해외 동포의 각 나라에서의 정치 바람을 막는다면 정녕 한국의 국익에 반하는 게 될 수 있다. 결국 해외 동포에게 요청되는 것은 한국 참정권이 아니라 지구촌 참정권이다.

이것이 바로 글로벌 시대를 여는 열쇠이며 한국을 세계로, 세계를 한국으로 만드는 지름길이다.

또한 한국 정부는 해외 동포의 해외 국적의 원활한 취득을 돕기 위해서 '제한적 복수 국적 제도'를 채택할 때가 왔다. 우리 법 관념과 국민 정서 속에 해외 동포들이 외국 국적을 취득하면 "조국을 버린 자, 시집간 딸은 남의 집 식구, 혹은 동포를 똥포"라고 하는 인식의 잔재가 아직도 남아 있는 것 같다.

이민 문제를 전문으로 하면서 느낀 것은 미국 이민을 할 때도 미국에 있는 한국 사람들이 한국에 있는 사람들을 초청하는 취업 이민이 제일 많다는 것이다. 이는 즉 한국인이 한국인을 해외로 이주케 한다는 것이다. 따라서 해외 진출은 '누가 먼저 가고 누가 나중에 가느냐'의 문제이지, '어떤 사람은 인삼뿌리 먹고 어떤 사람은 배추뿌리 먹느냐'는 식의 탄식거리가 아니다. 따라서 해외 이주 가는 사람들에게 박수를 보낼 때가 되었으며, "어서 가서 나도 불러 주세요"라는 식의 긍정적인 사고로 바뀔 때가 되었다.

아직도 복수 국적 제도의 인정을 꺼리는 이유는 병역 기피나 탈세, 그리고 국민 정서 때문이라고 할 수 있다. 한번 짚어 보자. 해외 영주권을 받으면 병역이 면제되는데, 이미 면제된 사람이 그 나라의 시민권을 획득한다고 해도 병역 기피 문제는 대두되지 않는다.

또한 복수 국적을 인정하더라도, 국제 세법상 '이중 과세 금지 원칙'에 의해 탈세의 위험도 예방할 수 있다. 간혹 탈세하는 자는 일반 동포보다는 일부 특수층의 돈 많은 사람들의 이야기일 뿐이다. 이런 극소수의 문제점만 보고 도매금으로 복수 국적을 부인하는 것은 타당한 처사가 아니라고 본다.

따라서 복수 국적 제도를 인정하더라도 큰 폐단은 없을 것이며, 한국의 실정을 고려하고 한국의 국익을 극대화하기 위해 필자는 '복수 국적 제도' 대신에 '제한적 복수 국적 제도'를 제안하는 바이다.

해외 이민을 합리적으로 장려하고 한국인 정서에 맞는 '제한적 복수 국적 제도'가 가장 타당하다고 본다. 여기에서 '제한적 복수 국적 제도'라 함은 한국인이 해외 국적을 취득하더라도 한국 국적을 유지하되, 공적인 참정권은 제한하고 사적인 재산권이나 경제권 등은 국내인과 같이 인정하는 것을 뜻한다.

현행 국적법에 의하면, 외국 국적을 취득하게 되면 한국 국적이 자동 상실된다. 이는 세계화 시대에 맞지 않는 매정한 법이며, 또한 진정한 한민족 국민 정서에도 부합하지 않는 법이다. 제한적 복수 국적을 인정하면 '재외 동포 특별법' 없이 한국의 국적법 문제를 해결할 수 있다. 또한 외국 국적 취득 시 한국 국적의 자동 말소를 막음으로써 한국 내의 재산권 및 경제권을 유지하게 한다.

그렇게 되면, 현행법상 문제가 되고 있는 연금이나 수당 혹은 보상받을 권리 등도 해외 이주를 하더라도 박탈당하지 않고 기득권의 보장을 존중받게 되는 길이 열리게 된다.

제한적 복수 국적 제도에서 참정권을 제한하는 이유는 해외 동포의 시민권 취득을 장려하고, 또한 한국으로의 역이민을 자제하게 하는 일석이조의 세계화 효과를 누릴 수 있을 것이다.

앞으로는 국회 장관 청문회에서 집안 식구 중에 해외 영주권이나 시민권을 취득한 사실이 있는가의 여부가 장관의 자질 심사보다 더 중요한 안건이 되지 않길 바라는 마음 간절하다.

다민족 국가인 미국에서도 외국 국적 취득 시 미 국적 자동 상실 제도는 채택하지 않고 있다. 단지 국적 시비 사건이 있을 때는 우선적으로 적용될 국적을 선택하여 문제를 해결하게 된다.

따라서 '제한적 복수 국적 제도'로 법을 개정하면 해외 진출을 떳떳하게 장려할 수 있는 기초가 형성될 것이고 그렇게 되면 '이민이 매국이 아니라 애국'으로 인정받을 수 있는 새로운 국민 정서가 싹틀 것이다.

또한 해외 동포도 자유롭게 그 나라에서 뿌리 내리면서 한국과의 연대를 깊이 할 수 있을 것이다.

'제한적 복수 국적' 인정 여부는 법적인 문제라기보다는 인정의 범위의 문제다. 현재 '해외 동포 특례법'은 해외 동포에게 이미 '거소 신고증'을 발급하여 제한적인 재산권과 경제권을 행사할 수 있게 하고 있다. 따라서 한국에서는 이미 제한적 복수 국적을 형식상 인정하고 있는 셈이다.

한국 국적이 자동 말소되는 것을 막고 한번 '한국인은 영원한 한국인'이란 도장을 찍어주는 것이 바로 '제한적 복수 국적' 제도인 만큼, 한국병의 뿌리를 치유하는 근본적 대안이 될 것이다. 정부에서 제한적 복수 국적의 인정을 반대할 법적 정당성이 없는 만큼, 지금이 바로 제한적 복수 국적을 채택할 때이다.

세계화의 지각생이 되지 않기 위해서, 아직도 내려놓지 못한 고정관념이나 미뤄 온 법적 개정은 약간의 불편이 따르더라도 국가의 백

년대계를 위해 하루속히 과감히 개혁할 때가 왔다.

제한적 복수 국적은 해외 동포만을 위한 제도가 아니라 앞으로 세계로 뻗어나갈 한국인을 위하고 또한 글로벌 시대를 장려하는 넓은 안목의 차원에서 설계되어야 한다.

제한적 복수 국적의 법적 문제를 현실성에 맞도록 정리한다면, 한국 국토 통일 이전에 해외 동포와의 범민족 통일의 기틀을 마련할 수 있을 것이다.

미국 유학의
현　주　소

　한국인의 가장 큰 강점은 교육열이다. 어느 부모가 자식 공부 잘하는 걸 원치 않겠느냐만, 한국 부모의 교육열은 대단해서 미국 대통령 오바마도 칭찬했을 정도이다.

　나는 교육열이 지금의 한국을 만드는 데 커다란 공헌을 했다고 믿는다. 해방 후 그리 길지 않은 단시간에 한국은 세계적으로 한국이란 나라의 이름을 알렸고, 미국 버지니아 주보다 더 작은 나라에서 깊이 있는 학문을 연구한 사람들이 많이 나와 한국의 위상을 높이고 있다.

　또 수많은 스포츠 스타를 배출하여 한국이라는 나라를 모르는 사람은 이상하게 여겨질 정도이다.

　세계화 시대의 국제 경쟁력에 호응하자면 해외 유학은 필요 불가분의 조건이라 할 수 있다. 바깥으로 나가서 공부하고, 넓은 세상을 보고 과연 자신들이 무슨 일을 해야 하는지 알고 배우고 오는 것은 국익에 커다란 도움이 될 것이다.

　유학은 반드시 돈 있는 사람만 간다고 생각하지만, 나는 유학은 본인의 상황과 경제적 여건에 맞는 나라나 학교에 가서 공부하는 것이 바람직하다고 생각한다. 즉 유학을 다변화하는 것이 중요하다.

주로 유학은 미국이나 캐나다 혹은 호주 등으로 보내는데, 중국이나 일본뿐 아니라 별로 관심을 가지지 않는 중동이나 아프리카 등으로도 보내서 유학의 다변화를 통해 그 나라 언어의 전문화와 문화의 이해의 폭을 넓히는 것이 민간 외교의 초석이 되고, 국익을 극대화하는 포석이 될 수 있다.

변호사 업무를 보면서 흔하게 보는 것이 유학 케이스인데, 유학에는 세 가지 유형이 있었다. 하나는 공부를 잘해 정말 깊이 있는 학문을 더 연구하고 싶어 오는 학구형 유학이 있고, 다른 하나는 한국에서 그 실력으로 대학에 들어갈 수 없고 아이가 자꾸 딴 데로 빠지니까 미국으로 보내는 도피성 유학이 있다. 또한 나처럼 늦게 공부에 눈이 떠 그 나이에 한국에서 안주하다가는 이도 저도 안 될 것 같아 미국으로 오는 늦깎이 유학도 있다.

자녀들을 미국으로 보낼 때 새로운 환경에 처하면 아이들이 더 나아질 거라는 기대와, 지금보다 더 열심히 하여 사회에 기여하고 본인 스스로의 장래도 보장받고 싶은 것은 당연한 일일 것이다.

그러나 무조건 유학만 보낸다고 해서 아이가 달라지고 성공하는 것은 아니다. 조기 유학의 경우 아이들이 이곳에서 새로 처한 환경의 두려움과 다른 아이들과 말이 통하지 않는 이유로 큰 스트레스를 받아 성격이 변하는 경우도 있다고 한다.

어린아이들은 부모의 사랑과 친구의 교제가 더 필요한 나이일 수 있으므로 이곳에 나와 있는 어린아이들에게는 특별한 부모의 관심이 필요하다.

부모로부터 독립해 아이를 강하게 만들고 독립심을 키워 줄 수는 있지만, 무엇이든 혼자 처리하는 버릇이 생겨 자칫 독선적이 될 가능성도 있는 것이다.

할 수만 있다면 부모들이 같이 있어 주는 게 가장 바람직한 일이지만, 꼭 어린 자녀를 유학 보내야 한다면 부모가 감당해야 할 역할이 크다.

우선 아이가 한쪽 부모와 같이 있을 경우는 조금 낫지만, 그렇지 않을 경우는 아이가 다닐 학교가 어떤 학교인지, 교과 과정은 어떠한지 또한 그 학교의 인지도는 어떤지 잘 알아보고 결정해야 한다.

일부 유학원들의 말에만 너무 의존하여 나중에 후회하는 부모들을 종종 본다. 그리고 가장 중요한 것은 아이들이 생활할 곳인데, 그곳이 기숙사든 일반 가정집이든 간에, 부모가 충분히 알아본 후 직접 방문해 보고 충분한 시간을 가지고 결정하는 것이 바람직하다.

아이들이 어느 곳에 기거하든 새로운 환경에 처할 때는 스스로 자기를 그곳에 동화시키기 위해 무한한 스트레스를 받는다. 그래서 착했던 아이가 싸움에 휘말리기도 하고 심하게는 우울증에 빠질 염려도 있다.

자녀들에게 가장 큰 힘은 누가 뭐래도 부모이다. 아이와 같이 생각해 주고, 아이와 같이 슬퍼해 주고, 앞으로의 희망을 같이 그려 가는 것이 아주 중요한 일이라고 생각한다.

아이들이 왜 공부를 해야 하는가를 알고 공부를 재미있게 할 수 있도록 부모의 협조가 필요하다는 말이다.

아이의 가장 좋은 점과 약한 점을 아는 부모가 아이가 어떻게 하면 더 재미있게 공부하고 미국 생활에 적응할 수 있을지 학교 선생님들, 그리고 전문가들을 만나 끊임없이 대화하고, 관심을 가져 주고, 아이들을 지도해 주는 것이 가장 성공적인 유학이 될 것이라고 믿는다.

아이들을 야단치기 이전에 먼저 칭찬하고 격려해 주어야 하는데, 나 자신도 그런 것은 잘 하지 못해 실수하는 일이 많다.

누군가가 "내 아이는 내가 믿어 준 만큼 된다" 라고 말했다. 나는 그 말에 동의한다. 부모가 나를 믿어 주는 것은 내가 나 자신을 믿는 데 큰 힘이 되기 때문이다.

한국에서 어느 정도의 성장기를 거치고 공부를 더 해보고 싶다는 학구열 때문에 미국에 유학 온 학생들은 걱정할 필요가 거의 없다. 이제 그들은 자기가 해야 할 일과 목표가 있기 때문에 공부를 더 의미있게 할 수 있기 때문이다. 가장 걱정해야 될 아이들은, 한국 학교에서 공부가 뒤지고 적응이 안 되어 미국으로 유학 오는 경우인데 이런 아이들은 미국 유학이 다시 시작한다는 새로움을 주어 공부를 더 잘할 수 있기도 하고, 역시나 나는 안 된다는 좌절감을 가질 수 있는 그야말로 50%의 기회를 바라보고 오는 경우이다.

그러나 그 아이들도 공부의 올바른 방법을 배우고 전문인의 꾸준한 도움이 있으면 잘할 수 있다.

가장 중요한 것이 전문인을 잘 만나 가이드를 잘해 주어야 하는 것이다. 그래서 전문인을 선정할 때는 실례를 보아야 하고, 소문이나 가격에 의존하기보다는 전문인이 그 일에 얼마나 전문성을 가지고 있는가를 보는 것이 중요하다.

조금 뒤졌을 때는 따라가기가 어렵지 않고 제자리로 돌아오기가 쉽지만, 너무 늦어 버리면 스스로를 포기하게 되기 때문이다.

공부에 있어 가장 중요한 일은 포기하지 않는 것인데, 기초부터 찬찬히 내려가면 결국은 따라잡을 수 있는 게 공부라고 생각한다.

가장 위험한 일은 "내 아이가 가서 잘하고 있겠지" 이다. 학교에다 맡기고 왔으니 학교가 알아서 해주겠지, 아니면 전문가에게 맡기고 왔으니 전문가가 알아서 잘해 주겠지, 이 "해주겠지"가 나중에 큰 후회를 유발하게 된다.

아이들에게는 반드시 부모의 관심이 필요하며 사랑이 필요하고 부모의 격려가 필요하다는 것을 잊어서는 안 된다.

자기 스스로가 잘할 수 있다고 믿고, 초조해 하지 말고 천천히 목표를 위해 도전한다면 누구든 다 잘할 수 있다.

내가 아는 공부 방법은 기초로 돌아가서 기초를 확실히 이해하고 자꾸 부딪쳐 보는 방법이다.

모든 것이 그러하듯 공부도 습관을 들여야 한다. 책상에 앉아 책을 읽는 습관을 들이면, 책상에 앉아 있지 않은 시간은 불안감마저 들기 때문에 공부를 내 몸에 습관화해야 한다.

읽고 또 읽어서 내 것으로 만들어야 한다. 암기에 뛰어난 한국 학생들은 외는 것에 아주 강하다. 자꾸 읽다 보면 어느 정도는 외우게 된다.

그리고 시간 관리를 잘해야 한다. 너무 공부만 해도 몸이 불균형해져 건강이 안 좋을 수 있고, 너무 놀기만 하면 공부를 따라가지 못할 수가 있기 때문에 자기 스스로가 시간 관리하는 법을 배워 가장 소중한 시간을 관리해야 한다.

노력을 따를 천재는 없다.

 법, 법, 법

태평양을 건너 미국으로 막 들어온 클라이언트들을 만나면서 그들이 법과 문화적 차이 때문에 겪게 되는 실수와 불이익을 자주 보곤 한다.

예를 들면 공항에 입국할 때 무비자나 방문 비자로 입국하는 사람이 편도 티켓을 가지고 오는 경우가 있는데, 이는 이민국 직원에게 "나를 잡아가세요" 하는 것과 똑같다.

방문 목적과 일치하는 소지품을 가지고 입국해야 하는데, 짧고 일시적인 방문에 어울리지 않게 이민 가방을 여러 개 가지고 오거나 이삿짐을 싸가지고 들어오는 분을 볼 수 있다.

또한 짐 검사를 하는데 여름에 가방 안에서 겨울옷이 나온다든지, 경력 증명서나 주민등록 등본 등이 나오면 영락없이 2차 심사대행이다.

그만큼 법은 상식임에도 불구하고 어떤 사람들은 상식을 무시하고 법 따로, 생활 따로 하는 경우가 많다.

사무실에 상담을 하러 오는 경우, 상담하러 오는 것이 아니라 나에

게 보고를 하러 오는 사람도 있다. 먼저 변호사와 상담한 후에 일을 처리해야 하는데 주위 사람의 소문이나 비전문가의 말만 듣고 이미 일을 어느 정도 처리한 뒤에 상담하러 오는 경우가 종종 있다.

어떤 경우에는 변호사가 손을 못 댈 정도로 사건을 망가뜨려 놓고 오는 경우도 있다. 상담을 하는 중에 조건이 도저히 안 되어 "이 경우는 법적으로 할 수가 없겠습니다"라고 말하면 보통의 상담을 받는 여자들은 "어떻게 할 수 있는 방법이 없을까요?"라고 안타깝게 재차 물어보는데, 어떤 남자는 화를 버럭 내면서 "가자, 안 된다는데 뭣하러 여기 앉아 있어?"라고 성을 내며 부인을 낚아채듯 붙들고 나가는 일도 있다.

보통 사람들은 변호사에게 오면 어떤 일이라도 해결받는다고 믿고 찾아온다. 그러나 변호사는 법을 만드는 사람이 아니라 법의 테두리 안에서 클라이언트를 대변해 주는 사람이다.

미국에서는 대부분 변호사에게 시간당으로 계산하여 상담비를 낸다. 케이스가 잘될 것 같다고 상담해 주면 상담비를 내고 고맙다고 인사까지 한다. 그러나 케이스가 힘들 것 같다고 말하면 "케이스가 안 되는데 왜 상담비를 내야 하느냐?"고 실랑이를 벌이는 사람도 있다.

이런 일이 빈번해지자 한국의 법 상담 문화가 미국과 다름을 수용하고 이제는 상담료를 받지 않고 있다.

상담 중 가장 많이 받는 질문 가운데 하나가 "급행료를 내면 빨리 빨리 할 수 있느냐?"고 묻는 것이다. 그러나 이곳은 아쉽게도 '빨리빨리'가 통하지 않을 때가 많다. 법의 생명은 절차다. 절차가 없으면 독재가 되는 것과 같다. 즉 법적 절차를 밟아 수속을 진행해야 하기 때문에 모든 일에는 시간이 필요하고 기다려야 한다.

미국 내에서 영주권 수속이 거의 다 끝나면 마지막 단계인 이민국에서 인터뷰를 하는데 그 인터뷰에서도 문화적 차이로 인한 실수로 낭패를 보는 경우가 있다.

인터뷰를 하러 가는 날, 한국 사람들은 예의를 갖추려고 명품 옷과 귀금속으로 한껏 치장하고, 손에는 큰 다이아몬드 반지와 루이뷔통 가방을 들고 가는 예가 많다.

그러나 식당 요리사나 재봉사 자리로 인터뷰를 하러 가는 사람이 명품을 두르고 가면, 직업과 걸맞지 않고 수입도 많지 않다고 여겨 이민국 직원이 의심의 눈초리로 볼 수 있다.

미국에서는 겉치레 문화가 없어 옷으로 사람을 차별하지 않기 때문에 우리 나름대로의 예의를 갖춘다는 것이 도리어 불이익이 되어 돌아오기도 한다.

한번은 남자 클라이언트와 함께 이민국에 갔는데, 어찌나 옷을 멋지게 빼입고 왔던지 이민국 직원이 나 대신 클라이언트를 변호사로 착각한 에피소드도 있다.

결혼 건으로 영주권 인터뷰를 할 경우, 이민국 직원은 남녀 두 사람이 진정한 부부인가를 테스트한다. 미국에서는 결혼을 하면 남자든 여자든 왼손에 결혼반지를 끼는데, 한국에서는 주로 여자들만 끼기 때문에 남자들이 반지를 끼지 않아 이민국 직원으로부터 의심을 받기도 한다.

이민국 직원은 부부에게 "결혼기념일이 언제냐?"고 물으면 여자는 기억하고 남자는 대답을 못하는 경우가 흔하다. 이것도 의심받는 사유 중 하나다.

부부에게 각각 "생년월일을 말해 보라"고 하면 서류에 기입된 것과 다르게 음력으로 이야기를 해 이민국 직원을 어리둥절하게 한다.

여자에게는 시어머니의 이름을 묻고, 남자에게는 장모의 이름을 물으면 여자들은 잘 대답하나, 종종 남자들이 머뭇거리곤 한다.

인터뷰 중에는 항상 이민국 직원의 눈을 똑바로 쳐다보며 대화를 해야 한다. 그러나 한국 사람들은 어른이나 높은 사람 앞에서는 눈을 똑바로 쳐다보면 "싸가지 없는 녀석"으로 몰리기 일쑤다. 그래서 많은 한국 사람들이 인터뷰 중에 미국 문화에 익숙하지 않아 눈을 보면서 대화를 하지 않아 불이익을 당하기도 한다. 미국에서는 눈을 쳐다보지 않고 말하면 뭔가 숨기고 있다고 생각하거나 거짓을 말하고 있다고 간주할 수도 있기 때문이다.

그래서 나는 클라이언트들에게 인터뷰를 하러 가기 전에 "꼭 눈을 보고 이야기하라"고 연습을 시킨다. 그렇지만 "째려보면서 말할 필요는 없다"고 조언도 해준다. 미국에서는 눈으로 대화를 하기에 눈을 피하는 것은 곧 대화를 피하는 것과 같다.

미국 법과 문화를 몰라 가끔 어처구니없게도 나이 든 어르신들 중에 나이 어린 여자아이를 귀엽다고 만진다거나, 남자아이들의 성기를 만져 곤경을 당하는 경우를 본다. 한국에서는 그것이 귀여워하는 일련의 제스처이지만, 이곳 사람들은 성추행으로 간주되어 형사 입건까지 되기도 한다.

한 청년은 경찰의 정지 명령을 무시하고 도주하다가 경찰의 총에 맞아 사망한 경우도 있다. 그런가 하면 경찰 조사 중 뇌물을 주려다가 뇌물죄로 체포된 한인도 있다

미국에서는 "Thank you"(고맙습니다), "Excuse me"(실례합니다)를 입에 달고 살지만, 우리는 고맙다는 말 하기를 쑥스러워하고 실례한다는

말은 나를 너무 낮추는 게 아닌가 싶어 잘 사용하지 않는 경우가 있다.

미국에서는 모르는 사람도 눈을 마주칠 때마다 인사를 하지만, 한국에서는 "나를 아는가?" 하고 물어본다.

이만큼 문화적 차이 때문에 울고 웃는 일들이 비일비재하다. 어느 문화가 바르고 맞느냐는 문제가 아니라, 우리가 서로의 문화를 존중하고 "로마에 가면 로마법을 따르라"고 했듯이 미국에서는 미국 법과 문화를 배우고 이해하는 것이 불이익을 막을 수 있다.

법이나 문화뿐 아니라 언어적 차이에서도 불이익을 당하는 경우가 있다. "Yes"(예)라고 정중하게 이민국 직원에게 말해야 할 때 "Ya"(그래)라는 식의 의식 없이 반말을 하다가 눈살을 찌푸리게 만든다.

이민국에 갈 때 통역을 대동할 수 있는데, 영어를 조금 한다고 그냥 가서 발음의 문제로 오해를 불러일으키기도 한다.

그리고 이민국 직원이 "당신은 불법 취업을 안했죠?"라고 부정문으로 물으면 "No"라고 대답해야 하는데, 한국 사람들은 안했다는 의미로 "Yes"라고 말하여 큰 곤욕을 치르곤 한다.

내가 아는 몇몇 한국말을 하는 미국인 친구와 대화를 하다 보면 그 친구들 또한 한국말의 발음을 정확하게 하지 못해 웃지 못할 일이 벌어진다. 그래서 미국인 친구와의 에피소드를 에세이로 정리하여 신문에 소개한 적이 있다.

한국말 하는 미국인을 만났다.

발음에 약간의 문제가 있기는 했으나, 유창한 한국말에 깜짝 놀랐다.

솔직히, 영어 대신에 한국어로 통하는 편리함 때문에 나 자신이 더 놀랐는지도 모르겠다.

대화 중에 화젯거리가 한국의 경제로 옮겨졌다.

입에 거품을 품으며 한국의 눈부신 경제 성장을 언급했다. 그 미국인도 나의 의견에 동감하는 듯 "한국의 경제 송장 놀라워요"라고 말하는 것이 아닌가.

'경제 송장'이란 말을 듣고 또 한 번 깜짝 놀랐다.

그 미국인에게 '송장'(corpse)은 시체를 뜻하며, '성장'(growth)과는 발음이 다르다고 지적해 줬다. 간단한 발음 실수가 빚어낸 에피소드 때문에 같이 웃었다.

한참 웃다가 가만히 생각해 보니 결코 웃을 일만은 아닌 것 같았다.

갑자기 심각해진 나 자신 때문에 또 한 번 놀랐다.

과연 지난해 나의 개인 성장은 개인 송장이 아니었는지!

불현듯 책상 위에 적혀 있는 글이 생각났다.

"실수 없이는 용서가 없고, 용서 없이는 사랑이 없고, 사랑이 없이는 개인 성장이 없다."

새해부터는 '개인 송장'이 아니라, '개인 성장'을 지향하는 뜻깊은 한 해가 되길 기원해 본다.

헤어질 때 미국인이 나더러 한국말 선생님이라고 하였다.

그래서 나는 그분에게 "당신은 나의 인생의 선생님이시다"라고 감사를 표했다.

왜냐하면 그분은 성장과 송장의 차이를 일깨워 주신 분이기 때문이었다.

미국 교회로 옮 기 다

아내가 한국 교회에 다니는 것을 한 번도 불평해 본 일이 없어 한국 교회에 나가는 것을 좋아하는 줄 알았다. 아내는 아직도 한국말이 서툴러 영어권 아이들의 주일학교 교사를 담당하고 있었다.

특별한 날은 본당에서 같이 예배를 드렸지만 다 이해하지 못하는 아내는 주로 아래층으로 가 아이들과 함께 예배를 드렸다.

어느 날 아내가 이제 아이들도 다 컸으니 주일학교에서 예배를 드리는 것보다 나와 함께 예배를 드리고 싶다고 말했다.

내가 나가는 교회는 워싱턴에서 최초로 세워진 감리교회로서 50년이 훨씬 넘는 역사를 지니고 있다. 교인도 700여 명 되는 대형 교회 중의 하나이다.

당시 담임 목사님은 조영진 목사님이었는데, 워싱턴 인근에서 조 목사님의 명성은 대단했다. 모두가 존경할 만한 분이고 언제나 온유한 미소를 짓고 계셔 목사님을 보면 내 마음에 있는 모든 이야기를 해도 될 것 같은 마음이 들곤 했다.

조 목사님은 폐결핵으로 오른쪽 허파를 잘라 내시고 십이지장에 구멍이 나서 위의 3분의 1을 잘라내고 십이지장의 일부를 잘라내는 수술을 했다.

조 목사님을 뒤에서 보면 한쪽 어깨가 다른 쪽 어깨보다 많이 내려와 있어 한쪽이 기울어 보인다. 그래서 교인들은 조 목사님에게 '걸어 다니는 병원'이라는 별명을 붙여 놓았다.

비록 조 목사님의 몸은 불균형해 보일지라도 그분의 말씀 속에 담긴 신학과 신앙의 균형 잡힌 진솔한 메시지는 말씀을 듣는 모두를 감동시킨다.

한번은 목사님과 대화를 나누고 있었는데, 어떤 아이 하나가 옆을 지나갔다.

목사님은 대화를 잠시 중단하고 아이의 이름을 부르면서 쫓아가는 것이었다. "영희야, 잘 있었니? 부모님도 같이 오셨어?"

그러자 그 아이는 "네 목사님, 엄마 아빠랑 같이 왔어요" 하며 목사님께로 다가왔다.

목사님은 다시 한 번 그 아이를 쓰다듬어 주면서 아이와 대화를 계속 나누었다. 그 모습을 본 나는 멍하니 생각에 잠겼다. 나는 그 아이가 지나가는 것조차 보지 못했다. 어른도 아니고 아이인데 그냥 지나쳐 버리면 되는 것을 나와의 대화를 중단하면서까지 그렇게 할 필요가 있을까 하는 생각이 들었다.

그러나 곧 내 생각이 짧았다는 것을 깨달았다.

조 목사님의 얼굴에서 온유한 예수님의 얼굴을 보았고, 그 쓰다듬는 손길에서 예수님의 사랑을 보았다. 어린아이 하나의 이름까지도 기억하고 관심을 가져 주시며 진정으로 사랑하는 마음을 나타내는 목사님의 성품이 너무도 존경스러웠다.

지금은 미국 감리교단의 감리사로, 동남부 지역(버지니아에서 플로리다까지)에서 한인 목회만 하다가 감리사가 된 최초의 한인 감리사로 일하고 계신다.

또한 그분은 미주 두리하나회 이사장 직을 맡으면서 탈북자들의 선교에 지대한 공헌을 하고 있었다.

교회 안에는 다문화 가족이 몇 집 나오고 있었다. 목사님께 동시통역을 하여 다문화권 가족 부부들이 다 같이 예배를 드리면 어떻겠느냐는 제안을 했다. 목사님은 쾌히 승낙하시고 곧 동시통역으로 예배를 드릴 수 있게 되었다.

동시통역 예배를 드리게 되니 아내도 무척 좋아했고 같이 예배를 드릴 수도 있었다. 다문화권의 가족들을 모아서 속회를 해보겠다고 제안했다. 교회 사람들은 '잘 모일 것 같지 않다'고 걱정했지만 난 해보고 싶었다.

두 사람 가운데 한 사람은 미국인이기에 영어로 기도하고 성경 공부를 하면 시간 가는 줄 몰랐다. 대부분의 가족은 미국 남자와 사는 한국 여자들이었는데, 나 혼자만 미국 여자와 사는 한국 남자였다. 이곳에서도 나처럼 미국 여자와 결혼하는 한국 남자들은 좀처럼 찾아보기가 힘들다.

그래서 난 외로운 사람들 틈에서 더 외로운 사람이다. 미국 남편들과 사는 사람들은 서로 만나서 이야기를 나누고 하소연하기도 하고 신세타령을 할 수 있지만, 나나 내 아내는 같은 처지에 있는 사람을 찾을 수 없어 더 외로운 신세이다.

다문화 가족권의 사람들은 참 외로움을 많이 탄다. 미국 사회에도 발을 깊이 디디지 못하고 한국 사회에도 반쯤 걸치는 생활을 하는 그들은 이야기를 들어 주고 이야기를 할 상대가 누구보다 더 필요한 사람들이다. 난 안다, 내가 그들 속의 한 사람이므로…….

차츰 사람들도 늘고 속회에 재미를 붙이고 있었다. 시간 나는 대로 전화해 주고 교회 오면 그 사람들과 대화해 주고 관심을 가져 주니까, 그 사람들도 교회에 소속감을 느끼고 교회 나오는 것을 즐거워했다. 내가 그렇게 대접받고 싶은 대로 난 그들에게 진심으로 대했던 것이다.

그러던 어느 날 조 목사님이 미국 감리교단 감리사로 임명되어 교회를 떠나시게 되었다. 섭섭한 마음이 들며 가슴 한쪽이 허전하기까지 했다. 너무도 존경하는 목사님인데 교회를 떠나시게 된 것이다. 아내에게 그 소식을 전하자 아내가 기회라고 생각했는지, 아이들이 교회를 옮기고 싶어 한다는 말을 하는 것이었다.

나는 깜짝 놀라 무슨 일이냐고 물었더니 아이들이 커가면서 '학교 친구'들이 다니는 미국 교회에 가고 싶다고 말했다는 것이다.

나는 그날 큰 충격에 빠졌다. 아이들이 교회에서 다른 친구들과도 잘 적응하고 교회를 좋아한다고 생각했다. 그러나 아이들은 한국 아이들만 있는 교회 안에서 나름대로 외로워하고 있었던 모양이다.

며칠을 곰곰이 생각했다. 그동안 너무 나 위주로 교회 생활을 했나 하는 반성을 했다. 아내나 아이들은 내가 좋아하니까 말을 못하고 있었던 것이다. 그러다가 이제 목사님이 감리사로 교회를 떠나게 되니까 이때가 기회라고 생각한 모양이다.

아내가 힘들다고 했어도 속이 상했을 테지만 아들들이 힘들어 한다고 하니 마음이 더욱 아팠다.

그날 저녁 아이들을 불러 이야기를 나누었다. 아이들은 나름대로 속상한 이야기를 하고, 나에게 집에서 가까운 미국 교회에 가자고 했다. 나는 그날 아이들을 위해 그러자고 약속을 했다.

그동안 나를 위해 말 없이 20년이 넘게 한국 교회에 따라와 주었던 아내, 교회라고는 한국 교회밖에 가본 일이 없는 우리 아이들……. 나는 이제 내가 양보할 차례라는 생각이 들었다. 그렇게 생각하면서도 착잡한 마음이 들어 그날 밤을 꼬박 새웠다.

워싱턴 로펌을 열다

워싱턴에서 약 20년간 이민 전문 변호사로 일하다 보니 클라이언트들이 이민 문제뿐 아니라 다른 문제로도 고통받는 것을 많이 보게 되었다. 그들의 안타까운 이야기를 들으면서 작은 문제는 상담도 해주지만 전문 변호사를 소개해 주기도 했다.

이민 생활이라는 특이한 상황 속에서의 생활이 자녀들의 교육 문제나 환경적으로 좋은 점도 있지만, 말이 통하지 않고 문화와 법이 달라 많은 고생을 하는 사람들을 만날 수 있다.

집을 사거나 가게를 사고파는 좋은 일도 있지만, 음주 운전이라든가 교통 위반 딱지 등 일상적인 문제부터 이혼이나 소송까지 다양한 법률문제들로 변호사가 필요한 사람들이 있다.

어떤 클라이언트는 나에게 "전 변호사님이 저의 일을 다 알아서 처리해 주실 수는 없나요?"라고 부탁해 왔다. 집안의 숟가락 숫자까지 다 알고 있을 정도니 내가 일을 처리해 주는 것이, 다른 변호사 사무실에 가서 처음부터 다시 설명하고 상담하는 것보다 훨씬 마음이 놓인다고 했다.

더욱이 미국 변호사들은 당장 언어 소통의 문제가 있으므로 통역을 대동해야 하니 일 처리하는 시간과 경비가 더 많이 든다는 것이다. 이민 문제만 가지고도 일이 많고 사무실 업무가 바빴던 나는 계속 그건 내 일이 아니라고 나의 생각 속에서 지워 버리고 있었다.

더구나 나는 그동안 "다 안다는 것은 다 모른다"는 것이라고 생각하고 한 우물만 팠다. 사무실에 여러 명의 변호사들이 함께 일하고 있었는데 그들의 백그라운드가 이민이 아닌데도 우리 사무실에서 이민 관련 업무를 같이 겸하고 있었다. 클라이언트의 이민 문제 이외에 안타까운 사정을 듣고는 같이 있는 변호사들에게 이야기하면 "그건 이렇게 하면 된다"고 방법을 알려주어 클라이언트들이 도움을 받는 일이 늘어나기 시작했다.

나는 로펌을 만들겠다는 생각은 전혀 해보지 않았다. 다만 클라이언트 중에 이민이 아닌 다른 법적인 문제가 생기면 반드시 그들의 신분 문제와 연결이 되므로 다른 변호사들과 이야기하고 맞춰 나가야 하는 일이 많다.

한번은 내 클라이언트가 다른 법적 문제가 생겨 추방을 당할 수도 있으므로 다른 변호사와 연결이 시급한데, 그 변호사는 마침 휴가중이라 연락을 할 수 없었다. 답답하기도 하고 안타깝기도 하였다. 그때 내 머릿속에서 '로펌을 해야겠구나' 하는 생각이 떠올랐다.

그동안은 이민 케이스에만 열중했지만 내가 아무리 열심히 해도 클라이언트에게 이민 외에 또 다른 법률 문제가 생겨 다른 법률 사무실과 일을 하게 되면 모든 것을 처음부터 다시 시작하게 되는 것을 보았다.

다른 변호사와 공조하여 조화를 이룬다는 게 시간도 많이 들고 불편하며, 경제적으로도 부담이 된다.

같이 일하는 다른 변호사들과 진지하게 토의하고 기도해 보기로 하였다. 한 가지 업무에 익숙하여 있다가 변화를 갖는다는 것은 쉬운 일이 아니었다. 변호사들과 여러 번의 미팅을 거친 후에 로펌을 열기로 합의하고, 주위에 있는 다른 변호사들의 조언을 듣기로 했다.

주위의 몇몇 변호사들에게 연락을 해서 같이 만나보고 의논을 하였다. 그러나 그들의 대답은 한결같이 "No"였다.

그들은 나에게 해서는 안 되는 이유 99가지와 해서 좋은 1가지 이유를 들려 주었다. 만나고 나올 때마다 낙심되고 그만두어야 하나 고민했다.

다음날 평소 가까이 지내던 지인에게 전화를 걸었다.

"내가 로펌을 열까 하고 몇몇 변호사들을 만나 보았는데, 만나는 변호사들마다 로펌의 어려운 이야기만 해주면서 돈을 벌 수 있는 것이 아니라 도리어 골치만 아플 수가 있으니, 지금 그대로 있는 것이 편하고 돈도 더 버는 거라며 극구 말렸다"라고 말하면서 어떻게 생각하느냐고 물어보았다.

그런데 그 사람은 아무 말도 하지 않고 한참을 듣더니 "어차피 교포들을 위해 시작하려 하고 그들의 아픔과 힘든 것을 나누려 한다면 어찌 쉬운 일만 일어나고 좋은 일만 일어나겠냐?"며 "누군가 꼭 로펌을 해야 한다면 전 변호사가 먼저 그 장을 열어 보라"고 말하면서 더 기도해 보라고 했다.

나는 그날부터 더 열심히 기도를 하였다. 내 고통 속에 나타나 나를 위로하셨던 하나님, 어디로 가야 할지 알지 못하는 나에게 좌절과 실망 속에서도 응답하시고 내가 갈 길을 인도하셨던 그 하나님이 이제

남은 길을 인도해 달라고 간절히 기도했다.

"누군가 로펌을 열어야 한다면 그 장을 전 변호사가 열어 보라"고 한 지인의 말이 귓가에 계속 맴돌았다. 하나님은 항상 사람을 통해 응답하시는 걸 나는 여러 번 경험했다. '그렇다, 이것이 응답이다' 라는 생각이 들었다. 그날 밤 모처럼 평안히 잠을 잘 수 있었다.

그 다음날 다른 변호사들에게 "우리 한번 해보자"고 말했다. '시작은 미약하지만 끝은 창대하리라' 는 말씀을 붙들고 시작하자고 선언했다.

또한 이 로펌을 통해서 약한 자를 돕고 하나님의 영광을 위해 일하자고 말했다. 다른 변호사들도 다 찬성하여 원스톱 토털 서비스(One Stop Total Services) 로펌을 열기로 했다.

다른 변호사들도 우리 사무실에 오기 전에 다양한 법 업무를 취급하고 있었으므로 기뻐하였다.

그날부터의 준비 작업은 참으로 길었다. 워싱턴이 미국의 수도인데 우리가 다 근교에 있으니 "워싱턴 로펌" 이라고 이름을 붙이기로 했다.

처음 변호사 사무실을 열었던 때처럼 두려움도 있었고 흥분도 되었다. 형사나 민사 계약을 전에 다루었어도 그동안 이민만 했기 때문에 다른 변호사들은 세미나를 찾아다니며 열심히 듣고, 법정에 나가 무료 변론도 해주면서 처음 시작하는 마음으로 열심히 준비했다.

로펌을 열고 보니 예상했던 대로 민사, 형사, 그리고 이혼 문제가 의외로 많았다.

미국 생활이 혼자 벌어서는 여유롭지 못한 까닭에 부부가 일을 하게 되는 경우가 많은데, 말도 통하지 않고 힘이 들어 밖에서 받는 스트레스 때문에 남편이나 아내를 이해하기보다는 서로에게 상처를 주는 경우가 많아 결국은 헤어지는 부부가 많았다.

한국에서는 친지나 주위 사람들의 눈 때문에 참고 살다가 미국에 와서는 그런 눈치를 보지 않아도 되기 때문에 이혼 결정을 쉽게 내리는 경우도 있다.

특히 한국의 밤 문화에 익숙한 남자들은 일이 끝나고 한두 잔 걸치는 게 너무 자연스러운데 "이 정도 마시고 걸릴까?" 하고 마셨다가 걸리면 음주 운전 문제도 있지만, 잘못하다가는 감옥을 가거나 추방을 당할 수도 있다.

아파트에 살면서 빈대에게 온몸을 물리고도 아파트 쪽의 횡포로 아파트에서 이사를 가지 못했던 사람들도 있고, 자녀들을 한국식 사고로 사랑의 매를 들다 경찰에 체포되는 사람들도 있다.

그 체포 때문에 영주권 인터뷰에서 범죄 기록으로 간주되어 불이익을 당하는 수도 있다. 문화의 차이 속에 자녀들은 쉽게 적응하는데, 부모들은 적응이 쉽지 않아 자녀들과 사이가 멀어지고 학교에 문제가 생겨도 언어가 통하지 않아 학교에 찾아가 보지도 못하는 사람들도 있다.

이곳에서 가장 무서운 것은 자녀들이 마약에 접하기가 쉽다는 것이다. '우리 아이들은 절대 그럴 일이 없다'고 생각하고 방심했다가 경찰에 붙잡힌 후에야 일을 수습하려고 애를 쓰는 부모들이 꽤 많다.

고부간의 갈등으로 싸움이 있을 때 '안방에 가면 시어머니 말이 맞고 부엌에 가면 며느리 말이 맞다'고 한다. 모든 문제를 듣고 보면 각자 나름대로의 생각의 차이와 대화 부족이 문제라는 것을 알 수 있다.

아무리 사랑해도 말하지 않으면 알 수 없고, 보여주지 않으면 알 수 없으며, 나누지 않으면 알 수 없다고 하지 않았던가?

조금만 더 대화를 나누었다면 부부가 헤어지지 않을 수 있었을 텐데, 조금만 더 사랑을 보여주었으면 아이들이 방황하지 않았을 텐데, 조금만 더 내가 희생했으면 모두가 편안했을 텐데 하며 후회하는 사람들을 만나보게 된다.

99%의 조건을 갖추어도 1%가 모자라면 완전하지 않은 것이다. 로펌을 시작한 지 몇 년이 지난 지금 나는 정말 하나님께 감사하고 있다.

내가 이제 비로소 명실 공히 교포들의 아픈 곳을 만져 주고 있다는 생각이 든다. 아직도 많은 사람들은 "변호사가 필요하면 유태인 변호사를 찾고, 유태인 변호사가 여의치 않으면 미국 변호사에게 가라"고 한다.

어떤 사람들은 아무래도 생긴 모습이 동양인이라 같은 동양인이 법정에 가면 상대방에게 우습게 보이지 않을까 걱정이 된다는 사람들도 있다.

또 다른 사람들은 "아무래도 미국 변호사만큼 영어가 되겠느냐?"고 걱정하는 사람들이 있다. 그러나 이제는 그 마음을 버려도 된다.

한국 부모들의 교육열은 미국 대통령 오바마도 칭찬하지 않았던가? 이곳 미국에서 태어나 미국에서 교육받고 미국 문화에 익숙한 우리 2세들이 변호사로서 유태인들보다 못할 이유가 하나도 없기 때문이다.

같은 언어로 소통할 수 있으며 양쪽 문화를 다 이해하는 변호사라면 분명 유태인 변호사나 미국 변호사보다 훨씬 더 한국인의 입장을 잘 변호해 줄 수 있을 것이다.

이제 어려운 일이 생기면 반드시 한국 변호사를 찾아가라는 말이 나올 수 있도록 우리 워싱턴 로펌 변호사들은 열심히 노력하고 있다.

럭키는 나의
광고 모델

　워싱턴에서 나를 아는 많은 사람들은 우리집 진돗개 '럭키'를 알고 있다. 럭키는 나와 함께 TV 광고를 찍은 광고 모델이다. 이곳 교포 TV 방송에 워싱턴 로펌 광고가 나가는데 럭키와 함께 광고를 찍어 많은 사람들이 알아보고 반가워한다.

　우리 로펌 직원의 어린 딸은 나를 보고 도기(doggy) 할아버지라고 부른다. 어린아이도 광고에 나오는 럭키를 알아보기에 럭키는 워싱턴에서 유명한 개이다.

　1980년대에 전두환 전 대통령이 뉴욕을 방문할 때 진돗개를 가지고 와 그것을 시초로 진돗개의 분양이 뉴욕부터 시작되었다는 소문을 들었다. 럭키도 그 진돗개의 새끼로 뉴저지에 있는 친구에게서 선물 받았다. 4개월 된 럭키가 우리 집으로 온 지 10년이 되었다.

　어렸을 때부터 개와 같이 살았던 나는 럭키가 한국 토종개라는 사실에 더 마음이 갔다. 집으로 온 후 이름을 뭐라고 지을까 고민하다가, 한국에서는 개 이름을 '럭키'나 '해피'로 부른 기억이 있어 럭키라

고 지었다.

아이들도 무척 좋아했다. 아이들에게 충성심 많은 한국 개를 키우게 해주면 좋을 것 같다는 생각이 들었다.

진돗개는 주인에게 절대 충성하는 개이다. 집안 식구 중에서도 한 사람만 유독 따르는 편인데 럭키는 나를 맹목적으로 따른다.

럭키가 우리집에 왔을 때, 강아지였던 럭키를 훈련시키려고 훈련장에 데리고 다녔다. 개를 훈련시키는 곳에서는 개를 훈련시키기에 앞서 주인을 먼저 훈련시킨다. 말을 안 들을 때 때리기보다는 개를 이해하고 잘했을 때 칭찬하여 상을 줌으로써 개가 지속적으로 말을 잘 들을 수 있도록 훈련하는 것이다.

보통 개들은 훈련 과정 속에 자유 시간이 주어지면 개들끼리 꼬리 치며 잘 노는데, 럭키만은 아무 개도 접근하지 못하게 으르렁거리는 바람에 언제나 외톨이었다.

그것은 진돗개의 특성인데, 주인을 다른 개로부터 보호하기 위한 본능 때문이다. 그런데 너무 정도가 심하여 다른 개들을 물려고 하니까 개들 자유 시간에는 부엌으로 유배를 가서 혼자 자유 시간을 보내기도 했다.

결국은 그곳에서 쫓겨났다. 돈을 다 냈는데 훈련이 중단되었다. 우스운 일은 럭키는 한국 사람들한테는 잘 짖지도 않고 친하게 다가가는데, 미국 사람들만 보면 어찌나 으르렁대는지 아내는 럭키가 인종 차별한다고 불평하기도 했다.

진돗개는 사냥개의 일종이라서 몹시 빠르다. 뒤뜰에 있는 다람쥐도 잡고, 새집 안에 있는 새들도 잡으며, 집안에서는 날아다니는 파리도 잡은 일이 있다. 그래서 우리집 뒤뜰에는 쥐새끼 한 마리 얼씬거리지 못한다.

매일 아침 새벽이면 나와 함께 집 근처에 있는 공원을 산책한다. 시간도 정확하게 두 발을 모으고 층계 밑에서 나를 기다리고 있는 럭키는 더 이상 나로 하여금 늦잠을 잘 수 없게 만든다.

특히 주말에 조금이라도 더 자고 싶다가도 층계 밑에서 기다릴 럭키 생각에 이부자리를 박차고 내려온다. 나는 가끔 아침 산책이 귀찮아 아들이 해주기를 은근히 바라고 뒷마당에서 적당히 처리해 주기를 바라지만, 럭키는 아랑곳없이 나만 기다리고 있다.

내가 한국을 방문중일 때 아내에게서 전화를 받았는데, 럭키가 아침마다 층계 밑에서 나를 기다리고 있고, 저녁 때는 문을 바라보며 나를 기다리고 있다고 한다. 아내나 아이들이 산책을 데리고 나가도 계속 위층 내 방을 바라보며 기다리다 할 수 없이 쫓아 나간다는 말을 듣고는 가슴이 찡했다.

비가 오나 눈이 오나 사계절 내내 난 럭키를 데리고 나가서 산책을 해야 한다. 처음에는 내가 럭키를 운동시킨다고 생각하고 귀찮아한 적도 있었다. 그런데 시간이 지날수록 럭키가 나를 운동시키고 있다는 것을 깨닫게 되었다.

운동량이 부족한 내가 그래도 10여 년 동안 새벽마다 30분씩 럭키와 걸었던 것이 나의 건강을 유지해 준 큰 힘이었다.

내가 럭키랑 공원을 산책할 때면 미국 사람들은 럭키를 보고 일본산 '아키타'(Akita)냐고 묻거나 또 다른 일본개인 '시바이누'(Shibainu)냐고 묻곤 한다. 내가 아니라고 말하면 그다음에는 중국개인 '차우차우'(Chaw chaw)냐고 되묻는다.

그럴 때마다 나는 속이 쓰리다. 일본개는 진돗개와 비슷하게 생겼으나 조금 작은 편이다. 그래서 혹시 진돗개가 일본으로 넘어가서 변종이 되었나 의심해 본 적도 있다.

반면에 중국개는 진돗개와 같은 갈색이라 사람들이 헷갈리는 경우가 있는데 생김새가 완전히 다르다. 미국 사람들이 진돗개를 알아보지 못하는 이유를 찾았다.

진돗개는 세계 400여 종의 개를 인정하는 '국제애견클럽'(International Kennel Club)에도 등록되지 않았고, 또한 130여 종의 개를 등록한 '미국애견클럽'(American Kennel Club)에서도 찾아볼 수 없다.

반면에 일본개와 중국개는 사진과 함께 자세히 소개되어 미국 사람들이 럭키를 일본개나 중국개의 하나라고 착각하는 것 같다.

우리는 진돗개가 우리의 개라고 자랑하고 있지만, 홍보 부족으로 진돗개가 국적도 없이 사람들에게 알려져 있지 않은 것이 참으로 안타깝다.

개는 주인이 어떻게 키우느냐에 따라 본성이 변할 수 있다. 럭키는 뒤뜰에다 매놓고 키우지 않고 집안에서 식구들과 함께 지내는데, 비교적 많이 온순하고 아이들 친구들이 놀러와도 물지 않는다.

럭키는 열 살이어서 개로서는 노년의 나이이다. 보통 진돗개의 수명은 15세 정도라서 5-6년이 지나면 우리 곁을 떠날 수도 있는 럭키를 바라보며, 좀더 오래 살아 주었으면 하는 마음이 간절하다.

나의 운동 파트너이고 한 식구가 된 럭키가 떠나면 나의 마음은 큰 구멍이 뚫릴 것 같다. 사람들은 나에게 럭키가 죽고 나면 또 다른 개를 키울 거냐고 묻는데 나는 대답을 피하곤 한다. 럭키가 내 곁에 있는 한 그런 생각은 하고 싶지 않아서이다.

럭키랑 눈길을 산책하며 글을 하나 적어 보았다.

눈길 산책

눈이 온다.
개와 함께 새벽 산책을 나간다.

밤새 내린 눈 때문에
두 발 가진 나는 빙판에 뒤뚱거리며 넘어진다.
겸손히 네 발로 앞만 보는 개는 미끄럽지 않은지
뒤뚱거리지도 넘어지지도 않는다.

두 발 가진 사람은 흔들리며 넘어지는데
네 발 가진 개는 흔들리지도 넘어지지도 않는다.
사륜 동력차가 잘 나가는 이유가
네 발 가진 개의 원리인가.

개는 흔들리지도 넘어지지도 않는데
만물의 영장인 인간은
왜 흔들리고 넘어지는 것인가.
인간은 개만도 못한 존재인가.
흔들리고 넘어짐에
인간의 약함이 있는 것이 아니라
다시 일어남에 인간의 강함이 있다.

개는 흔들리지 않고 넘어지지 않기에
다시 일어날 필요가 없다.
그래서 개는 개이고
개는 개 팔자로 산다.

오만과 잘못 판단으로 넘어져도
다시 일어날 수 있기에 사람이고
넘어지기에 일어날 수 있다고
믿는 사람만이 사람 팔자로 산다.

넘어져서 다시 일어날 때는
두 손을 딛고 일어나는 것이 아니라
신이 빌려 주시는 두 다리를
도움 삼아 일어난다.

인간이 개보다 위대함은
신이 빌려 주신 다리를 지팡이 삼아
겸손히 일어날 때
네 다리로 다시 걸을 수 있기에
만물의 영장이 되나 보다.

네 다리 가진 개는
영원히 머리를 옆으로 두지만
두 다리 가진 사람은

영원히 머리를 위로 두기에
신과 함께 걸을 수 있다.

눈이 온다.
신과 함께 새벽 산책을 나간다.

네 발 가진 개의 겸손을 배우며
신이 빌려 주시는 두 다리를 느끼며
오늘도 힘차게 하루를 시작한다.

골프를 배우다

다람쥐 쳇바퀴 돌 듯 밤낮없이 똑같은 생활이 계속되고 있었다. 아침 일찍 나와서는 기도하고 성경 말씀을 읽은 뒤 글을 쓰고, 하루 종일 클라이언트와 상담하고 케이스를 처리하다 보면 하루가 눈 깜짝할 사이에 지나가 버린다.

끝나면 어김없이 집으로 향하는 나의 일과는 언제나 변함없는 나날의 연속이었다. 나는 모든 일에 패턴이 깨지면 큰일 나는 줄로 알고 있었다.

똑같은 시간에 같은 일을 반복해야만 내 일이 잘 돌아간다고 믿었던 것이다. 주위 사람들이 골프를 치러 가자, 아니면 등산을 가자고 하면 난 언제나 어린 아들 핑계를 대며 집에 있을 이유를 10가지는 댄다.

탁구를 아주 좋아하는 나는 아이들과 지하실에서 탁구를 치는 것이 유일한 운동이요, 낙이었다. 워싱턴으로 오는 친구들이나 클라이언트들은 나에게 골프 핸디가 몇이냐고 물어보곤 했는데, 나는 핸디가 뭘 말하는 것인 줄도 몰랐다.

내 사무실 건너편에는 9홀 골프장이 있다. 사무실 창밖으로 골프장의 푸른 잔디가 보이고 골프를 치는 여유로운 모습이 간간이 비치지만, 그건 나에게 그림의 떡이요 도무지 나와는 상관없는 스포츠였다.

계속 건강이 좋지 않은 느낌이 들어서 운동을 해야 한다고 생각은 했지만 시간이 나지 않는다는 이유로 차일피일 미루고 있었다.

그러던 어느 날 조광한이라는 고등학교 선배가 미국으로 연수를 와, 내가 용문고등학교 출신인 것을 알고 만나자는 연락이 왔다. 그때까지만 해도 워싱턴에서 내가 용문고등학교를 나왔다는 걸 알고 있는 사람이 없다고 생각했는데 너무도 신기했다.

점심을 같이하기로 하고 만났는데 조 선배는 달변가인 데다 아는 것이 많은 사람이었다. 1년 선배였는데 학교에서 조 선배를 직접 본 기억은 없었다.

이런저런 이야기 끝에 "골프나 한 번 치자"고 했는데, 나는 "골프를 못 친다"고 정중히 거절했다. 나중에 한 이야기로, 조 선배는 그때 처음에는 '장난하나?' 생각했다가 한편으로는 내가 피하는 게 아닌가 의심도 했다고 한다.

주위 사람들로부터 골프를 배우라는 말은 들었지만 그리 필요성을 느끼지 못했던 나였다. 그리고 골프라는 것이 한번 나가면 4-5시간은 걸린다고 하니까 엄두가 나지 않았던 것이다.

어떤 클라이언트는 골프를 치면 인생이 보인다며 강력히 권유해 주었다. 골프 코스가 인생 코스와 거의 같아서 푸른 잔디를 밟으며 인생을 그려 볼 수 있다고 꼭 해보라고 권하기도 했다.

조 선배도 골프를 쳐야 사람도 만나고 세상을 보게 된다며 꼭 배우기를 권유했다. 나는 사무실 앞이 골프장이라 한번 해볼까 하는 마음이 생겼다.

특히 속이 좋지 않은 나는 골프 가방을 메고 걷기만 해도 운동이 될 거라는 생각이 들었다. 큰마음 먹고 친하게 지내는 주위 사람에게 해가 긴 여름에는 일 끝나고 골프를 좀 가르쳐 달라고 부탁했다.

탁구만 치던 나는, 움직이지 않고 풀 위에 가만히 있는 공이니 내 마음대로 치기만 하면 되겠지 하는 가벼운 마음으로 시작을 했다. 막연한 생각으로 뭐가 그리 어렵다고들 하나 하고 쉽게 생각하고 나갔다. 계속 움직이며 받아 치는 탁구보다 오히려 쉬울 것 같았다.

그런데 막상 나가 보니 움직이지도 않는 공을 맞추는 것이 쉽지 않았다. 이렇게도 해보고 저렇게도 해보고 코치를 따라 해보았지만, 공은 매번 다른 곳으로 날아갔다.

일이 끝나고 나면 나름대로 열심히 연습해서 9홀을 돌기도 했다. 그러나 골프는 정말 내 마음대로 되지 않았다. 매번 똑같은 코스를 도는데도 먼젓번에 공략했던 방식대로 한다고 마음먹고 치고 나면 공은 엉뚱한 곳에 떨어져 있는 적이 한두 번이 아니었다.

골프를 좀 치다 보니 선생이 참 많았다. 이렇게 해라, 저렇게 해라, 다들 자기 나름대로의 방식이 있었다.

사람들이 시키는 대로 이렇게 저렇게 따라 해보아도 나는 그 사람들만큼 공을 날려 보내지 못했다. 운동 신경이 꽤 발달했다고 생각하고 있었는데, 골프만은 마음대로 되지 않았다.

매번 새로 시작하는 홀에서 이번만은 잘하자고 긴장하고 해보지만 처음에 공을 날려 페어웨이에다 갖다 놓지 못하면 난 이리저리 헤매며 다니고 있었다. 골프를 치면서 깨달은 게 있다.

한번 잘한다고 매번 잘하는 게 아니고, 티샷을 잘 날렸다고 그 다음에 잘하라는 법이 없는 것이다. 매번 신중하게 온 신경을 집중하여 공을 날려야만 그나마 만족한 경기를 할 수 있다.

우리의 인생이 그렇듯이 처음에 잘한다고 끝까지 잘하는 것이 아니고, 한번 실수했다고 그것을 만회하지 못한다는 법이 없다는 걸 골프를 치면서 배우고 있다. 이래서 골프를 인생에 비유한 것 같다.

누구든 잘할 수도 있고 실수할 때도 있지만, 언제나 겸손하게 최선을 다해, 그리고 실망하지 않고 곤경 속에서 헤쳐 나오면 결국 목적지에서는 깃발을 흔들며 우리를 기다리고 있는 것이다.

골프를 배우면서 드디어 세상 밖으로 나와 사무실 근무 시간 외의 사람들을 만나 보았다. 주말에는 가족과 같이 지내야 하는데 골프로 시간을 빼앗겨 가족들에게 소홀히 하는 것이 미안했으나, 건강상 또 사교상 반드시 해야 한다고 나 자신을 설득하고 1년에 몇 차례 주말에 골프를 쳤다.

주중에 열심히 연습할 시간이 없으니까 저녁에는 주로 골프 채널을 보고 연구하고, 일주일에 한 번 정도 연습장에서 연습하였는데, 골프장에 나가기 하루 전날은 가느다란 흥분과 떨림도 맛보았다.

아직도 골프를 잘 치지 못하지만 그래도 나를 세상 밖으로 끌어내 준 것은 틀림없이 골프라는 운동이었다.

골프를 치면서 사람들과 세상 사는 이야기도 하고, 그들의 비즈니스 이야기도 들어 주면서 뭔가 색다른 재미를 느꼈다. 사무실 안에서 법적인 문제만 이야기하다 밖으로 나오니 가슴이 트이는 것 같았다.

나는 한국 조크를 잘 못한다. 한국의 신종 유행어도 모른다. 모르는 사람들은 나더러 답답하다고 할 테지만, 집에서도 한국 TV를 잘 보지 않으니까 신종 유행어는 접근할 기회조차 없다.

나는 재미있게 이야기한다고 해도 듣는 사람들은 매우 썰렁하다고 말한다. 그런데 골프를 치고 들어오는 날에는 신종 유행어도 배워 오고 사람들 이야기하는 것도 많이 듣고 와, 조 선배는 나에게 골프 치더니 사람 됐다는 농담을 하기도 했다.

사람들은 스스로 자기에게 쳐놓은 울타리가 있다. "나는 그것은 별로야", "나는 이런 일은 잘 못해"라고 하면서 스스로 자기 울타리 안에 자신을 가둬 놓고 나로 하여금 아무 일도 하지 못하게 하는 경우가 많다.

내가 그랬다. 언제나 나는 놀면 안 되는 사람이라고 생각하고 도리어 노는 걸 죄스럽게까지 생각한 적이 많았다. 하지만 이것도 나는 시간 관리나 생각 관리의 미숙이라고 생각한다. 난 언제나 남들과 다른 생각으로 나 자신을 힘들게 만들었다.

사람은 사람을 만나 그들과의 대화를 통해 발전할 수 있고, 적당한 운동은 약이 되는데, 나는 그 울타리에 갇혀 꼼짝 못하고 있었던 것이다.

이제 사람 냄새가 난다는 그 말은 어찌 보면 열심히 살아온 훈장이기도 하지만, 그것은 그만큼 외곬수로 살아온 내가 남을 이해하는 게 부족했다는 말일 수도 있다.

언제나 새로운 일에 도전하는 걸 겁내기도 했지만 이젠 부지런히 세상 속으로 들어가 나를 바라보는 것도 중요한 일인 것 같다.

골프를 치면 가족들과의 시간이 줄어든다고 생각했는데 그건 처음에 잠깐이었고, 지금 둘째아들은 나보다 훨씬 골프를 잘 치고 가끔 나와 라운딩을 나간다. 연습장에서도 아내와 아이들이 같이 어울려 즐거워하는 것을 보면서 무엇이든 조화를 이루어 해나가는 것이 중요하지, 처음부터 나의 패턴이 무너질까 겁부터 먹는 것은 아니라는 걸 배웠다.

새로운 도전에 겁내지 말고 기회가 오면 도전해 보는 것이 좋다. 그것이 공부든 사업이든 우리에게는 우리가 알지 못하는 능력이 있고, 숨어 있는 나의 능력을 발견할 수 있기 때문이다.

실패를 두려워하여 도전을 미룬다면 우리의 성공은 그만큼 늦어진다. 누군가가 "골프와 아이들은 내 마음대로 안 된다"고 했다. 역시 나는 오늘도 가만히 풀밭 위에 누워 있는 공을 제대로 맞추지 못할 때가 많다.

하지만 언젠가 멋있게 골프채를 휘둘러 홀인원 하는 날을 꿈꾸고 있다. 꿈을 꿀 수 있다는 건 너무 행복한 일이다.

골프를 배우면서 한 신문사에 "예수는 골프공"이라는 제목으로 기고를 했다.

예수는 골프공

골프를 친다.
공을 칠 때는 고개를 들지 말고, 공을 보란다.
움직이지 않는 골프공마저 보지 않아 헛스윙을 하고 만다.
아! 바로 이것이구나. 예수가 골프공과 같구나.
세상에 한눈 팔지 않고 예수만 바라보니, 만사형통할 수밖에……
골프를 친다.
영화처럼 마이웨이 하지 말고, 페어웨이를 하란다.
정처 없이 날아간 골프공을 찾느라, 본의 아니게 운동 중에 뱃살마저 빠진다.

아! 바로 이것이구나. 예수가 골프공과 같구나.

예수를 찾고자 돌아다니다 보니, 영적 운동이 될 수밖에…….

골프를 친다.

호수를 넘겨야 되니, 공을 힘껏 치란다.

물에 빠진 듯한 골프공이 물 위를 세 번 튕겨서 잔디 위에 떨어진다.

아! 바로 이것이구나. 예수가 골프공과 같구나.

물 위를 걸으신 예수의 기적도 이제는 믿을 수밖에…….

골프를 친다.

그린 위의 홀에서는 마음을 다스리란다.

인생의 백팔번뇌가 담겨 있다는 108mm 구멍으로 공을 넣는 순간,

스트레스가 사라진다.

아! 바로 이것이구나. 예수는 골프공과 같구나.

구멍 난 가슴에 예수가 들어오니, 평화가 깃들 수밖에…….

골프를 친다.

바로 앞에 있는 예수를 바라보면서…….

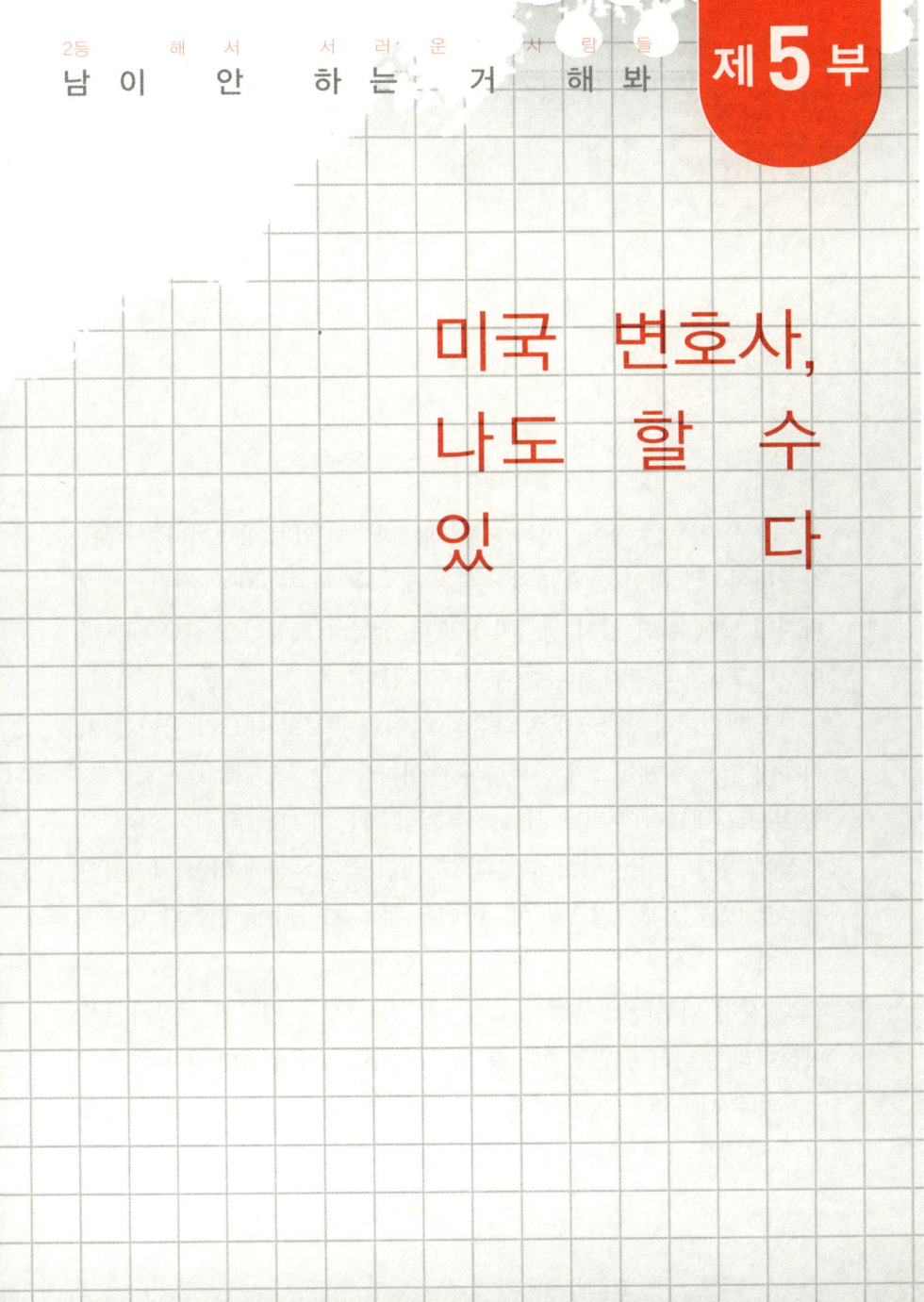

2등 해서 서러운 사람들

남이 안 하는 거 해봐

제5부

미국 변호사,
나도 할 수
있 다

 # 예상하지 못한 것을
예 상 하 라

변호사 업무는 케이스마다 모두 데드라인이 있게 마련이다. 서류를 작성하여 데드라인 전에 부쳐야 하는데, 나는 나 자신이나 직원들에게 마지막 날에 어떤 일이 생길지 모르니 항상 데드라인을 진짜 데드라인보다 2-3일 앞당겨 서류를 부치라고 한다.

데드라인이란, 말 그대로 죽음의 선이란 뜻으로 데드라인 안에 처리하지 않으면 케이스가 죽는다는 뜻이다.

실제로 데드라인 전날 서류를 부쳐야 하는데 그날 폭설이 와서 사무실에 가지 못하는 날이 있었다. 그 다음날 사무실에 가서 워싱턴의 폭설로 인한 천재지변으로 데드라인을 하루 지나서 보내게 된 사연을 첨부하여 서류가 간신히 통과된 적이 있었다.

그 사건 뒤부터는 폭설과 같이 예상하지 못한 것까지 예상하면서 미리미리 준비하여 변호 업무를 처리하는 습성이 생겼다.

한번은 데드라인 훨씬 전에 서류를 다 준비하고서도 데드라인 바로 전에 서류가 나간 에피소드도 있다.

어떤 클라이언트 케이스의 데드라인이 일주일 정도 남았었다. 월요일 아침 나는 서류를 미리 준비해 놓고 속달로 나가는 페더럴 익스프레스(Federal Express) 봉투에 넣어 부칠 준비를 마친 뒤, 내 책상 바로 옆에 두었다. 그런데 사무실이 바쁘다 보니 전화는 끊임없이 오고 새로운 케이스가 쌓이기 시작한 것이다. 그러다가 나도 모르게 새 케이스 파일을 생각 없이 페더럴 익스프레스 봉투 위에 얹어 놓았던 것이다. 나는 그런 사실도 모른 채 며칠을 그냥 보냈다. 그러던 목요일 아침, 난 갑자기 책상 옆에 쌓아 놓은 파일을 보고 싶은 충동을 느꼈다. 그래서 옆에 쌓여 있는 파일을 하나하나 들추면서 무슨 케이스인가 훑어보는데 "이게 웬일인가?" 난 깜짝 놀라지 않을 수 없었다. 내가 부쳤다고 생각했던 그 봉투가 다른 파일 밑에 숨어 있는 것이 아닌가.

내 심장은 갑자기 펌프질하는 것처럼 뛰기 시작했고, 완벽을 추구해 온 나에게 이런 일이 생기다니 난 얼굴이 하얘졌다. 데드라인을 보니 내일이었다. 우연히 창 밖을 내다보니 페더럴 익스프레스 트럭이 우리 사무실 건물을 막 떠나려는 참이었다. 페더럴 익스프레스 트럭을 보는 순간 내 심장은 더 뛰기 시작했다. '저 트럭을 잡아야 한다.'

난 '걸음아 나 살려라' 하고 그 봉투를 들고 뛰기 시작했다. 간신히 트럭 운전수에게 그 봉투를 건네주어 그 서류가 데드라인인 그 다음날까지 극적으로 도착할 수 있게 되었다. 내가 아무리 완벽하게 한다 해도 예상하지 못한 돌발 사태는 항상 일어날 수 있게 마련이다.

비록 일은 내가 해도 결과는 하나님에게 달려 있다는 것을 확실히 알고 있다. 그 일이 있은 뒤부터는 책상 옆에 있는 파일을 매일 점검하는 습관이 생겼고, 그래서 예상하지 못한 것을 예상하는 습관이 몸에 배게 하려고 지금도 부단히 노력하고 있다.

그리고 모든 서류를 보내기 전에 항상 서류를 두세 번 검사(double check)하곤 한다. 서류가 잘못되었을 때 클라이언트들이 당하는 불이 익과 클라이언트들의 인생이 우리 손에 달려 있다고 변호사와 직원들에게 항상 주지시키고 있다.

이러한 나의 꼼꼼한 성격 때문에 주말에도 집에 와서 케이스들을 걱정하곤 한다. 어떤 케이스는 얼마나 걱정했던지 소화도 되지 않고, 얼굴에 웃음도 없어지고, 주말에 집에 있으면서도 인상만 쓰곤 했다.

그로 인해 나는 심한 위장병을 앓았고, 밤에도 클라이언트 일이 생각나면 사무실로 나가 체크를 해보고 들어오는 습관이 있었다.

그렇게 걱정하는 것이 나는 클라이언트들을 사랑하기 때문이라고 믿었다. 즉 클라이언트 케이스를 자나 깨나 걱정하는 것은 내가 그들을 사랑해서인 줄 알았는데, 그것은 착각이었다. 클라이언트를 걱정하는 것이 '사랑'이란 이름으로 포장되어 있었던 것이다.

어느 날 그 걱정이 그들을 위한 걱정이 아니라 나 자신을 위한 걱정임을 깨달았다. 클라이언트들의 케이스가 잘못될까 봐 걱정하기보다는 그들의 케이스가 잘못되었을 때 나에게 닥쳐올 비난과 책임을 두려워했던 것이다.

결국 변호사직을 지키기 위한 나의 지나친 걱정과 집착 때문에 남을 사랑하는 척하며 나 자신을 먼저 걱정하며 사랑하고 있었던 것이다.

그러던 어느 날 갑자기 깨달음이 왔다. '잘못되면 사무실 문을 닫으면 되지 뭐' 하는 생각이 들었다. 이 생각이 들자 내 마음은 갑자기 자유함을 느꼈고, 마음속에 커다란 짐을 내려놓는 후련함을 느꼈다.

고요한 평화가 내 마음을 채웠다. 그동안 나는 일어나지도 않을 일을 가지고 혼자 미리 걱정하는 습관이 있었고, 그것을 내려놓지 못한

과오를 범하고 있었다.

문제는 클라이언트의 케이스에서 온 것이 아니라 바로 내 마음에서 온 것임을 깨닫게 되었다. 대공황 중에 당선된 제32대 루스벨트(Theodore Roosevelt) 대통령이 취임사에서 "우리가 두려워해야 할 것은 오직 두렵다는 마음 그 자체이다"라고 말한 의미를 이해할 수 있을 것 같았다.

내가 모든 것을 혼자서 다 해결할 수 있다고 생각했던 것을 하나님 앞에 다 내려놓으니 두려움과 걱정이 사라지기 시작했다. 나의 마음속에 진정한 평화가 찾아오니, 오히려 일도 더 잘 풀리고, 몸도 더 좋아지는 예상하지 못한 축복이 생긴 것이다.

마음이 편해지면서 평생 나를 괴롭혔던 만성 위장병도 서서히 치유되기 시작했고, 사무실의 케이스도 걱정을 사서 하던 때보다 훨씬 더 잘 풀리고 오히려 걱정거리가 다 사라지기 시작했다.

한번은 클라이언트의 일을 처리하다가 예상하지 못한 실수가 있었다. 어느 선교사가 6개월 동안 미국을 방문하던 중 체류 연장을 위하여 나에게 연장 신청을 해달라고 부탁했다. 방문 비자의 연장은 6개월이 최대한의 기한이다.

같이 일하는 직원 중 아주 일을 잘하는 직원이 그 일을 맡아 연장 신청을 했는데, 나중에 알고 보니 6개월 기한 숫자를 잘못 타이핑하여 그만 실수로 연장 기간을 1년으로 적고 만 것이다. 우린 우리가 실수한 것조차 모르고 있었다.

보통 서류를 잘못 기재하여 제출하면 이민국에서는 서류를 다시 반환하거나 거절해 버리는 것이 통례인데, 이민국 심사관은 신청서에 적혀 있는 대로 1년 기한의 비자 연장을 허락해 주었다.

이민국으로부터 1년간 연장된 승인 허가서를 받고 그 선교사에게 전화를 했다. "체류 기간이 무난히 연장이 되었는데 그 대신 1년이 연장이 되었습니다."

이 말이 끝나기도 전에 선교사는 갑자기 "할렐루야!" 하며 크게 외치는 것이 아닌가. 처음에는 무슨 영문인지 몰라서 물어보니 "1년간 안식년을 얻었기에 선교지로 다시 돌아가기 전 미국에서 1년 동안 신학 공부를 할 수 있는 기회를 달라고 간절히 기도했다"는 것이다.

참 놀라운 일이었다. 그 선교사의 기도를 나의 실수를 통해서 응답하시고 역사하시는 하나님을 보았다. 인간인 나는 실수하지만, 하나님은 절대 실수하지 않으신다.

그 일을 겪고 난 뒤 나는 나의 실수가 어떤 이에게는 기도의 응답이 될 수도 있다는 걸 깨달았다. 아무리 완벽하게 처리하려고 노력하지만 인간인지라 예상하지 못한 실수가 있을 수 있는데, 그 실수 또한 하나님의 계획이셨던 것이다.

변호사를 오래 하면 할수록 느끼는 것은 인간의 법이 있고 하나님의 법이 있다는 사실이다. 케이스를 진행하다 보면 인간의 법으로는 절대 불가능한데도 어떤 때는 통과되는 것을 보고 나 자신이 놀라기도 한다. 그때 나는 하나님의 법이 과연 존재한다는 것을 느끼곤 한다.

마치 사도 베드로가 감옥을 나올 때 간수의 눈을 가려 주었듯이 극적으로 어려움을 극복하는 케이스를 보면 하나님이 하셨음을 알 수 있다. 그것이 바로 클라이언트들의 간증이요, 삶의 기적인 것이다. 항상 느끼는 것은 클라이언트의 케이스의 성공 여부는 변호사의 실력이라기보다는 클라이언트들 각자의 믿음대로 된다는 것이다.

그래서 지금은 매우 복잡하고 해결하기 힘든 케이스를 상담할 때는

"안 된다"는 말을 하기 전에 "먼저 기도해 보고 결정하라"고 말하는데, 어떤 경우에 하나님의 법이 인간의 법 위에 있다는 것을 실감했기 때문이다.

변호사로서 경륜이 오래될수록 사건의 판단을 함부로 내리는 것을 두려워하게 되었는데, 그 이유는 나의 법조 경력이 아무리 많아진다 하더라도 여전히 내가 예견하지 못한 결과가 있음을 알기 때문이다.

처음에는 "예견하지 못한 것을 예견하라"고 이야기할 때는 잘못될 것을 사전에 방지하는 것에 역점을 두었다. 그러나 깨달음이 깊어지면서 "예견하지 못한 것을 예견하라"는 것은 실수뿐만 아니라 예상치 못한 '축복'까지도 숨어 있다는 것을 깨닫게 된 것이다. 이제는 예상하지 못한 축복이 항상 함께할 것을 믿으면서 미리 감사하고 미리 기뻐하는 습관을 가지기 시작했다.

즉 미리 걱정하기보다는 미리 감사하고 미리 기뻐하는 것이다. 나중에 일이 잘못된다고 해도 걱정은 그때부터 해도 늦지 않고, 그 전에 미리 기뻐하고 지냈으니 케이스를 진행하는 과정 속에서도 몸과 마음이 편해져 결국 그것이 축복인 것을 깨달았다.

또한 미리 기뻐한 일이 예상한 대로 잘되면 기쁨은 두 배가 될 것이고, 미리 걱정하지 않아 기쁘게 지낸 지혜에 더욱 감사할 것이다

따라서 예상하지 못한 축복을 미리 예견하고 미리 기뻐하고 미리 감사하는 적극적이고 긍정적인 신앙을 갖게 된 것 또한 예상하지 못한 축복이라고 고백할 수 있다.

 # 미국은 과연 평등과 기회의 나라인가?

미국에 오래 살면서 미국은 기회의 나라이자 평등의 나라라는 생각을 했다. 가는 곳마다 장애인을 위한 시설이 설치되어 있고 노약자나 어린아이를 위한 프로그램이 활발하다. 어느 쇼핑센터나 사무실도 장애인을 위한 주차 공간이 없다거나 화장실이 장애인의 휠체어가 들어가지 못하면 건축 허가를 받을 수 없다.

일반 공립학교에서도 웬만한 장애인은 정상적인 아이들과 같이 수업을 받을 수 있다. 그 이유는 아이들이 자라날 때부터 장애인과 함께 함으로써 장애인이 특별한 사람이 아니라는 것을 가르치고, 더욱이 장애인들을 도와주면서 어려서부터 봉사를 배우게 하기 위해서다.

장애인을 외면하기보다는 그들을 우리와 동등한 인격체로 보고, 장애란 일부 신체의 약함이라고 보는 것이다.

옛날에는 장애인을 둔 부모들의 의식 부족으로 장애 아이를 숨긴다거나 교육은 당치도 않다고 외면하였다. 그러나 이제는 그 아이들도 다른 자녀들과 같다는 마음으로 아이들을 교육시키고자 하나 사회의 냉대와 다른 아이들의 놀림에 할 수 없이 미국행을 선택하는 경우가 많다.

실제 내 클라이언트 가운데 자녀가 목 아래 몸 전체가 마비되어 머리 부분만 조금 움직일 수 있는데 여기서 정규 고등학교 과정까지 특수학교에서 마쳤다. 부모의 희생과 의지도 대단하지만, 정부가 그 정도로 몸이 불편한 아이에게도 교육을 시키고 다른 아이들처럼 평등하게 기회를 준다. 참으로 대단한 일이다.

미국이 이렇게 인도적인 평등 사회를 지향할 수 있었던 것은 미 연방 대법원의 역할이 컸다. 미국의 연방 대법원은 그동안 역사적으로 차별과 학대를 받았던 흑인과 여자 그리고 어린아이 등 소수 민족의 손을 올려 주는 판결을 많이 내렸다. 따라서 미국에서는 이민 서류 미비자(**불법 체류자**)의 자녀까지도 공립학교를 다닐 수 있다.

미 연방 대법원은 1982년 'Plyler V. Doe' 케이스에서, 이민 서류 미비자 자녀의 공립학교 입학을 거절한 텍사스 주의 법률이 헌법상 평등권에 위배되는 법률이라고 위헌 판결을 내렸다. 법원은 부모의 불법 신분 때문에 아이들마저 고통을 받아서는 안 된다고 전제하고, 교육을 받지 못하는 것은 아이들에게 평생 어려움(lifetime hardship)이 될 것이기 때문에 텍사스 주의 압도적인 정부 이익(compelling govern-mental interest)이 없는 한 공립학교 입학을 허용하여야 한다고 판시했다.

미국은 '사람의 지배'(rule of person)보다는 '법의 지배'(rule of law) 즉 '인치'보다는 '법치'에 바탕을 두고 있기 때문에, 차별받는 약자의 인간다운 삶을 보장할 수 있는 것이다. 인간의 존엄성과 가치를 존중하는 법치주의 덕분에 미국은 소수 민족에게 기회의 나라가 되고 평등의 나라가 될 수 있었던 것이다.

1960년대만 해도 여자의 인권이 보호받지 못했으나, 이제는 사회 각계각층에 실력 있는 여자들이 사회의 리더가 되어 미국을 이끄는 것을 볼 수 있다.

"여자 무시하면 민주주의 못한다." 남자 위주의 한국 사회에서는 조금은 생소한 말로 들릴 수도 있다.

가끔 1900년대 초의 호적 등본을 번역하다 보면 놀라운 것을 발견하게 된다. 여자의 이름이 없는 것이다. 여자의 이름이 김씨, 박씨 등으로만 표시되어 있고 여자의 이름이 아예 없는 것이다. 즉 그때 당시 여자는 사람 취급을 하지 않았던 것이다. 취업 이민으로 영주권을 신청할 때 으레 꼭 남자만 신청해야 되는 줄 알고 있다. 그래서 내가 "여자가 조건이 되면 여자로 해도 된다"고 말하면 몰랐다는 듯이 깜짝 놀란다.

의식하든 의식하지 못하든, 수백 년 동안 남성 우월주의에 젖어 있는 것을 남자뿐만 아니라 여자까지도 당연히 받아들일 정도로 물들어 있는 것을 본다.

한번은 이민국을 갔는데 엘리베이터 문이 열리자마자 남자 클라이언트가 먼저 뛰어 들어갔다. 그런데 그 옆에 있던 미국 남자는 아내와 아이를 먼저 태운 뒤 자기가 제일 나중에 탔다.

한국에서는 "신사 숙녀 여러분" 하지만 미국에서는 "Ladies and gentlemen"이라고 하여 여자를 더 앞세운다. 여자가 강자이기에 앞세우는 것이 아니라, 약자이기에 평등하게 대우해 주려는 배려에서 나온 큰 마음이라 생각한다. 여자가 남자를 챙겨 주는 것이 당연하고 그것이 내조라고 믿으니, 여자에 대한 이해와 배려라는 남자의 관대함은 점점 숨바꼭질을 하게 된다.

내가 미국 여자와 살면서 '내가 아직도 한국 남자구나' 하는 것을 많이 느낄 때가 있다. 어느 날 아들의 발톱을 깎아 주면서 옆에 있는 아내의 발톱도 함께 깎아 준 적이 있다. 아내의 발톱을 깎아 주는데 아내가 "임신했을 때 깎아 주고 처음이네요" 하는 것이 아닌가.

난 깜짝 놀랐다. 그렇다. 거의 15년 만에 다시 아내의 발톱을 깎아 준 것이다. 이런 깨달음을 에세이로 적어 모 일간지에 기고를 했다. 내가 아는 한 클라이언트가 에세이를 보고 느낀 바가 있어, 아내의 발톱을 깎아 주려고 했단다. 그랬더니, 그의 아내가 대뜸 한다는 소리가 "당신, 지금 미쳤어요? 당신 일찍 죽으려고 그래요?" 하더라는 것이다.

"그게 무슨 말이냐?"고 되물으니, 아내가 "철들면 죽는다는 말이 있듯이 당신도 철들면 죽는다"고 발톱 깎는 것을 끝까지 거절했다는 것이다. 그래서 아내의 발톱을 못 깎아 주었다고 나에게 하소연했다.

문제는 남자에게도 있지만, 남자 위주의 문화에 이미 젖어 버린 여자에게도 문제가 있다는 것을 깨달았다.

한번은 새벽녘에 화장실에 가서 소변을 보는데 남자라서 서서 볼일을 보다 보니 소리가 적막한 새벽을 깨웠다. 아내가 깰까 조심스러워 다음부터는 앉아서 소변을 보면 되겠다고 생각하고 지금까지 그렇게 하고 있다.

그때 느낀 것을 다시 에세이로 적어 모 일간지에 보냈다. 그랬더니 그 신문사의 담당자가 남자들이 보면 거부감을 가질 수 있다고 에세이를 싣지 않았다. 나는 1년을 기다린 뒤에 다른 모 일간지에 5월 가정의 달에 맞춰 "남자여, 앉아서 소변을 보라"는 제목으로 다시 보냈다.

내 에세이가 실리자 많은 여성들로부터 호응을 받았다. 마치 그동안 자기가 하고 싶었던 말을 내가 대신 해준 것같이 감사해 했다.

어떤 여자 분은 내 에세이를 오려서 화장실에 비치해 두어 남편이 읽을 수 있게 했다고 한다. 그러나 어떤 여자 분은 아들이 둘이나 있다고 하면서 서서 보는 남자의 본능까지 억제하면서까지 앉아서 소변을 보게 하는 것이 무슨 도움이 되겠냐고 반문하기도 했다.

나는 남자와 여자의 본능을 말하는 것이 아니라, 여자와 남자가 서로 배려해 주고 존중해 줄 때 진정한 남녀평등이 이루어지고 사랑의 기회도 열리는 것을 말하고 싶었던 것이다.

남자여, 앉아서 소변을 보라

잠들기 전에 소변을 본다.
그런데도, 가끔 잠결 중에
화장실을 가곤 한다.

남자라서 서서 소변을 보다 보니,
적막한 밤중에 오줌 튀는 소리가
새벽을 깨우고,
잠결의 아내를 깨우고 만다.

남자라서 서서 소변을 보다 보니,
변기 깔대를 잊어먹고 내리지 않아
잠결에 아내가 소변을 보려다가

변기에 빠질 뻔한다.

남자라서 서서 소변을 보다 보니,
소변이 변기를 빗나가
잠결에 소변 보는 아내의
발바닥이 오줌에 젖고 만다

어떻게 하면, 잠결의 아내를
깨우지 않고 소변을 볼 수 있을까?
아! 바로 그것이다.
나도 앉아서 소변을 보면 된다.

앉아서 소변을 보니,
오줌 튀는 소리도 없고,
변기 깔대를 들어 올릴 필요도 없고, 또한
변기를 빗나갈 일도 없으니,
이것이야말로, 일석 삼조가 아니고 무엇이란 말인가.

남녀평등은 요구보다는 배려 속에서
찾을 수 있는 법. 따라서 진정한 남녀평등은
화장실에서부터 고백되어야 한다.

5월은 가정의 달.
앉아서 소변을 보라, 남자들이여.

나는 미국이 이민자에게도 기회와 평등의 나라라고 생각한다. 미국은 배경을 요구하지 않으며 누구나 열심히 하면 기회를 주는 나라라고 생각한다.

어떤 클라이언트는 피부 관리 전공 정규 대학을 졸업하고 피부 관리를 배워 그 일에 10년 이상 종사하고 있는데도, 한국에서는 그 직업을 크게 인정해 주지 않아 이곳에서 자기의 능력을 인정받고 싶다고 했다.

그렇다. 미국은 그 사람이 무엇을 하든 최고의 자리에 있을 때 박수를 쳐주고 그 사람을 높이 평가한다. 즉 직업으로도 사람을 차별하지 않는 사회이다. 영어가 부족하고 문화도 다른 이민자들이 많은 이 나라에 실력만 있으면 얼마든지 자기의 꿈을 펼칠 수 있다는 이야기다. 그래서 필자도 미국에서 변호사가 될 수 있었던 것이다.

한동안 이곳에서 세탁소나 델리를 운영하는 한국인이 전체 가게의 50%가 넘는다는 통계가 나온 적도 있다. 한국에서 한자리(?) 한 적이 있는 분들도 이곳에서는 두 팔을 걷어붙이고 세탁소를 하면서 "내가 미국의 주름을 잡고 있다"며 긍지를 가지고 열심히 일해 자녀들을 뒷바라지하는 모습은 참으로 아름다운 광경이다.

이곳 버지니아에 있는 미국에서 제일 좋다는 토머스 제퍼슨 고등학교도 우수한 한국 학생들이 너무나 많다. 우리의 2세들이 열심히 실력을 쌓아서 미국의 주류 사회로 나아가 그들의 능력을 발휘할 때 그들은 진정 한국의 이름을 떨칠 수 있는 애국자가 되기도 하는 것이다.

대한민국 로스쿨에 거는 기대

얼마 전 한국을 방문해서 모 대학 법학 전문대학원(로스쿨)에서 특강을 했다. 일반 대학에서 특강은 여러 번 해봤지만 로스쿨에서 특강을 한다는 것에 가느다란 흥분을 느꼈다. 마치 친정집에 온 새색시 같은 기분이라고 할까?

강의실에 들어가 학생들을 바라보며 나의 옛날 로스쿨 시절이 생각나기도 했다. 강단 앞에 놓인 꽃이 있어 학생들에게 "이 꽃이 왜 아름다운가?"라고 물어보았다.

아무도 선뜻 나서서 대답을 하지 않았다. 꽃이 아름다운 것에는 보는 관점에 따라 다른 정의가 내려질 수 있고, 또 다른 정의 또한 모두 정답이 될 수도 있는 질문이었다.

나는 미국 로스쿨에서 강의하는 방법대로 학생들의 의견과 토론을 유도하고자 했는데, 주입식 공부와 일방적으로 듣기만 하는 수업 방식에 젖어 있던 학생들은 정확한 답이 없는 질문에 아무 말도 못하였다.

그래서 나는 양극을 바라볼 수 있는 창조적인 아이디어를 제시해

주었다. 즉 '꽃은 피기 때문에 아름답다고 할 수 있다. 반면에(on the other hand) 꽃은 지기 때문에 아름답다. 꽃이 지기 때문에 아름다운 이유(because)는 꽃의 희소가치 때문이다.'

이렇게 꽃의 아름다움을 보는 여러 가지 이유가 있을 수 있고 그 여러 가지 이유는 누가 옳고 그른 것이 아니다. 단지 이유를 분석한 뒤 자기 스스로 결론을 내릴 줄 알아야 하는데, 나의 경우는 꽃이 지는 것보다는 피는 것이 더 아름다운데 그 이유는 꽃이 피는 것이 더 긍정적인 아름다움이 있기 때문이라고 결론을 지어 주었다.

이런 식으로 미국 로스쿨은 학생과 교수가 질문과 답을 하면서 소크라테스식 토론 강의를 진행한다는 것을 알려주었다.

미국 로스쿨에서 시험 답안지에 맞는 법만 쓰고 양쪽 의견을 분석하지 않으면 교수는 시험 답안지에 '결론적'(conclusive)이라고 쓰고 낮은 점수를 준다.

이렇게 결론만 아는 데 치우치지 말고 양쪽의 입장에서 봄으로써 클라이언트를 대변하고 법정에서 항변할 수 있도록 훈련을 시키는 곳이 미국 로스쿨이다.

나는 학생들에게 다시 물었다.

"변호사가 공직입니까? 아니면 사직입니까?"

나의 질문에 학생들이 어리둥절해 했다. 아마 그들의 사고 관념으로는 질문이 아닌 질문을 한 것으로 생각했을 것이다. 어떤 학생은 내가 묻는 질문에 함정이 있을 것 같아서 사직이라고 대답하면서도 그 이유를 말하지는 못했다.

내가 다시 학생들에게 질문을 했다.

"한국에서 외국인이 변호사가 될 수 있나요?"

또다시 학생들은 꿀 먹은 벙어리처럼 내가 어디로 말의 방향을 이끌어 가는지 눈만 말똥말똥 뜨고 눈동자만 굴리고 있었다.

"한국에서는 아직도 변호사를 공직으로 생각하는 것 같다"고 말했다. 몇 해 전, 한국을 방문할 때 비행기 안에서 선물용으로 양주 두 병을 샀는데, 세관원이 이제는 한 병만 통과가 가능하니 한 병만 가지고 나가라고 했다. 내 입국 심사 서류에 적힌 직업란에 변호사라고 적힌 것을 보고 "공직에 계신 분이 그러시면 되겠느냐?"고 나에게 말하는 것이었다.

물론 양주 문제는 잘 해결되었으나 변호사가 공직이라는 말은 이해가 되지 않았다. 지금까지 한국에서는 사법 연수원에서 연수생으로 있을 때 국가 공무원 자격으로 월급을 받기 때문에 변호사를 검사나 판사와 같이 공직이라고 여기는 모양이다.

아직도 한국은 한국 국적 소유자가 아니면 변호사나 법조인이 될 수 없다. 반면에 미국에서는 외국인도 변호사가 될 수 있다.

1970년대만 해도 미국에서는 외국인이 변호사가 되기 힘들었다. 그때 유명한 미 연방 대법원 판례가 있는데, 그것이 바로 1973년도의 '그리피스 판례'(Griffiths Case)이다.

그리피스는 네덜란드 여자로서, 미국 영주권을 가지고 코네티컷 주의 변호사협회에 변호사 시험을 응시하려고 했으나, 미국 시민권자가 아니라는 이유로 응시를 거절당했다.

이에 미 대법원은 코네티컷 주의 변호사협회의 규정은 위헌이라고 결정하고, 변호사는 공직이 아닌 사직이라고 판시했다.

대법원은 그 이유로 "변호사는 정부 정책을 형성하는 정치 과정의 핵심이 아니다"라고 하고 "변호사 자격을 가졌다고 해서 공직으로 볼 수는 없다"고 했다.

결국 미 대법원은 변호사를 국민을 위한 서비스업으로 보았고, 변호사 공부를 해서 그 길로 먹고 살겠다는 한 외국인의 생존권을 귀하게 여긴 가슴 넓은 판결을 내렸다. 지금은 영주권자뿐 아니라 한국 유학생들마저 미국 변호사 자격을 획득하고 있다.

나는 또 학생들에게 물었다. "한국에서 변호사가 너무 많아지면 소송 천국이 되고, 변호사 실업률을 걱정하고 우려할 정도가 될 것입니까?"라고 물었다.

학생들은 그럴 것 같다고 수긍하는 듯 보였으나, 뚜렷하게 대답하는 학생은 없었다. 일부에서는 로스쿨을 통해서 변호사의 숫자가 많아지면 변호사의 질이 떨어지고 변호사의 실업률이 높아질 것이라고 우려하는 목소리가 크다.

그러나 미국에서는 로스쿨을 통해 변호사가 많아졌다고 문제가 되지 않는다. 로스쿨을 졸업했다고 해서 반드시 변호사만 하라는 법은 없기 때문이다.

미국에서는 변호사가 많아서 질이 떨어지는 것이 아니라, 변호사가 많아서 그들이 정치, 사회에 기여하는 바가 매우 크다. 현 미국 대통령 오바마도 변호사 출신이고, 영부인 미셸도 변호사 출신이다.

힐러리 국무장관도 변호사였고 클린턴 대통령도 변호사였다. 이처럼 미국 역대 대통령 중 25명이 변호사 출신이고, 연방 상원의원 절반 이상, 그리고 연방 하원의원 3분의 1 이상이 변호사 출신이다.

이처럼 법을 알고 이해하는 변호사가 국회에 들어가면 좋은 법을 만들 수 있고, 또한 행정부에서는 법의 집행을 법의 원칙대로 수행할 수 있기 때문에 법치주의의 운영이 그만큼 원활해질 수 있는 것이다.

반면에, 한국의 역대 대통령 중에 변호사 출신은 단 한 명밖에 없다.

미국 대사관의 영사도 약 50%가 변호사 출신이다. 따라서 미국에서는 변호사 직분을 가지고 회사에 취직하거나 사회 각계각층의 여러 분야에서 활동하는 것을 볼 수 있다.

한국에서도 변호사가 많이 나오는 것을 두려워하기보다는, 많은 변호사가 배출되어 사회나 정치에 기여하게 되는 것을 기대해도 좋을 것 같다.

가까운 일본에서는 로스쿨이 실패했다고 한다. 그 이유는 로스쿨 수는 많은데 변호사 시험 합격률을 50% 미만으로 낮추어서 변호사 시험 합격자를 단 한 명도 배출하지 못한 학교도 생겼기 때문이다.

따라서 한국에서도 미국처럼 변호사 시험을 명수로 제한하지 말고, 시험 점수로 커트라인을 하여 실력이 되는 사람은 모두 합격시켜야 한다.

미국의 경우 로스쿨 졸업자 중 약 80%가 변호사 시험에 합격한다. 또한 미국에서는 로스쿨 졸업자의 변호사 시험 응시 횟수를 제한하지 않는다.

특강의 마지막 질문 시간에 한 여학생이 질문을 했다. 자신은 대학에서 화학을 전공했는데 로스쿨에 들어오니 이미 법대에서 공부하고 온 학생들과 경쟁을 하기에 매우 힘들다고 고백하였다.

그래서 나는 그 여학생에게, 지금 한국의 로스쿨이 과도기에 있으니 조금만 참고 열심히 공부하면 좋은 결과가 있을 것이라고 격려해 주었다. 그리고 여학생이 화학과를 나왔으니 나중에 그 전공을 살려 지적 소유권 변호사(Patent Attorney)가 되면 아주 바람직하다고 말해 주었다.

미국의 로스쿨은 복잡하고 전문화된 시대에 맞추기 위해 정규 대학에서의 다양한 전공을 살려 로스쿨에서 활용하고 있다. 예를 들면, 회계학을 공부한 학생은 로스쿨 졸업 후 세법 전문 변호사가 되고, 의과 대학을 전공한 학생은 의료 사건 전문 변호사가 되어 그 분야에서 뛰어난 변호사로 활약하고 있다.

학생들에게 "변호사 시장이 개방되면 그에 대한 대응 방안은 무엇인가?" 하고 물어보았다. 결국 대답하는 학생이 별로 없어 내 나름대로 설명해 주었다.

법조 시장 개방은 두려워할 것이 아니라 오히려 개방되어야 한다. 법률 시장이 개방되면 그만큼 경쟁력이 생겨 법적 서비스의 질적 향상을 기대할 수 있고, 또한 가격 경쟁을 통해 비싼 외국 로펌을 찾을 필요가 없게 되기 때문이다.

국내 변호사가 법조 시장 개방에 대응하는 방법은 영어의 언어 능력을 키우고 미국에서 로스쿨을 졸업하여 미국 법을 제대로 아는 국제 감각을 갖추고 실력을 향상시키는 길이 경쟁에서 승리하는 방법이다.

특강을 마치면서 학생들에게 당부의 말을 했다.

글로벌리즘은 인간화이다(Globalization is humanization). 즉 세계화란 인간화를 뜻한다. 로스쿨을 졸업한 후 모두가 추구하는 유망 분야에 관심이 많겠지만, 그래도 남이 하지 않는 일을 하는 것이 인간화요 세계화라고 강조하였다.

특강이 끝난 후 로스쿨 학장과 교수들과 함께 저녁을 먹으며 담소를 나누었다. 한 교수님은 나에게 "지금까지 학생들이 강의 시간에 그렇게 많이 말하는 것을 처음 보았다"는 말을 듣고 깜짝 놀라기도 하고 기쁘기도 했다.

대화 중에 나는 미국 로스쿨의 운영 방법을 몇 가지 소개해 주었다. 미국 로스쿨에서는 시험 답안지에 이름을 쓰지 않고 사회보장번호(social security number)를 기입하기에, 교수는 누구의 답안지를 채점하는지 몰라 객관성을 가지고 채점하게 된다. 그래서 한국에서도 이름 대신에 주민등록번호 끝번호를 기입하게 하면 어떻겠느냐고 제안했다.

미국 로스쿨은 변호사 시험 합격을 목적으로 하지 않고 학생 간에 클래스(class) 경쟁을 통해 성적이 좋은 상위권(톱 10-20%)의 학생들이 졸업 후 큰 로펌에 취직할 수 있다.

미국에서의 검사는 수사권이 없고 단지 기소권만 있기 때문에, 한국처럼 성적이 우수한 사람이 검사가 되는 것은 아니다. 비록 월급은 적지만 사명감이 있고 본인 스스로가 검사 하기를 원하여 변호사 대신 한다.

판사는 변호사나 검사 활동 후 인생과 법적 경력이 어느 정도 쌓인 후에 될 수 있는데, 판사는 투표나 임명 절차를 통하여 임명된다. 따라서 미국에서는 판사의 위력이 대단하다. 반면에, 한국에서는 판사 활동을 오래 한 뒤에 변호사 개업을 해야 큰 사건을 맡을 수 있다고 한다.

한국에 로스쿨이 생긴 지 얼마 되지 않아 아직은 로스쿨이 어떻게 운영되어야 할지, 그리고 어떤 방향으로 나아가야 할지 아직은 초보 단계인 것 같다.

그러나 한국이 로스쿨을 시작한 것은 매우 뜻깊은 일이며, 또한 한국의 세계화의 초석이 될 것을 믿는다. 로스쿨의 성공은 곧바로 법치국가 실현과 민주주의의 신장을 도모하는 원동력이 될 것이다.

미국 변호사,
나도 할 수 있다

영어 때문에 사법고시에서 떨어진 내가 미국에 와서 변호사가 되어 미국 사회에서 영어로 고생하는 많은 한국 사람을 돕는 것은 참으로 아이러니한 일이다.

만일 내가 한국에서 되지 않는 영어 공부로 방황하고 있었다면 난 아마도 지금 변호사가 되지 못했으리라.

많은 사람이 자신의 꿈을 이루고자 할 때 한 가지 길만 보면 자칫 꿈을 잃어버릴 수도 있다. 외국으로 나가 공부한다는 것은 일종의 모험일 수도 있다. 하지만 도전을 하지 않고 얻는 것은 없다.

도전을 두려워하지 말라. 자신의 꿈과 목적을 위해서는 항상 자신에게 동기부여를 하고 대안을 찾아 추진하려는 지혜와 결단력이 요구된다.

내가 한국에서 사법고시를 볼 때만 해도 합격자수가 100여 명 정도였다. 지금은 약 1,000명을 뽑는다고 해도 경쟁률은 인구 비례에 비해 아주 높은 편이다.

한국도 이제 로스쿨이 생겼다. 그러나 아직 아주 소수의 인원만 뽑기 때문에 입학이 어려운 실정이다. 더욱 어려운 경쟁률을 뚫고 로스쿨을 입학하여 졸업한다 할지라도 과연 변호사 시험에 합격할 수 있을지 모를 일이다.

또한 정부에서는 로스쿨 졸업자의 몇 퍼센트까지 변호사 시험 합격 가이드라인으로 정할지 아직 미지수다. 이럴 때 모델로 생각할 수 있는 것이 미국의 로스쿨이다.

앞에서도 언급했지만 미국 로스쿨은 법대생만 들어가는 곳이 아니라, 일반 대학 과정에서 여러 분야의 전공을 한 사람들이 입학을 한다. 따라서 처음부터 로스쿨 도전이 어려운 사람은 미국 일반 대학의 학부 과정을 먼저 하든지 혹은 대학원에서 석사 학위 과정을 마친 뒤 로스쿨 입학에 도전하는 것이 좋다.

로스쿨 입학 전에 로스쿨을 미리 경험하고자 할 때는 로스쿨 내의 LLM 즉 1년 과정의 법학 석사 과정을 수료한 뒤 로스쿨을 지원하는 것도 한 방법이다.

미국에는 각 주마다 많은 로스쿨이 있어서 좋은 학교, 중간 학교, 낮은 학교 등 다양하여 자기 수준에 맞는 학교를 선택하여 입학을 시도할 수 있다. 영어 실력이 받쳐 주고 열심히 공부하여 로스쿨을 졸업하면 졸업생의 80% 이상이 변호사 시험에 합격하기 때문에 나도 미국 변호사의 꿈을 실현할 수 있었다.

한국에서 로스쿨에 입학하지 못한 사람이나 변호사 시험에 떨어진 사람들에게만 적용되는 것이 아니라, 현재 변호사나 법조 활동을 하는 사람들에게도 미국의 로스쿨은 새로운 대안으로 떠오르고 있다.

미국 변호사가 되면 한국이나 국제 사회에서 그만큼 업그레이드 된 경쟁력을 가지게 되는 것이다. 변호사가 많아지면 많아질수록 21세기 경제 대국으로서의 위상뿐만 아니라 정치 대국으로 가는 지름길이 될 것이다. 법률 시장 개방에 맞추어 영어의 컴플렉스를 극복하고 국제적 감각을 키우기 위해서라도 미국 로스쿨을 졸업한 미국 변호사가 절대적으로 필요한 때가 왔다.

한국보다 성공의 확률이 높은 미국 변호사가 되면 한국과 미국 등 국제적인 활동이 가능하고 그만큼 시장도 넓어지게 된다.

변호사 자격이 있다고 해서 꼭 변호사만 하라는 법은 없다. 정치, 경제, 문화, 사회 등 각계각층의 분야에 다양하게 기여할 수 있는 새로운 변호사 문화를 정착해야 한다.

세계의 수도 워싱턴 D.C.는 5명 중 1명은 변호사이고, 국회의사당을 중심으로 한 지역의 50%가 변호사라고 할 정도이다.

세계의 정치 일번지인 워싱턴이 변호사에 의해 움직인다고 해도 과언이 아니다. "미국은 변호사가 많아서 소송으로 망할 것이다"라는 일부의 부정적인 견해도 있지만, 미국은 변호사가 많아서 사회 문제가 되는 것이 아니라 오히려 정치와 사회에 더 많이 기여하는 특수성을 가지고 있다. 변호사가 많은 것은 그만큼 변호사가 필요하다는 뜻이다.

미국이 '주먹보다 법이 가까운 나라'가 될 수 있었던 것은 변호사의 양적 그리고 질적 향상에 따른 법치주의의 실현에 바탕을 두고 있기 때문이다. '변호사의 문턱'이 높지 않은 미국에서는 일반 생활에서까지 확실하고 정확한 법적 서비스를 일반 국민이 받을 수 있기 때문에 '법은 가까운 이웃'이 되고 있다.

한국에서 로스쿨을 가고자 하는 많은 사람들은 이미 준비가 되어 있는 사람들이다. 이제 마음만 먹으면 누구든 할 수 있다는 이야기이다.

영어 때문에 사법고시에 떨어진 나도 포기하지 않고 영어를 극복하여 로스쿨을 졸업하고 변호사가 되었듯이, 여러분도 '할 수 있다'(Yes, I can)는 의지만 있으면 나보다 더 훌륭한 변호사가 될 수 있을 것을 믿는다.

바로 여러분의 손에 한국 법조계의 미래와 한국의 장래가 달려 있다.

법은 사람을 살리는 것이다. 국민에게 존경받는 그리고 인간다운 삶이 보장되는 법치 사회를 구현하기 위한 사명감을 가지고 도전하기 바란다.

성공의 반대는 실패가 아니고 포기이다. 실패하는 자는 재도전을 할 수 있지만 포기하는 자는 재도전을 할 수 없기에 성공할 수 없다. 따라서 포기하지 않는 한 성공할 수 있다는 것이다.

나는 요즘 젊은 세대가 걱정이 된다. 몇천 년 전 고서를 보아도 "요새 젊은 아이들 싸가지가 없다"는 말이 나온다고 한다.

그렇다. 나도 여러분을 보면 불안하다. 왜냐하면 우리 세대보다 더 잘될까봐……

한 국 도 할 수 있 다

얼마 전, 지진으로 인해 세계의 주목을 받았던 아이티는 흑인 노예의 혁명으로 건국된 지구상 유일한 나라이며 카브리 해의 강국이었던 나라이다. 그러나 지금은 세계 최빈국 중 하나로 몰락했다. 아직도 정착되지 못한 정치와 끊임없는 내분으로 이번 지진이 아니더라도 힘든 나라이다.

그런데, 한국은 어떠한가? 1945년 일본으로부터 해방하고 이제 65년이 된 나라이다. 그 사이 우리는 고속의 발전을 거듭했으며 경제력에서, 더구나 IT 산업은 세계 최고의 자리에 있지 않은가?

보릿고개를 넘던 우리의 부모 세대에서 TV 디너(dinner)를 먹는 우리 아이들의 세대까지, 그리 길지 않은 시간이었음에도 불구하고 우리는 해낸 것이다.

세계 각국에 나가 있는 삼성과 LG, 그리고 현대 기아 등 이제 세계 어느 나라를 가든 한국을 모르는 사람들은 거의 없다.

좁은 나라에서 살아남는 길은 남보다 뛰어난 실력을 갖추어야 함을 알기에 모두들 부단한 노력을 한 덕일 것이다. 한국의 초고속적인 발전과 많은 인재들의 등장은 세계를 놀라게 하고도 남음이 있다.

그러나 길지 않은 시간에 빠른 발전을 하다 보니 어찌 말썽이 없을 수 있겠는가? 각자 가진 생각이 다르고 나라의 장래를 보는 눈이 다 다르다 보니 내분이 있을 수 있고 갈등도 생길 수 있다.

그러나 그 내분이 다 나쁘다거나 성장 발전의 발목을 잡는다고는 볼 수 없다. 갈등 속에서도, 일리 있는 생각은 수용하고 자신의 잘못을 시인하며, 국가의 미래를 볼 수 있는 지혜가 있다면 한국은 지속적인 번영을 할 수 있을 것이다.

세계 제12위 경제 대국인 한국, 이제는 이에 걸맞은 세계 제12위의 정치 대국도 되어야 할 때가 되었다.

많은 사람이 미국의 민주주의가 미국의 200여 년의 역사와 함께 성장을 하였다고 생각하고 있다. 그러나 반드시 그렇지는 않다. 미국의 민주주의도 그동안 많은 시련과 좌절을 경험하였으며, 오늘날의 민주주의를 구축한 것은 불과 40여 년밖에 되지 않는다.

1960년대까지만 해도 백인과 흑인의 화장실이 따로 구분되어 있었으며, 버스에서도 흑인은 앉아 있을 수 없었고 학교도 흑백을 구분했다.

1960-1970년대에 일어난 케네디 대통령 암살 사건, 마틴 루터 킹 목사 암살 사건과 닉슨 대통령의 워터게이트 사건 등을 보아도 미국의 정치적 혼란과 타락을 알 수 있다.

흑인과 여자를 차별하고 인간의 존엄성이 무시되었던 미국이 진정한 민주주의를 시작한 지 40여 년 만에 흑인 대통령을 탄생시킨 힘은 무엇인가?

그것은 바로 미국이 인치(人治)에서 법치(法治)로 바꾸었기 때문이다.

즉 '사람의 지배'(the rule of person)에서 '법의 지배'(the rule of law)로 바꾼 것을 뜻한다.

법의 지배란 누구나 법을 지켜야 한다는 것이다. 즉, 지도자도 법을 지켜야 하고 정부도 법을 지켜야 하는 것이다. 따라서 법의 지배란 '법 위에 사람 없고 법 아래 사람 없다'는 뜻이다.

미국이 법치 국가로서 민주주의의 기틀을 마련한 것은 과감한 미 연방 대법원의 선언적 판결 때문이었다.

미 연방 대법원은 인종 차별적 제도와 불공평한 법에 대해 위헌 판결을 내리고 말 없는 대다수의 자유와 인간다운 삶을 보장하는 판결을 내렸던 것이다.

그때 당시의 비민주적인 고정관념과 정치적인 틀을 깨트리고 위대한 판결을 내릴 수 있었던 것은 미 연방 대법원 판사의 종신제 덕분이라고 할 수 있다.

대법원 판사의 종신제는 임기제보다 판결의 독립성과 공정성을 보장하고 있기 때문에 미 연방 대법원은 미국 헌법의 위대함을 나타낼 수 있었던 것이다.

태평양 시대에 즈음하여, 한국이 세계의 리더가 되려면 먼저 인간의 존엄성과 가치를 존중하는 법치 국가로 전환하는 것이 우선이다. 이를 바탕으로 정치적 안정과 경제적 발전을 추구하고 균형 잡힌 세계화를 통해 업그레이드 된 한국을 재창조할 수 있을 것이다.

한국이 정치 대국이 되는 지름길은 먼저 헌법을 바꾸는 일부터 해야 한다. 올바로 된 헌법의 중요성을 인정하면서도 핵심을 피해 가는 역사적 실수를 반복하지 않기 위해서라도 이번에는 글로벌 시대에 부응하는 개헌을 해야 할 것이다.

미국의 헌법은 1789년 9월에 제정된 이래 한 번도 바꾼 적이 없다. 헌법의 기본정신과 뿌리는 계속 유지하면서 29개 헌법 수정안(The Amendment)을 채택하여 국민의 자유와 기본권 그리고 평등권을 확대해 나갔던 것이다.

한국은 유신 헌법 이후 9차례나 개헌을 했음에도 불구하고 아직도 '제왕적 대통령'의 잔재가 여전히 남아 있다. 제대로 된 3권 분립(separation of powers)을 통한 견제와 균형(checks and balances)의 원칙을 토착화할 수 있는 개헌의 대안은 다음에 소개할 기회가 있을 것이다.

아무쪼록 이번 기회에 꼭 역사에 길이 남을 성공적인 개헌이 이루어져 우리의 자손 후대에 물려줄 가장 귀한 유산이 될 수 있기를 바라는 마음 간절하다.

개헌을 위해 제도를 도입하는 것도 중요하지만, 그보다도 그 법 제도에 담겨 있는 정치 문화의 도입이 더 중요하다는 것을 잊어서는 안 될 것이다.

미국이 40년 만에 해낸 민주주의라면, 한국도 할 수 있다.

 아들아, 이렇게
살 아 주 렴

　영어가 장벽이었던 아빠가 미국에 와 영어를 사용하는 변호사로 자리잡기까지 아빠는 수많은 실패와 좌절을 경험했었다.

　내가 좌절의 늪에서 헤맬 때 난 하나님이 나의 고통을 즐기시는 게 아닌가도 생각했다. 한 번도 쉬운 방법으로 해결받지 못한 나는 포기하고 싶은 마지막 순간에 또 다른 길이 열리는 것을 보았다.

　아빠가 만약 영어를 잘해서 한국에서 사법고시를 패스해 한국에서 살았다면 너희들을 낳을 수 있었겠느냐?

　그렇다, 하나님은 항상 나에게 변장된 축복을 허락하신 것이다. 끝일 것 같은 그 시점에 더 나은 다른 길을 열어 나를 인도하셨단다.

　하나님은 어제나 오늘이나 영원토록 동일하게 역사하신단다. 그런 하나님을 믿고 끝까지 나아간다면 믿음의 사람을 들어 쓰셨듯이 우리 아들들에게도 역사하시리라 이 아빠는 믿는다.

　길지 않은 인생을 살면서 깨달은 게 있다. 모든 것에 반대말은 없더구나. 불행은 행복의 시작이었고, 절망의 끝은 희망의 시작이었으며,

죽는 것이 사는 것이고, 사는 것이 죽는 거라는 걸 알았다.

아들아, 아빠가 살면서 쌓아 놓은 지혜라는 것이 아무것도 새로울 것이 없다만 살아 보니 오늘에 충실해야 한다는 진리를 배웠다.

오늘은 어제의 연속이나 잘못된 어제의 연속이란 뜻이 아니고, 내일은 오늘의 연장이나 내일 일을 염려하라는 뜻이 아니다.

하나님이 허락하신 귀한 오늘을 최선을 다해 살 때 어제도 보상받고 내일도 허락받는다는 걸 깨달았다.

아들아, 인생은 끝없는 선택을 요구하더구나. 아침에 일어나면 '무엇을 먹을까? 무엇을 입을까?'로 시작하여 끊임없이 이루어지는 모든 일에 선택을 해야 하는…….

그때마다 1분만 기도하거라. 어차피 해야 하는 선택, 너만의 생각보다는 그분의 도움이 있다면 훨씬 마음이 편치 않겠느냐?

아들아, 또한 감사해야 한다. 네가 숨 쉬고 있다는 걸 감사해야 하고, 네가 기댈 가족이 있다는 걸 감사해야 하고, 너를 반가워해 줄 친구가 있다는 걸 감사하거라.

감사한다는 건 너만의 일로 감사하라는 게 아니다. 또한 좋은 일만 감사하라는 게 아니다. 너에게 일어나는 모든 일에 감사해야 한다. 하나를 가져도 감사하고 열을 가져도 감사하거라. 하나를 잃어도 감사하고 열을 잃어도 감사하거라. 이 세상 모든 것이 사실은 주인이 없단다.

그렇게 할 때 넌 진정한 감사의 의미를 알게 될 것이고, 그 감사는 너에게 인생의 참 의미를 알려 줄 것이다.

또한 덕을 베푸는 사람이 되거라. 내가 젊었을 때 "우물을 파는 사람"의 이야기를 들었다. 우물을 팔 때 1m를 팠는데도 물이 안 나오면 3m를 파라. 그래도 안 나오면 7m를 파라. 결국 물이 나올 때까지 포기하지 말고 우물을 파라.

만일 10m를 파서 물이 나오면 그 물을 혼자 마시지 마라. 그 물을 혼자만 마시지 말고 나눠 주어라. 즉 우물을 파기만 하는 소극적인 사람이 되지 말고, 그 우물을 퍼 올려서 많은 사람들에게 나눠 주는 적극적인 사람이 되어라. 덕을 베푸는 사람이 되라는 말이다.

그렇다, 아무리 큰 뜻을 갖고 모든 일에 임하여도 다른 이에게 덕을 베푸는 자가 되지 않으면 그 일은 의미가 퇴색되고 행복할 수 없다는 것이다.

아들아, 이제 네가 장성하여 성인이 되었다. 네가 살아가는 동안 끊임없이 꿈을 꾸거라.

자신에게 충실한 꿈을 꾸고 네 적성을 살려 사회에 기여하는 꿈을 꾸고 나아가서는 국가와 민족에 헌신하는 꿈을 꾸어라. 꿈은 아무리 꾸어도 낡지 아니하며 꿈에는 나이도 없는 거란다.

아들아, 또한 힘을 키워라. 지식이 힘이며, 겸손이 힘이고, 인내가 힘이란다. 사람에게 힘이 없으면 흠이 되는 거란다.

아들아, 정의는 편이 없단다. 정의는 정의의 편만 있으니 아무리 애걸해도 정의가 네게 오지는 않는단다. 네가 정의에게 다가가야 하는 것이다.

자기 관리에 철저하거라. 시간을 관리하는 것이 아주 중요하단다. 무슨 일을 하든 최선을 다하고 플러스알파를 잊지 말거라. 남보다 조금 더 일찍, 남보다 조금 더 열심히……. 보스가 시키는 일보다 하나만 더……. 그러면 너의 주위에 있는 많은 사람이 너를 존경하고 따를 것이다.

아들아, 마지막으로 그러나 가장 중요한 하나님을 두려워하거라.

하나님은 너를 창조하셨으며, 너의 앉고 서는 것을 아시고 너의 모든 것을 보고 계신단다.

아빠를 지키셨던 하나님이 너를 지키실 것을 내가 안다.

사랑한다, 아들아…….

　　두서없이 써 내려가다 보니 어느새 마치는 글을 쓰게 되었다.

　　50이 넘어 버린 지금 내가 지나온 길을 돌아보니 내 인생의 많은 부분을 공부와 씨름하며 보냈고, 공부의 맛을 알 즈음 또다시 변호사라는 직업으로 많은 사람들을 만나며 살고 있다.

　　길게만 느껴졌던 시간들이 뒤돌아보니 몇십 페이지로 요약이 되고, 그렇게 힘들었던 공부도 접고 나니 다시 보이기 시작하는 끝없는 아이러니는 무엇일까?

　　나는 이제 그동안 해왔던 공부와 삶의 현장에서 겪었던 경험을 토대로 나의 또 다른 반세기를 준비하고 있다.

　　하나님께서 나에게 오늘이 있기까지 하신 데에는 분명 무슨 이유가 있을 것을 나는 믿는다. 나처럼 부족하고 모자란 자를 미국에서 변호사로 자리 잡게 해주신 이유를 찾고자 나는 오늘도 고심한다.

　　나는 그동안 내 나름대로 열심히 살려고 노력했고, 나에게 주어진 삶의 목적을 찾아 포기하지 않고 달려가고 있다.

　　대학 입학식 날 아무 생각 없이 앉아 있던 나에게 "남이 안 하는 거 해봐!"라고 말씀하시던 총장님의 목소리가 지금까지도 내 귀에 들려, 남이 안 하는 그 무엇을 해보려고 노력하고 있다.

　　남이 하지 않는 일을 하는 것은 매우 중요한 일이고, 그것은 곧 '최초'를 의미하기도 한다. 누구든 남이 안 하는 일을 하고 다른 사람의 인권을 위해 헌신할 수 있다면 그 사람은 봉사의 의미를 아는 사람일 것이다. 남이 안 하는 일을 한다는 것은 꼭 시간적 여유나 능력이 있는 사람만이 하는 것은 아니다. 그런 일들이 바로 내 일처럼 느껴질 때 할 수 있는 초능력적인 것이기 때문이다.

성경에서는 "일의 끝마침이 시작보다 낫고(Finishing is better than starting), 인내는 자만보다 낫다(Patience is better than pride, 전 7:8)고 말했다. 남이 안 하는 것을 성취하기 위해서는 부단한 노력과 바른 방향 그리고 자기 훈련이 필요하다.

남이 안 하는 일을 찾아 그들을 품어 주고 두려움 없이 최초를 만드는 사람이 많아지면 많아질수록 우리 사회는 그만큼 더 성숙해질 것이다.

나는 그동안 적으나마 책의 저자 수익금을 각계에 기증했다. 2007년에 썼던 《미국 비자 포커스》 책의 수익금은 한국 내에 있는 이민 서류 미비 노동자(불법 체류 노동자)들을 무료로 치료해 주는 병원 단체에 전액 기증했다. 미국 내에서 한국인 4명 중 1명은 이민 서류 미비자(불법 체류자)라고 한다. 2009년도 현재 한국인의 이민 서류 미비자(불법 체류자)는 20만 명이 넘으며, 출신 국가별로는 여섯 번째를 차지하고 있다. 미국에서 이런 한국인들이 건강이 좋지 않아도 신분 문제 때문에 병원에 가서 제대로 치료 한번 받지 못하는 것을 보고 안타까웠다.

한국에서도 많은 이민 서류 미비자가 병원 치료를 못 받는다는 소식을 듣고, 미국에 있는 한국인들이 제대로 대우를 받기 원하는 것처럼 한국에 있는 외국인에게도 그런 대우를 우리가 먼저 해주는 것이 바람직하다고 생각하여 적으나마 기증을 했다.

이렇듯 우리의 음성적인 해외 진출을 막기 위해서라도 열린 해외 진출을 통한 세계화가 시급하다. 이것이 바로 세계 속 한인의 디아스포라를 의미한다.

아이들에게 한국을 많이 가르쳐 주려고 노력은 했지만, 그래도 한국에 데리고 가서 체험할 수 있도록 해주고 싶다는 생각이 들었다. 두 아들이 초등학교에 다닐 때 아이들을 데리고 한국을 방문하였다. 두 아들은 아버지 나라 한국이 조그맣고 미국보다 못 사는 나라로 생각하다가, 눈으로 직접 서울을 보고서는 입을 다물지 못했다. 수많은 빌딩과 많은 사람들, 그리고 밀려오는 차의 행렬을 보고 뉴욕에 와 있는 것으로 착각했다고 한다. 그동안 미국에서 삼성과 LG 그리고 현대 차를 보고 한국의 위대함을 느꼈으나, 실제 와보니 한국이 아주 대단한 나라로 여겨졌던 모양이다.

백화점에 가서도 신기한 듯 둘러보고, 다양한 음식에도 놀라며 한 번씩 먹어보는 것을 보고, 한국 아이라 어쩔 수 없다는 생각을 했다.

아이들을 데리고 고적지도 가보고 시내 관광도 하고 판문점에도 가보았다.

임진각에서 북한을 가르치며 저곳이 북한이라 알려 주고, 분단된 한국을 설명해 주었다.

그때 철책선 너머 저 멀리서 총소리가 들렸는데, 놀랐던 아이들은 아직도 그 이야기를 가끔 한다.

미국으로 돌아온 두 아들은 자신들이 한국인인 것에 긍지를 가지고 친구들이 "너의 인종이 무엇이냐?"고 물으면 두 아들은 "아시안 즉 한국인이다"라고 말하는 것을 옆에서 듣고 있노라면, 가슴 뿌듯한 그 무엇이 나를 사로잡곤 한다.

큰아들은 기회가 되면 한국 대학에서 여름 학기를 공부하고 싶어 한다.

작은아들 제이슨은 엄마가 잔소리라도 하면 "나는 똑똑한 한국인이라 잔소리가 필요 없다"고 엄마를 놀려 대곤 한다.

그렇다. 내 아들들과 내 가슴속에 흐르는 이 벅찬 한국인의 긍지가 어찌 나와 내 아들들뿐이겠는가? 조국을 떠나와 조국을 그리워하며 살아가는 500여 만의 모든 해외 동포의 긍지요 자랑일 것이다.

시간이 흘러 내 아이들이 나를 책에서 소개한다면 아마 몇 줄에 지나지 않을 수도 있을 것이다. 몇 줄 속에 내 아이들은 나를 무엇이라 쓸 수 있을까?

나는 그 간단한 문장 속에 내가 어떻게 비쳐질 것인지 가끔 생각해 보곤 한다.

"아버지는 하나님을 잘 섬겼으며, 열심히 최선을 다해 살았고, 남을 돕기를 주저하지 않았다"고 적어주면 얼마나 좋을까?

인생은 짧다. 나의 남은 세월을 아끼고 모든 열정을 불태워 일하여 내 주위 사람들에게 꼭 필요한 변호사로, 친구로 자리 잡기를 바란다.

나의 조국 대한민국은 나를 세계 속에 자랑스러운 한국인임을 알게 해주었고, 한국인의 긍지와 위상은 나를 앞으로 나아가게 하는 큰 힘이다.

나는 이 책의 수익금을 남이 안 하는 것을 하고자 도전하는 사람들을 위해 사용하고 싶다.

이곳에 있는 많은 이민자들의 아픔이나 한국에서 살아보려고 애쓰는 모든 이민자들은 다 우리의 글로벌 가족이기 때문이다.

세계화의 물결 속에 인종을 떠나 서로 돕고 협력하여 고차원적인 세계화를 버려진 인권에서 시작할 수 있다면 그 또한 보람 있는 일임을 믿는다.

얼마 전 용문고등학교 동창 친구와 점심을 함께 먹을 기회가 있었다.

그 친구가 말했다.

"네가 만일 한국에서 사법고시에 패스했다면, 네가 만일 캘리포니아에서 변호사가 되었다면, 네가 오늘의 전종준이 되었을까?"

가슴을 파고드는 말이었다.

내가 만일 한국에서나 캘리포니아에서 변호사가 되었다면 과연 내가 나 되었을까?

한 번도 생각해 본 적이 없는 일이었다.

내가 부끄럽게 여겼던 나의 모교 용문고등학교로 인해 나는 귀한 선배의 자문도 받게 되었고, 동문의 도움도 받았다.

또 내가 다녔던 지방 대학인 대구대학으로 인해 나는 인생의 좌우명을 얻었다.

일류 고등학교를 다니지 못한 것을, 일류 대학을 다니지 못한 것을 그리도 부끄럽게 여겼지만, 지금 나는 그 부끄러운 학교로 인해 인생도 배우고 삶도 배웠다.

나의 부끄러움이 나의 자랑이 되고, 나의 약함이 나의 강함이 되며, 나의 나눔이 곧 나의 받음이 되는 것을 깨달은 순간, 나는 비로소 나의 인생의 전환점(터닝포인트)을 맞을 수 있었다.

남이 안 하는 것을 하는 것도 하나님이 예비하신 계획 안에 있었다.

'박치기왕'을 왜 워싱턴 D.C.로 인도하셨는지 아직은 다 알 수 없다. 그러나 나의 모든 성공도, 힘 없는 실패도 예상하지 못한 축복의 연속이다.

실패하지 않았으면 성공을 몰랐을 것이고, 좌절하지 않았으면 감사를 몰랐을 것이다.

하나님의 계획 안에 들어 있는 나의 인생 여정이 오늘도 나를 설레게 한다.

판 권
소 유

"영어 때문에 사법고시 떨어지고 영어로 미국 변호사 된 전종준의 휴먼 드라마"

2등 해서 서러운 사람들

남이 안 하는 거 해봐

2010년 11월 1일 인쇄
2010년 11월 5일 발행

지은이 │ 전종준
발행인 │ 이형규
발행처 │ 쿰란출판사

주소 │ 서울 종로구 이화동 184-3
TEL │ 02-745-1007, 745-1301, 747-1212, 743-1300
영업부 │ 02-747-1004, FAX / 02-745-8490
본사평생전화번호 │ 0502-756-1004
홈페이지 │ http://www.qumran.co.kr
E-mail │ qumran@hitel.net
　　　　　qumran@paran.com
한글인터넷주소 │ 쿰란, 쿰란출판사

등록 │ 제1-670호(1988.2.27)

책임교열 │ 김윤이 · 오완

값 12,000원

ISBN 978-89-6562-014-3 03230

* 이 출판물은 저작권법에 의해 보호를 받는 저작물이므로 무단 복제할 수 없습니다.
　잘못된 책은 교환해 드립니다.